国家社会科学基金重点项目
"我国企业劳动关系和谐指数构建与应用研究"
（12AJY001）最终成果
国家社会科学青年基金项目
"企业员工劳动关系满意度的量表开发、影响机制与提升策略研究"
（18CGL020）阶段性成果

# 我国企业劳动关系
# 和谐指数构建与应用研究

于桂兰　渠邑　孙瑜　梁潇杰／著

人民出版社

# 目　录

# 表　目　录

# 图 目 录

# 绪　论

## 第一节　研究背景

　　劳动关系是与市场经济和工业化相伴而生的最基本的社会经济关系之一，而"和谐"则是中国文化的固有价值目标，两者的结合就构成了中国特色"和谐劳动关系"理念。在我国快速的社会主义市场经济建设和工业化过程中，全国劳动关系在总体上保持和谐稳定。但正如《中共中央　国务院关于构建和谐劳动关系的意见》中指出"我国正处于经济社会转型时期，劳动关系的主体及其利益诉求越来越多元化，劳动关系矛盾已进入凸显期和多发期，劳动争议案件居高不下，有的地方拖欠农民工工资等损害职工利益的现象仍较突出，集体停工和群体性事件时有发生，构建和谐劳动关系的任务艰巨繁重"，且构建和谐劳动关系的经济、政治、社会意义重大而深远。基于以上认识，党和政府、工会和雇主组织、企业和广大员工以及学术界，在政策、实践和理论等多个层面上，对构建和谐劳动关系进行了长期探索，在广度、深度和强度上，都有不同程度的进展。

### 一、政策背景

　　在国家政策层面，从 2005 年 1 月 31 日，时任中共中央政治局委员、中华全国总工会主席王兆国在山西进行调研时提出"通过建立和谐稳定的劳动关系，推动构建社会主义和谐社会"，到 2015 年 3 月 21 日，中共中央、国务院专门发布了由 8 部分 26 条组成的《中共中央　国务院关于构建和谐劳动关系的意见》，十年间的政策演变轨迹表明，和谐劳动关系已经从一个理念发展到一个站在"夺取中国特色社会主义新胜利的全局和战略高度"而制定的专门行动方案，成为构建"和谐社会"政策体系的重要组成部分。

## 二、实践背景

在构建和谐劳动关系的实践中，2005 年 10 月 12 日，劳动和社会保障部、中华全国总工会、中国企业联合会/中国企业家协会共同发布了《关于表彰全国劳动争议仲裁和调解工作先进集体优秀个人暨创建和谐劳动关系模范企业的决定》；2006 年 3 月 28 日，中华全国总工会决定，在全国开展创建劳动关系和谐企业活动；2006 年 7 月 21 日，劳动和社会保障部、中华全国总工会、中国企业联合会/中国企业家协会发布了《关于开展创建劳动关系和谐企业与工业园区活动的通知》，要求从 2006 年起，逐步在全国各类企业和工业园区开展劳动关系和谐企业创建活动，并提出了劳动关系和谐企业的 10 条创建标准和劳动关系和谐工业园区的两条创建标准。经过 5 年的实践探索后，2011 年 8 月 15 至 16 日，全国总工会、人力资源和社会保障部、全国工商联、中国企业联合会、中央宣传部联合召开"全国构建和谐劳动关系先进表彰暨经验交流会"，这是一次专门研究构建和谐劳动关系的会议。会议表彰了 357 家全国模范劳动关系和谐企业，交流了构建和谐劳动关系的工作经验。正是在这次会议上，时任中共中央政治局常委、中央书记处书记、国家副主席的习近平，将构建和谐劳动关系，与建设社会主义和谐社会、增强党的执政基础、巩固党的执政地位联系起来。2015 年 3 月 21 日《中共中央　国务院关于构建和谐劳动关系的意见》指出，"我国正处于经济社会转型时期，劳动关系的主体及其利益诉求越来越多元化，劳动关系矛盾已进入凸显期和多发期"，要求"各级党委和政府要从夺取中国特色社会主义新胜利的全局和战略高度，深刻认识构建和谐劳动关系的重大意义"。因此，和谐劳动关系创建工作必将走向常态化和制度化。

为了落实国家构建和谐劳动关系的政策，各地方党委和政府、工会以及雇主组织等，联合开展了创建"劳动关系和谐企业与工业园区"活动。有些省还在此基础上进行了更广泛深入的探索，如四川省委、省政府将"协调劳动关系三方机制"升格为"协调劳动关系工作委员会"，将构建和谐劳动关系纳入地方党政、相关部门绩效考核、目标考核；浙江省开展了"双爱"活动等；广东省开展了"创建和谐劳动关系示范区工程"活动，将佛山市顺德区培育为国家级"和谐劳动关系综合试验区"，在顺德建立了"和谐劳动关系博士后创新实践基地"，并在深圳盐田区成立了由 43 家各行业龙头企业发起，以搭建联创共建平台，树立行业区域标杆，推动劳资互利共赢，促进企业和谐发展为宗旨的"和谐劳动关系促进协会"等。

## 三、学术背景

在劳动关系和谐指数构建和应用研究的学术领域，专家学者们不仅从公共管理、企业管理和经济学等多个视角对和谐劳动关系概念进行了界定，从员工权益保护、劳资双方利益均衡和政府监管等多个角度设计了劳动关系评价指标体系。[①] 一些机构和学者还使用劳动关系和谐指数体系，测量并计算出了一些区域的劳动关系和谐指数。比如，2006 年上海市发布了年度劳动关系和谐指数。2011 年曹永平等最先在学术论文中使用了"劳动关系和谐指数"这个概念，并设计了由就业、社会保险、劳动合同与集体合同、劳动用工、工作时间和休息休假、工资、劳动安全、职业培训、劳动维权诉求、公众参与 10 个一级指标和 33 个二级指标组成的劳动关系指标体系，并使用这套指标体系和 2009 年杭州市劳动社会保障部门的统计数据，计算得出了杭州市某城区的劳动关系和谐指数。[②] 浙江省从 2011 年开始每年发布一次全省和各市的劳动关系和谐指数。浙江省劳动关系和谐指数评价体系框架是从政府部门、企业、劳动者 3 个角度入手，对各市完成省政府各项目标任务情况、企业执行法律法规情况以及劳动者的满意度

---

① 渠邕、于桂兰：《劳动关系和谐指数研究评述》，《中国人力资源开发》2014 年第 15 期。
② 曹永平、顾龙芳、郭忠良：《劳动关系和谐指数构建》，《中国劳动》2011 年第 10 期。

3 个方面进行综合评价，获得综合指数。

## 四、现有研究的局限

基于以上政策、实践和理论背景，现有劳动关系和谐指数的相关研究，可以从以下几个方面，展开深入探讨：

（一）和谐劳动关系作为一种理论还不够系统

原有的和谐劳动关系概念，存在以下局限：一是都认可劳动关系涉及劳、资、政三方，但对政府是否直接参与劳动关系博弈存在分歧；二是各种定义及基础理论都为指数设计的指标选择提供了线索，但对相关因素之间关系的阐释尚显薄弱；三是没有充分重视劳动关系的动态性特征，对构建可持续的和谐劳动关系缺乏理论支撑；四是多为无差异研究，对于企业所处行业、规模、发展阶段等内外部因素对劳动关系的影响，关注较少；五是针对中国劳动关系现状，将和谐劳动关系视为伸张劳工权益的研究不少，而真正将和谐劳动关系置于一种博弈状态的客观科学研究有待加强。[1]

（二）雇员和雇主的劳动关系需求和满意度无法精确测量

一种"关系"要想"和谐"，应该是相关方彼此的需求得到了满足，有比较高的满意度。在和谐劳动关系的现有研究中，还没有能够精确测量雇主、雇员各方对劳动关系满意度状况的测量工具。可以各自独立使用的劳动关系各方满意度测量工具的开发，不仅是测量劳动关系本身的需要，也可以为管理研究提供测量工具。雇主构建和谐劳动关系的动力在哪里？采用什么实践措施有助于提高雇员劳动关系满意度？如果没有精确的测量工具，也就无法准确回答这些问题。

（三）劳动关系和谐指数编制和辅助分析工具设计尚处在初级阶段

比较中外劳动关系测量的有关研究，从指标选取来看，无论宏观层面还是微观层面的研究，国外多从员工角度进行指标选取，或者说，测量角度更为直接地指向劳动关系或劳动关系中参与主体的本身，而研究层面的

---

① 渠飈、于桂兰：《劳动关系和谐指数研究评述》，《中国人力资源开发》2014 年第 15 期。

所谓宏观只在于数据采集的范围比较大而已；而国内指数体系的指标选取，国家、区域等宏观层面、企业微观层面和员工权益层面，都有相应的指标选取，但这些指标本身多来自于法规政策的落实及相关的环境因素。这种状况可能与和谐劳动关系构建初期较为注重软环境建设有关。从指数合成方法来看，国外研究多采用量表作为测量工具，而国内则多采用加权合成指数的模式。

考察国内现有劳动关系和谐指数体系，就理论和实践而言，尚处于初级阶段，且存在诸多有待商榷之处。一是劳动关系本质上是雇佣双方之间的社会经济关系，而大多指数体系将很多政策环境因素列入指标，而反映雇员和雇主对劳动关系评价的指标少，权重低，甚至没有。二是指标选取带有明显的阶段性特征，当相关政策环境稳定后，使用包括较多政策环境指标的指数体系对劳动关系进行测量的结果，将严重扭曲劳动关系的真实状态。三是大多指标采用绝对数形式，不仅使数据采集面临困境，而且数据的真实性也难以保证。同时，企业所处行业、所有制、规模、雇员群体特征等差异性明显，使用绝对数会使数据在空间维度上的可比性大大降低；四是缺乏系统性分析问题和针对性解决问题的分析工具。由于指数表达形式较为简单，指标间缺乏内部逻辑关系，使得已公布的指数及其分析报告，基本停留在简单的描述性统计分析层面，分析结果难以系统性地揭示企业、区域、行业等层面的劳动关系问题，更难以据此数据找到问题的症结并提出针对性的政策建议。①

（四）样本企业劳动关系状态的测量结果和表达方式单一

现有研究获得的劳动关系状态测量结果，通常是一个综合性的数据。无论是雇员方还是雇主方，影响他们劳动关系需求满足的各因素及其内部结构、自然属性特征等，都无法得出分维度、分层次的结构性测量结果，也无法进行直观性和多样化的表达和分析，进而阻碍了针对具体影响因素而设计改进路径的尝试。

---

① 渠邕、于桂兰：《劳动关系和谐指数研究评述》，《中国人力资源开发》2014 年第 15 期。

## 第二节  研究内容与研究方法

针对文献分析得出的现有研究不足，结合和谐劳动关系创建实际的需求，本书选择的研究技术路径是：从基本概念的界定入手，在文献梳理的基础上，通过深入企业对雇佣双方的深度访谈获取第一手原始资料，应用扎根理论的质性研究方法，构建我国和谐劳动关系的基础理论模型；基于基础理论模型，构建雇员劳动关系满意度概念模型和测量模型；基于基础理论模型，对其组成部分进行细化研究后，选取适当的测量维度、具体指标与指数合成方法，构建和谐劳动关系指数体系；通过实证研究测试后，引入适当基础统计模型，为其设计相应的分析工具；应用本书构建的雇员劳动关系满意度测量量表、劳动关系和谐指数及辅助分析工具，对样本企业的劳动关系状态进行测量、展示和分析。

### 一、研究内容

（一）梳理现有的国内外相关文献，找到本书研究的理论起点

从和谐劳动关系基础概念、劳动关系指数体系设计与劳动关系和谐指数的相关实证研究3个层面，对劳动关系和谐指数相关的国内外文献进行梳理，找出现有研究的局限性，并提出本书研究的方向。

（二）构建企业和谐劳动关系理论模型，为本书后续研究奠定理论基础

构建企业和谐劳动关系理论模型，回答以下几个基本理论问题：什么是企业和谐劳动关系？企业和谐劳动关系的构成要素是什么？企业和谐劳动关系的运行机制是什么？

为了回答这些问题，本书将站在理论构建角度，深入企业，对雇员、雇主、管理人员、工会干部等进行深度访谈和焦点小组访谈，采集一手数据，并使用扎根理论研究方法，依照科学的研究流程，构建出企业和谐劳动关系理论模型。

企业和谐劳动关系理论模型的构建，不仅可以为企业劳动关系管理和

政府对企业劳动关系的监管，提供目标、重点和路径；同时，也是本书构建雇员劳动关系满意度概念模型、构建企业劳动关系和谐指数体系、设计配套的辅助分析工具的前提和基础。

（三）构建雇员劳动关系满意度概念模型并开发和应用其测量量表

作为一般意义上的"关系"，劳动关系中的雇主和雇员是互为供求方的。雇员的需求是否满足取决于雇主的供给，雇主的需求是否满足，主要取决于雇员的供给；但劳动关系的特殊性在于通常情况下雇员一方处于弱势地位。企业劳动关系矛盾和冲突，通常是雇员的需求，尤其是最基本的生存需求得不到满足而引起的。因此，本书将重点研究雇员的劳动关系满意度，构建雇员劳动关系满意度概念模型，开发雇员劳动关系满意度的测量量表，并检验雇员劳动关系满意度在战略人力资源管理与工作绩效之间的中介作用。目的是精确地回答：什么是雇员劳动关系满意度？雇员劳动关系满意度的构成要素有哪些？如何测量雇员的劳动关系满意度？提高雇员劳动关系满意度对企业有什么好处？企业如何做才能提高雇员的劳动关系满意度？

为回答这些问题，本书通过对企业雇员、雇主、管理人员和工会干部等进行了深度访谈和焦点小组访谈，采集一手数据，使用扎根理论这种质性研究方法，遵循科学的研究流程，站在企业劳动关系管理的角度，完成雇员劳动关系满意度概念构建任务；使用问卷调查方法收集数据，采用一些定量的数据统计分析方法，完成雇员劳动关系满意度量表开发任务，并检验了雇员劳动关系满意度提高是否会带来工作绩效的提高，企业采取战略人力资源管理措施是否会提高雇员劳动关系满意度。

对于以上问题的回答，不仅可以解决雇员一方劳动关系满意度的定义与测量问题，而且将从理论上为雇主找到管理和改善劳动关系的利益驱动机制以及重点和路径；同时，还将为政府监管企业劳动关系，提供对雇员一方的监管重点和监测工具。构建雇员劳动关系满意度概念模型，开发和应用雇员劳动关系满意度测量量表，并检验雇员劳动关系满意度在战略人力资源管理与工作绩效之间的中介作用，为企业改善劳动关系提供技术工具和动力机制。

（四）设计企业劳动关系和谐指数体系，为各方测量企业劳动关系状态提供技术工具

站在政府劳动关系监管角度看，一套有效的企业劳动关系测量和分析工具，需要满足以下条件：

1. 兼顾劳、资、政三方的劳动关系需求

劳动关系系统是国家和社会大系统的一个子系统，政府首先需要平衡劳动关系系统与其他系统之间的关系。如果说雇主在劳动关系中追求的是效率，雇员追求的是公平的话，那么，政府在劳动关系监管中寻求的应该是效率、公平和社会稳定之间的平衡。在一套劳动关系测量工具中，如何将政府需求、雇主需求和雇员需求在结构和权重上安排好，是这套工具成败的关键。从一些地方政府现有的劳动关系指数体系看，雇主的效率需求被忽视了，至少没有得到足够重视，具体表现是在指标体系结构设计中，没有雇主效率需求的维度，虽然有雇主或企业的指标，但这些指标在本质上都是满足公平和稳定需要的。

2. 兼顾点、线和面的测量结果

作为政府监管部门，劳动关系的点、线和面信息，都需要掌握。因此，比较理想的测量工具，既要能够对具体企业的劳动关系状态进行测量，满足对重点问题企业进行监管的信息需求，也能够对区域或行业的劳动关系状态进行测量，满足对辖区内的重点问题行业和基本面进行监管的信息需求。

3. 数据和结果相对真实

不真实的数据和结果，会给劳动关系监管工作带来误导。已有的劳动关系指数体系中，在雇主方的指标中设计了劳动合同签订率、集体合同签订率、五险参保率、工资增长率、工资拖欠率、监察案发率、仲裁案发率、信访案发率、安全事故发生率等指标。雇主们对这些数据都是比较敏感的，如何保证雇主们填写的数据都真实可靠？

4. 劳动关系的动态性特征能够得到体现

劳动关系和谐指数是对劳动关系状态的一种描述与刻画，它会随着

时间和企业内外部环境变化而变化，其影响因素多样，且没有一个绝对标准来判断哪些因素在什么时候能够从根本上决定劳动关系的和谐程度。而劳动关系双方的相对感知，会随着自身需求的变化和各种外部因素的变化，而动态地发生变化，进而调整各自在劳动关系中的现实行为和未来行为趋势，因此，只有能够动态反映劳动关系状态变化的劳动关系指数体系及其测量结果，才对判断劳动关系状态和解决相应问题更有现实意义。

5. 劳动关系和谐指数计算结果可以比较

虽然企业的发展阶段、规模、性质以及所处的地域和行业等都有差异，但企业劳动关系作为一种雇主和雇员的相互关系，其本身的状态和雇主与雇员双方的感知等方面，应该是可以比较的。因为双方各自的感知，都是依据企业和自身实际情况并参照内外部的可比较因素后得出的评价。只有获得了可比较的劳动关系状态数据，才可能对企业之间、行业之间和区域之间的劳动关系和谐状态进行排序，也才能判断出不同企业、不同区域、不同行业劳动关系状态的优劣程度，确定解决问题的先后顺序和轻重缓急。

本书将在吸收现有劳动关系和谐指数体系合理成分的基础上，站在政府劳动关系监管的角度，假定政府劳动关系监管部门是该指数体系的使用者，以一个一个的具体样本企业为评价对象，平衡雇主和雇员双方的劳动关系需求，以测量出每一个样本企业的劳动关系真实状态、发现问题并给出改进路径为目的，设计以雇员和雇主双方感知指标为主的企业和谐劳动关系指数体系，探索新的指数合成方法，构建出相对和谐型企业劳动关系指数体系。

（五）设计企业劳动关系和谐指数的辅助分析工具，满足各方对企业劳动关系进行多维度、多层次分析的需求

从现有文献看，目前已有的劳动关系和谐指数体系计算出来的劳动关系和谐指数，只是一个综合性的数字，无法根据这个数字分门别类地进行问题分析和改进路径选择。

因此，本书将开发设计出与劳动关系和谐指数配套使用的辅助分析和展示工具，使用这套辅助分析和展示工具，达到以下几个目的：

1. 准确判断企业劳动关系不和谐的主要责任方

站在政府劳动关系监管角度，使用这套工具，既可以准确判断究竟是雇员方还是雇主方的不满意，或者是双方都不满意引起了劳动关系问题？也可以判断外部环境对企业劳动关系问题造成了多大的影响。

2. 准确分析雇员方或雇主方或双方劳动关系满意度的结构性特征

在企业劳动关系和谐指数体系中，本书将雇员劳动关系满意度划分为生存、关系和发展三类一级指标，每个类别的一级指标下有二级和三级指标。在"生存"一级指标下设置了"工作场所安全与健康""工作稳定性""劳动报酬""劳动负荷"和"社会保险"（在问卷中的自然情况部分）5个二级指标；在"关系"一级指标下设置了"组织关怀（企业与雇员的关系）"和"人际关系"两个二级指标；在"发展"一级指标下设置了"企业前景""职位发展"和"个人发展"3个二级指标。在每个二级指标下又设置了对应的测量题项。以上指标的使用，可以测量出雇员在哪个维度。

在辅助分析和展示工具中，本书设计了"企业劳动关系状态分布图""雇员劳动关系需求结构路径分析模型图"和劳动关系状态对雇主或雇员"自然属性的核密度分析图"等，帮助展示和分析雇佣双方的劳动关系状态及其结构特征，并根据分析结果提出政策建议。

（六）使用本书设计的劳动关系和谐指数及辅助分析工具，对样本企业的劳动关系状态进行测量、展示和分析

本书将采集全国和区域样本企业的雇主和雇员配对数据，应用本书开发设计的企业和谐关系指数体系及其辅助分析与展示工具，对样本企业劳动关系状态进行测量、分析和排名，寻找其结构特征和规律性，并找到改进路径，提出改进建议。

最后，基于以上研究内容，总结了研究结果与结论、研究贡献与创新、研究成果的应用领域和前景，并提出了政策建议、研究局限与未来研究方向等。

## 二、研究方法

（一）扎根理论研究方法

使用扎根理论这一质性研究方法，借助 NVivo10 质性分析软件，使用三级编码技术，构建了企业和谐劳动关系理论模型和雇员劳动关系满意度理论模型，并形成了劳动关系满意度初始量表。

（二）调查问卷法

在劳动关系满意度量表开发、劳动关系满意度在战略人力资源管理对工作绩效影响跨层次中介作用检验、全国 129 家样本企业劳动关系状态和结构特征的测量和分析中，都使用了问卷调查法，获取研究数据。

（三）统计分析方法

在劳动关系满意度量表开发、劳动关系满意度在战略人力资源管理对工作绩效影响跨层次中介作用检验中，先后使用 SPSS 19.0 数据分析软件做探索性因子分析、描述性统计和相关性分析；使用 LISREL 8.80 数据分析软件，进行验证性因子分析和信效度分析；使用 HLM 6.08 软件，进行跨层次影响检验和中介作用的跨层次分析。

（四）综合指数编制方法

采用综合指数编制方法中的相对指数形式，选取劳动关系中雇佣双方对劳动关系的相对感知指标，开发了企业相对和谐劳动关系指数，并应用稳健统计（Robust Statistical）方法制定了其判别标准。

（五）统计模型

引进路径模型和核密度估计等统计模型，设计了"雇员劳动关系需求结构特征分析工具"和"劳动关系状态自然属性结构特征分析工具"，给出了从企业劳动关系状态测量到结构分析的可操作性解决方案。

（六）数据可视化技术

引入数据可视化技术，设计了劳动关系状态分布图、雇员劳动关系需求结构路径分析图、劳动关系状态分自然属性核密度比较分析图等分析工具，为企业和谐劳动关系创建工作提供了可视化的数据呈现和分析工具。

# 第三节　研究意义

本书对我国企业劳动关系和谐指数构建与应用问题进行了比较系统的研究。其研究成果不仅在理论上弥补了多个空白，也在实践上为政府、企业和工会组织等构建和谐劳动关系提供了有益的理论指导和现实启示。

## 一、理论意义

（一）运用扎根理论研究方法，构建了我国企业和谐劳动关系理论模型

基于 29 家企业 76 位雇员和雇主的第一手访谈数据，使用扎根理论这一质性研究方法，经过三级编码过程，自下而上地构建了企业和谐劳动关系理论模型，实现了企业和谐劳动关系理论的模型化和系统化。

（二）构建了雇员劳动关系满意度概念模型，并开发了雇员劳动关系满意度量表

基于 12 家企业 29 位雇员的第一手访谈数据，使用扎根理论研究方法，经过三级编码过程，自下而上地构建了雇员劳动关系满意度概念模型，为学术领域贡献了新概念。基于 23 家企业 386 份雇员调查问卷获得数据，使用探索性因子分析、验证性因子分析、效度检验等方法，开发了雇员劳动关系满意度量表，最终获得了包含"劳动报酬""劳动负荷""劳动条件与保障""员工成长""劳动争议管理"与"和谐文化建设"6 个维度 21 个题项的劳动关系满意度测量工具，为该研究领域中有关变量间关系的研究奠定了定量分析的基础。

（三）提出了相对和谐劳动关系概念，并据此设计了指数体系

劳动关系的微观基础在企业内部，可持续的和谐劳动关系的前提是企业的健康发展，本质是雇佣双方对劳动关系状态满意，即在企业微观劳动关系层面，雇佣双方对劳动关系现状的评价均处于相对满意状态，且两者的劳动关系满意度较为接近，其最优状态是雇佣双方劳动关系满意度相等。基于以上观点，本书提出了相对和谐劳动关系概念，并基于全国 17 个

省、自治区、直辖市 129 家企业的雇员和雇主配对数据，采用综合指数编制方法中相对指标形式，设计了相对和谐劳动关系指数体系，并提出了指数的判别标准与步骤。

（四）通过引入基础统计模型，为指数体系配套设计了辅助分析工具

基于全国 17 个省、自治区、直辖市 129 家企业的雇员和雇主配对数据，使用 R 语言中的 plspm 程序包和 sm 程序包，设计了劳动关系状态分布图、员工劳动关系满意度路径分析图、自然属性特征对劳动关系状态影响的核密度分析图 3 种辅助分析工具，使之围绕相对和谐劳动关系指数构成了一套计算、分析、展示企业劳动关系状态与问题的工具体系，并使用这套工具体系对全国 129 家、长春 41 家和苏州 50 家企业的劳动关系状态、问题和改进路径等进行了实证研究。

## 二、现实意义

和谐劳动关系建设涉及劳、资、政三方，作为微观劳动关系中处于主导地位的雇主方和处于公共管理中监管方的政府部门，都有了解劳动关系状态及其成因的意愿和需求，而本书研究和设计的指数体系及其分析工具正可以提供有益的相关测量信息和分析信息。

（一）企业和谐劳动关系理论模型有助于更清晰地从企业内部的直接路径和外部环境的间接路径相互配合共同构建和谐劳动关系

本书构建出的企业和谐劳动关系理论模型，有助于更清晰地从企业内部直接路径和外部间接路径相互配合共同构建和谐劳动关系。

在企业和谐劳动关系理论模型中，企业如何构建和谐劳动关系，首先依循的是内部直接路径。这条直接路径由"雇员劳动关系满意度""雇主劳动关系满意度""雇主履行责任与雇员权利保障""雇员履行责任与雇主权利保障" 4 个核心范畴（包括各自的分维度）及其相互关系共同构成中心范畴"企业和谐劳动关系"；而政府与社会如何为企业构建和谐劳动关系创造外部条件，可以作为创建企业和谐劳动关系的外部间接路径来理解。本书发现，外部间接路径由"企业家能力""企业外部环境"和"公

共职业培训"3个核心范畴构成。

鉴于企业和谐劳动关系是雇主和雇员双方均对劳动关系感到满意,所以构建企业和谐劳动关系,直接的路径是着眼于企业内部,双方共同努力提升雇员劳动关系满意和雇主劳动关系满意度;间接的路径是改善企业外部环境和提升雇员综合素质与企业家能力。

在构建企业和谐劳动关系实践中,外部间接路径的作用绝不应该被忽视。政府和社会不能只关注企业,还要关注政府和社会在构建和谐劳动关系中的责任和义务。各级政府、产业与行业组织、各级工会组织、非政府组织等,都会对改善法律政策环境、转变政府职能、改进政商关系、调整税收政策、优化产业结构和产权结构、提升雇主和雇员的综合素质与职业化水平等,发挥各自的重要作用。尤其对于以农民工为主体、流动率高、职业素养相对较低的新产业工人,在企业缺乏足够动力对其进行职业教育和培训的情况下,政府和社会应该承担起必要的教育培训责任。这不仅可以为企业输送更高胜任素质的员工,而且能够提升工人的人力资本含量,提高工人面对雇主的谈判和维权能力。换句话说,企业和谐劳动关系的构建和维护,需要政府、产业与行业、工会组织等与企业和雇员的共同努力。企业和谐劳动关系理论模型告诉我们,多方共建、合作治理,是构建和谐劳动关系的题中之义。

(二)雇员劳动关系满意度量表能够直接测量企业员工对劳动关系的感知状态

本书开发的雇员劳动关系满意度量表由"劳动报酬""劳动负荷""员工成长""劳动条件与保障""和谐文化建设"与"劳动争议管理"6个维度共21个题项构成。政府监管部门、工会和企业,如果只关注雇员一方对劳动关系的满意程度,都可以直接使用该量表来获取企业员工的劳动关系满意度数据;同时,根据6个维度的分值高低,发现主要的问题领域,并有针对性地采取监管、维护和管理措施。

(三)相对和谐劳动关系指数体系和劳动关系状态分布图更具内部逻辑性,也更能直接并直观地反映企业内部劳动关系状态

根据指数体系和分析工具的设计原理来看,指数及劳动关系状态图针

对的是一定数量的企业样本数据，产生的信息是企业劳动关系状态的测量结果（指数）和排名，以及二维图可视化呈现信息。劳动关系监管部门及相关的工会等，可以使用相对和谐劳动关系指数的测量结果，既可以对一定区域、行业或符合某些特征的企业群体进行总体判断和描述，也可以对某一个具体的劳动关系状态进行分析和展示；同时，雇主也可以从测量结果中看到自己企业劳动状态的排名和在劳动关系状态图中的位置状况。以上表明，相对和谐劳动关系指数体系和劳动关系状态分布图，可以直接用来测量、分析区域和行业的整体劳动关系状态，并识别出在劳动关系状态上表现优秀、良好、一般、较差和差的企业，有重点、有针对性地关注问题企业；同时，也可以直接测量具体企业的劳动关系状态，为雇主改进劳动关系提供数据支持。

（四）劳动关系状态结构性分析工具为劳动关系持续性改进提供了决策支持工具

本书设计的劳动关系状态结构性分析工具，包括雇员劳动关系需求特征分析工具和劳动关系状态自然属性结构特征分析工具。

雇员劳动关系需求特征分析工具针对的数据对象是一定数量的雇员样本数据，产生的信息是这一特定数据集合所表征出来的雇员劳动关系需求结构特征，即指数体系指标中雇员一侧的三级结构及其各路径系数，从中可以得出雇员的主体需求及各种需求的优先程度。其使用者可以是劳动关系监管部门和工会等群团组织，他们可以依据信息调整相关劳动关系政策、加强相关领域监管或加强开展相关协调沟通工作；也可以是企业自身，雇主可以根据本企业的雇员劳动关系需求结构特征来调整管理政策，以提高雇员劳动关系需求满意度，进而提高雇员工作绩效，从而改善本企业的劳动关系状态和总体绩效。

劳动关系状态自然属性结构特征分析工具可以用于企业不同自然属性的劳动关系状态比较分析，也可以用于雇员不同自然属性的劳动关系满意度比较分析。在企业间组别分析应用方面，针对的数据对象是一定数量的企业样本数据，产生的信息是针对不同自然属性生成的核密度比较分析图，可以说对单体企业价值不大，其主要使用者应该是劳动关系监管部门及相关的工会等群团组织，他们可以根据分析信息选择一定时期内的工作重点。雇员间组别分析应用方面，针对的数据对象是一定数量的雇员样本数据，产生的信息是针对不同自然属性生成的核密度比较分析图，这个分析信息对劳动关系监管部门、相关的工会等群团组织以及雇主都有重要的参考价值，他们可以从各自不同的目标出发，使用这一信息。

## 第四节　研究创新

### 一、构建了我国企业和谐劳动关系理论模型

使用扎根理论的质性研究方法，运用深入访谈的第一手资料，首次构建了我国企业和谐劳动关系理论模型。在现有研究中多位学者已经提到企业和谐劳动关系是一种良性的、动态的状态，是劳动关系主体双方权利和义务的平衡，并从各个角度研究了企业和谐劳动关系，但其概念内涵仍未形成一个系统成熟的理论，没有构建出"企业和谐劳动关系理论模型"。而本书从一个更完整且具有可操作性的视角来探讨"企业和谐劳动关系"的概念内涵，采用经典扎根理论研究方法构建企业和谐劳动关系理论模型。该模型由"雇员劳动关系满意度""雇主劳动关系满意度""雇主履行责任与雇员权利保障""雇员履行责任与雇主权利保障""企业家能力""企业外部环境""公共职业培训"等核心范畴（包括各自的分维度）及其相互关系构成。其中企业家能力、企业外部环境和公共职业培训是企业和谐劳动关系的影响因素，而雇员劳动关系满意度、雇主劳动关系满意度、雇主履行责任与雇员权利保障和雇员履行责任与雇主权利保障则共同构成了企业和谐劳动关系理论模型。结合中国传统文化中"和谐"的内涵，定义了企业和谐劳动关系，阐释了其实质是劳动关系运作中主体双方履行自身责任，保障对方权利的良性循环，是雇员和雇主劳动关系满意度均高，双方权责对等、各得其所的动态平衡状态。

和谐劳动关系理论模型的构建，从本书研究的角度看，其价值在于为企业和谐劳动关系指数体系构建打下了坚实的理论基础。后续的雇员劳动关系满意度模型构建、企业劳动关系状态测量及工具开发，都建立在这个理论模型基础上。

从和谐劳动关系学术研究的发展过程看，其价值表现在 5 个方面：一是该理论模型由 7 个核心范畴（包括各自的分维度）及其相互关系构成，使和谐劳动关系概念的内涵和外延更为清晰，内部逻辑关系更为严谨、具体和详细。二是该理论模型的构建，采用了更为科学的研究方法与研究过程。本书使用扎根理论这一质性研究方法，借助 NVivo10 质性分析软件，采用三级编码技术，使和谐劳动关系概念的构建更具有科学性和理论根基。三是理论模型的构建基于中国本土 29 家企业的 76 个深度访谈和焦点访谈数据，使和谐劳动关系理论模型更接近中国企业劳动关系的现实。四是在雇员方劳动关系满意度概念各维度的关系处理上，使用了"ERG 理论"作为指导，将雇员在劳动关系中的需求分为"生存、关系和发展"三个维度，将此前劳动关系指标体系中比较复杂的员工权利问题，转换雇员需求问题，不仅更契合企业实际，也更容易分类测量、指导和改进。五是使用雇员劳动关系满意度和雇主劳动关系满意度作为描述劳动关系状态的感知性和相对性概念，解决了此前劳动关系评价体系中使用的事实性和绝对性指标而导致的企业间、行业间和区域间劳动关系状态难以比较的问题。

## 二、贡献了雇员劳动关系满意度概念模型和量表

使用扎根理论的质性研究方法，运用深度访谈的第一手资料，构建了雇员劳动关系满意度概念模型，开发了相应测量量表，并进行了实证研究。

在企业和谐劳动关系理论模型的基础上，本书通过扎根理论这一质性研究方法，选择了 12 家企业的 29 份员工样本资料进行扎根理论分析，明确了雇员劳动关系满意度的具体内涵，并基于扎根理论的三级编码分析，

通过探索性因子分析、信效度分析等实证研究方法，开发、检验了包含"劳动报酬""劳动负荷""员工成长""劳动条件与保障""和谐文化建设"与"劳动争议管理" 6 个维度的劳动关系满意度测量工具。在此基础上，通过中国企业情境下的 63 份人力资源经理问卷数据以及与其匹配的 782 份员工问卷数据，在控制了性别、年龄、文化程度等个体特征因素以及组织规模、成立年限、行业类型等组织特征因素后，检验了劳动关系满意度的跨层次中介作用，最终验证了战略人力资源管理对雇员劳动关系满意度产生了显著的跨层次正向影响；雇员劳动关系满意度对工作绩效各维度也产生了显著的正向影响；而在战略人力资源管理对工作绩效各维度的影响中，雇员劳动关系满意度均发挥了部分跨层次中介作用。这些发现为我们揭示了企业构建和谐劳动关系的动力机制和路径。

## 三、设计了相对和谐劳动关系指数体系

基于企业微观视角，提出了相对和谐劳动关系概念，并据此设计了相对和谐劳动关系指数体系。

本书在文献总结和扎根理论质性研究的基础上，提出了相对和谐劳动关系概念，即在企业微观劳动关系层面，雇佣双方对劳动关系现状的评价均处于相对满意状态，且两者的劳动关系满意度较为接近，其最优状态是雇佣双方劳动关系满意度相等。基于以上概念，本书在扎根理论编码筛选基础上，结合奥尔德弗的 ERG 理论，开发设计了相对和谐劳动关系指数体系。该体系具有以下特色：

（一）指标选取采用相对感知形式

指标选取采用相对感知形式的优势在于：劳动关系和谐程度是对劳动关系状态的一种描述与刻画，它会随着时间和企业内外部环境变化而变化，其影响因素多样，且没有一个绝对标准来判断哪些因素在什么时候能够从根本上决定劳动关系的和谐程度，而恰恰是劳资双方的相对感知，影响着各自在劳动关系中的现实和未来行为，因而也对判断劳动关系状态和解决相应问题更有现实意义；企业在地域、行业、阶段、规模、性质等方

面都有差异，多数绝对指标缺乏可以比较的基础，采用绝对指标形式就可能错估企业劳动关系状态，而面对同样影响因素的双方，其各自的相对感知，都是依据企业和自身实际情况并参照内外部的可比较因素后得出的评价，因而错估的可能性大大降低；最后，一些绝对指标，如利润、工资、奖金等，由于雇主和（或）雇员难以向调查者提供真实数据，使得据此测算出的劳动关系状态的真实程度会大大降低，依据此提出的政策建议，其有效性也自然会下降。

（二）指数的合成方法采用综合指数编制方法中的相对指标形式

指数的合成方法采用综合指数编制方法中的相对指标形式的优势在于：体现了相对和谐劳动关系中雇佣双方利益的平衡和预期一致性的理念，同时避免了很多指数体系中采用加权平均编制方法可能造成的某一项指标畸高导致的替代效应。

（三）有助于更有预见性地发现企业潜在的劳动关系问题

由于该指数体系采用雇佣双方利益平衡理念，任何一方满意度畸高导致的劳动关系潜在或现实的失衡都会得以表现。在实证分析中，一些企业雇员满意度并不低，但雇主满意度畸高；又或者雇主满意度一般，而雇员的满意度畸高，都属于潜在的劳动关系问题。从公平理论而言，随着时间的发展，这种失衡都会导致劳动关系的变化，而及早发现这种潜在可能，有利于和谐劳动关系的持续性改进。

（四）有助于更为全面地揭示了内外部因素对劳动关系的重要影响

由于该指数体系选取企业内部的微观经济学视角，雇佣双方指标选取更贴近劳动关系中的博弈现实，使得指数计算结果更能直接反映企业劳动关系的真实状况。

（五）解决了企业劳动关系调查中诸多敏感数据收集困难等问题

对感知形式指标的选择，能够解决企业劳动关系调查中诸多敏感数据收集困难等问题。

## 四、设计了劳动关系结构特征分析工具

针对构建和谐劳动关系实际工作的需要，通过引入基础统计模型，设

计了劳动关系结构特征分析工具。

针对和谐劳动关系指数的实用性研究目的，一方面为了直观地展示指数及各种分析结果，另一方面为了避免使指数沦为简单的排名工具，真正起到促进和谐劳动关系建立和改善的作用。

本书利用相对和谐劳动关系指数体系内部结构特征较好的优势，通过根据指数几何特征的自主设计和引进基础统计模型两条技术路径，在劳动关系状态呈现、雇员劳动关系满意度的结构特征分析以及各种自然属性对企业劳动关系状态、雇员劳动关系满意度影响等3个方面分别设计了相关的辅助分析工具，并结合数据可视化技术，设计了图形化方案。

发现劳动关系中的结构性、规律性特征是政府调整政策，企业调整制度的重要前提，从本书的实证分析可见，上述3个工具有效地揭示劳动关系的结构性和规律性特征，也可以说，为和谐劳动关系指数领域的研究，从测量到结构分析的进步作出了尝试。

## 五、测量和分析了全国 129 家样本企业的劳动关系状态和结构特征

应用相对和谐劳动关系指数体系和劳动关系结构特征分析工具，测量和分析了全国 17 个省、自治区、直辖市以及长春和苏州的样本企业劳动关系状态和结构特征。

基于全国 17 个省、自治区、直辖市 129 家样本企业 9613 份有效问卷（雇主问卷 228 份，雇员问卷 9385 份）、长春 41 家和苏州 50 家样本企业 3134 份有效问卷（雇主问卷 58 份，雇员问卷 3076 份）的数据，对以上全国总体样本企业和两个城市样本企业的劳动关系和谐指数进行了计算，根据计算结果对这三组样本企业的劳动关系状态分别进行了排名；对出现异常值和最优值的企业，分别进行了个案分析；使用劳动关系状态分布图对这三组样本企业的劳动关系总体状态和分布特征进行了直观展示；使用雇员劳动关系需求结构路径模型，分析了三组样本企业雇员劳动关系满意度的结构性特征；使用劳动关系状态分自然属性核密度比较分析图，探索了

雇主和雇员各种自然属性对劳动关系状态的影响。将同一批样本企业，同时使用劳动关系指数计算、排名、劳动关系状态分布图、雇员劳动关系需求结构路径模型、劳动关系状态分自然属性核密度分析等多种测量和分析工具进行研究，在学术界尚属首次。

# 第一章　劳动关系和谐指数研究评述

劳资矛盾已成为当前我国经济社会和谐稳定发展的重要阻碍因素，构建和谐劳动关系的经济、政治、社会意义十分重大而深远。党的十八大报告中着重强调，构建和谐劳动关系，不仅要充分发挥劳动保障监察和调解仲裁的监管作用，还需要不断完善劳动标准体系和协调机制。党在十九大报告中也指出，应完善、政府、工会、企业共同参与的协商协调机制，构建和谐劳动关系。

"和谐"是劳动关系所追求的理想目标，而劳动关系和谐指数就是劳动关系状态的数量化表达。它能够直观地描述和刻画劳动关系的现实状态，监控劳动关系的动态变化，预测劳动关系的未来发展趋势，为调整和改善劳动关系法律和政策，提供有效的决策依据；同时，也是将和谐劳动关系理念和政策，落实到构建和谐劳动关系实践的基础工作。

和谐劳动关系理念的提出，已经有近10年的历史；劳动关系和谐指数研究，也早在5年前就开始了。无论是劳动关系理念在实践中的落实，还是劳动关系和谐指数构建，在本质上都需要对劳动关系状态进行测量，其研究核心都是相关测量指标体系的设计，其研究基础则在于对劳动关系的认知与理解。以下仅就和谐劳动关系基础概念、劳动关系和谐指数体系设计及相关实证研究等3个层面，对相关研究加以评述。

## 第一节　和谐劳动关系的概念界定

对和谐劳动关系概念的界定是劳动关系和谐指数编制的基础，一定意义而言，它决定了指数的编制特征及实证研究效果。劳动关系是作为雇主的企业、作为雇员的劳动者和作为监管方的政府之间的社会经济关系，或者说是政府规制背景下的雇主和雇员之间的社会经济关系。对于政府是否属于劳动关系的一方主体，学界争议比较大，但对政府在劳动关系中发挥的重要作用，基本没有分歧。① 对劳动关系中三方主体作用的不同认知以及所取观察角度的差异，就衍生出了对和谐劳动关系的不同阐释。

## 一、公共管理视角的和谐劳动关系

政府的根本目的是实现社会福利最大化。之所以提出和谐劳动关系理念，是因为"和谐劳动关系"是"和谐社会"的重要基础。政府的"和谐劳动关系"概念，经历了"和谐的劳动关系""和谐稳定的劳动关系"，最后发展到目前比较公认的"和谐劳动关系"。② 从 2006 年起，代表政府的劳动和社会保障部、代表雇员的中华全国总工会、代表企业的中国企业联合会/中国企业家协会就召开了三方联席会议，共同开展创建劳动关系和谐企业与工业园区活动，以此保持劳动关系和谐稳定，实现企业良性发展，依法维护职工合法权益。2011 年，习近平在"全国构建和谐劳动关系先进表彰暨经验交流"会议上，再次强调了和谐劳动关系的重要意义，将和谐劳动关系建设的目标确定为"规范有序、公正合理、互利共赢、和谐稳定"。可见，从政府公共管理角度对和谐劳动关系进行的界定与阐释，在兼顾了劳资双方利益的同时，特别重视劳动关系对社会的外部溢出效应。

从公共管理角度出发的学者，用"规范有序、公平合理、合作互利"来描述和谐劳动关系。这种描述基本复制了政府构建和谐劳动关系的目标，区别在于没有强调劳动关系的外部溢出效应。③

政府角度的和谐劳动关系，并不是一个严谨的学术概念，而是劳动关

---

① 郭庆松：《多管齐下稳定劳动关系》，《党政论坛》2009 年第 7 期。
② 刘铁明、罗友花：《中国和谐劳动关系研究综述》，《马克思主义与现实》2007 年第 6 期。
③ 曹永平、顾龙芳、郭忠良：《劳动关系和谐指数构建》，《中国劳动》2011 年第 10 期。

系监管的目标，是劳动关系法律、政策和实践的导向。

## 二、企业管理视角的和谐劳动关系

与公共管理视角的和谐劳动关系并存的，是工商管理视角的和谐劳动关系，即将政府一方视为劳动关系相关的法律政策背景，从企业角度对和谐劳动关系进行分析和研究。

有学者认为，劳动契约是不完全的。工人一旦被企业雇佣后，隐含的劳动契约就形成了。在雇主和雇员长期的博弈过程中，隐藏信息或隐藏行动的情况，在某种程度上双方都会存在，由此造成了双边的机会主义行为。在劳动力市场比较完善的条件下，劳动法规体系比较健全，法规的执行也相对严格，由于违法成本比较高，或出于对自身利益的考虑，企业一般会遵守自己对员工的承诺；在类似德国的共同治理模式下，工人通过自己的代表参与到公司监事会中，也能够在一定程度上约束企业的机会主义行为，与此同时，工人也会受到法律和企业规章的双重约束。在这种情况下，劳动契约的不完全程度，可以通过工人对劳动关系的满意度来间接度量。[1] 还有学者认为，员工满意度也可以用来度量企业劳动关系质量，因为影响员工满意度的主要因素是薪酬福利、工作环境、工作压力、企业文化、企业规章制度等。而这些因素，也恰恰对劳动关系质量有重要影响。以上理论分析说明，从劳动契约是不完全性和劳资双方博弈角度看，用员工的劳动关系满意度来表示企业整体劳动关系状态，是有其合理性的。[2]

也有学者认为，从劳动合同订立、变更到终止，企业和员工的劳动关系通常会表现为冲突和合作两类情形。冲突有显性和隐性两种，合作也有被动和主动之分。企业和员工之间如果存在显性冲突，那就表明劳动关系极不和谐；如果存在隐性冲突，也表明劳动关系不和谐；如果双方被动合作，则双方的劳动关系处于潜在和谐状态；如果主动合作，则是真正意义

---

① 姚先国、郭东杰：《改制企业劳动关系的实证分析》，《管理世界》2004 年第 5 期。
② 张军：《构建劳动关系预警机制》，《企业管理》2010 年第 7 期。

上的和谐的劳动关系。① 这个定义将和谐劳动关系明确界定在劳资双方之间，而将法制环境作为一种隐含的政策背景加以考虑，且指出了"和谐"的本质在于双向的主动合作，亦即双方追求共同满意的平衡点。

## 三、经济学视角的和谐劳动关系

有学者将劳动关系理解为雇主和雇员双方的供需关系，认为和谐劳动关系是双方彼此履行义务，承担责任，相互合作，从而达到的稳定有序的均衡状态，并提出了和谐劳动关系无差异曲线模型。该模型包括影响企业劳动关系的三大因素：企业资源、企业投入意愿以及企业对员工的精神和物质利益组合的优化程度。"企业资源"和"投入意愿"两个要素构成了企业劳动关系中的供给，即企业满足员工需求的供给能力=企业资源×投入意愿。而物质和精神需求的满足程度，则构成了员工感知到的劳动关系和谐程度，其中物质层面包含薪酬福利等的综合水平，精神层面则包括工作压力、工作稳定性、个人发展空间、工作安全等。它们具有替代效应，并遵循边际效用递减规律。② 这个定义从微观经济学的角度，以劳资双方为企业内部劳动关系的供需双方，初步建立了理论模型，是借用经济学分析方法对和谐劳动关系进行研究的新尝试。近年来，金融危机下制造业中劳动关系急剧恶化，表明企业外部环境的变化对劳动关系的变迁具有决定性影响，从一个侧面印证了这种研究视角的合理性。③

和谐劳动关系虽然是中国传统文化与当代市场经济融合后的特有概念，是高质量劳动关系的民族特色表达，但对劳动关系质量的相关研究，在早期市场经济国家却由来已久。以经济学范畴而言，从效率工资模型、合同模型到搜索与匹配模型，从将员工仅视为无差别的生产要素之一逐渐过渡到人力资源、人力资本的视角，这既是技术升级所带来的员工性质变

---

① 郭庆松：《三方博弈中的中国劳动关系——改革开放以来中国劳动关系的进展及问题研究》，《学术月刊》2009 年第 9 期。

② 黄维德、陈欣：《基于无差异曲线的企业和谐劳动关系影响机制研究》，《社会科学》2008 年第 6 期。

③ 刘军胜：《劳动关系八大热点》，《企业管理》2009 年第 2 期。

化的结果，也是社会、经济发展的必然趋势。近年来，有学者将效率、公平和发言权三者的平衡，作为劳动争议解决机制的评价标准，作为雇佣关系追求的目标。其中，效率是对稀缺资源加以有效利用的一般经济标准，即指有效地、利润最大化地使用劳动力以促进经济繁荣；公平是针对人的尊严、人的生命的神圣不可侵犯性以及自由的一套平等雇佣标准，如雇佣法中所规定的最低工资水平等；发言权被视为一种发言权利的体现，指免受不公平待遇和申诉程序保护下的言论自由（例如工会代表的发言权机制）。① 国内也有相似研究。针对目前国内劳动关系现状，有学者提出，劳动关系中私营企业资本强势的现状，主要原因在于政府行政权力在市场经济下已经从传统劳动关系中退出，与现代市场经济对应的劳资关系制衡力量，工会组织和雇主组织，尚未形成对等的谈判实力。② 这从一个侧面印证了和谐劳动关系构建过程中，发言权的重要性。

如果上述尚属和谐劳动关系概念的静态研究的话，那么，有国外学者从工作定义、劳动关系和战略性人力资源管理策略3个方面，对比了以色列工人在1990年和2006年两个时间点上的变化，反映出了员工整体能力、行为模式和价值观念的变化趋势，进而反映出劳动关系的动态性特征。③ 该项研究揭示出了在时间维度上，随着企业外部环境、员工内在需求重点以及相关法律法规的变化，劳动关系中的矛盾重点，也在转移的动态现象。

**四、和谐劳动关系概念界定的研究总结**

从以上具有代表性的研究成果看，现有基础理论的共同点与差异在于：一是都认可劳动关系涉及劳资政三方，但对政府是否直接参与劳动关系博弈存在分歧；二是各种定义及基础理论都为指数设计的指标选择提供

① John W. Budd, *Employment with a Human Face: Balancing Efficiency, Equity, and Voice*, Cornell University Press, 2004, p. 5.
② 吴宏洛：《论我国私营企业和谐劳资关系的构建——基于马克思资本与雇佣劳动关系的论述》，《马克思主义研究》2008年第10期。
③ 袁凌、李健、许丹：《企业劳动关系研究新进展》，《经济学动态》2012年第2期。

了线索，但对相关因素之间关系的阐释尚显薄弱；三是没有充分重视劳动关系的动态性特征，对构建可持续的和谐劳动关系缺乏理论支撑；四是多为无差异研究，对于企业所处行业、规模、发展阶段等内外部因素对劳动关系的影响，研究较少；五是针对中国劳动关系现状，将和谐劳动关系视为伸张劳工权益的研究不少，而真正将和谐劳动关系置于一种博弈状态的客观科学研究有待加强。

## 第二节 劳动关系和谐指数体系的设计

劳动关系和谐指数体系设计的实质是劳动关系测量工具的设计，主要包含指标选择和指数合成方法等相关问题。

### 一、国内相关研究

从指标选取特征看，国内相关研究大致可以归为三大类：从员工权益保护角度设计的指标体系、从政府监管角度设计的指标体系和从劳资双方利益均衡角度设计的指标体系。

（一）员工权益保护角度的指标体系

从员工权益角度出发的指标选取出现较早，这可能与《劳动法》《劳动合同法》出台有关，此类指数体系指标选取主要侧重于员工基本权益保护。如有学者从就业与工资状况、就业环境与受保护程度、民主程度与发展前途3个方面，使用劳动合同、就业培训、工资、劳动条件和劳动时间、社会保障、工会组织、劳动争议率、经济效益等指标，构建了企业劳动关系评价体系。[1] 有学者运用模糊数学方法，从收入、管理层、岗位、劳动合同和民主参与等方面评价企业劳动关系质量。[2] 有学者使用收入保障、劳动环境、权益实现、技能发展4个方面的23个指标，评价行业的劳动关

---

[1] 贺秋硕：《企业劳动关系和谐度评价指标体系构建》，《中国人力资源开发》2005年第8期。

[2] 詹婧：《模糊综合评价法在企业劳动关系计量中的应用》，《首都经济贸易大学学报》2006年第4期。

系质量。① 有学者用工资增长、就业、培训、工会、社会保障和劳动争议 6 个子系统，设计了劳动关系评价体系。② 有学者设计了由工资报酬与劳动用工、劳动合同与组织管理、社会保障与劳动争议 3 个一级指标、25 个二级指标所构成的民营企业劳动关系评价指标体系。③ 也有学者从劳动关系预警角度发现，工资报酬、工作内容、保险福利是导致劳动争议发生的前三位影响因素。④ 从具体指标看，这也是一种偏重员工基本权益的选择角度。曹永平等也设计了包括就业、社会保险、劳动合同和集体合同、劳动用工、工作时间与休息休假、工资、劳动安全、职业培训、劳动维权诉求和公众参与在内的由十个一级指标构成的劳动关系评价指标体系。⑤

（二）政府监管角度的指标体系

从政府监管角度出发的指数体系设计较为多见，这与政府主导的和谐劳动关系建设活动有关，基本依据《关于开展创建劳动关系和谐企业与工业园区活动的通知》（劳社部发〔2006〕25 号）中的创建标准，从国家相关政策执行，到职工基本权益保护，再到工会、职工代表大会等组织建设、作用发挥，也包含了劳动争议协调及杜绝相关外溢效应，宏观指标和微观指标都包括在内。各地官方或半官方研究也多采取这种指标选取角度，多地已形成正式文件或地方标准，如 2007 年 5 月，上海市劳动关系研究中心使用"五大指标"（职工就业、工资收入、劳动保护与劳动安全、社会保障、劳动关系协调机制）和"四大指数"（收入保障、劳动环境、权益实现、技能发展），对上海市的劳动关系和谐状况进行了定量分析。2011 年 6 月，浙江省人力资源和社会保障厅使用劳动合同、社会保险、工资支付、就业环境、人文关怀等 24 项一级指标和 52 项二级指标，从各市

① 何圣、王菊芬：《和谐劳动关系评价指标体系的构建及对上海的分析》，《市场与人口分析》2007 年第 5 期。

② 朱智文、张博文：《中国和谐劳动关系评价指标体系构建及实证分析》，《甘肃社会科学》2010 年第 1 期。

③ 袁凌、魏佳琪：《中国民营企业劳动关系评价指标体系构建》，《统计与决策》2011 年第 4 期。

④ 张军：《构建劳动关系预警机制》，《企业管理》2010 年第 7 期。

⑤ 曹永平、顾龙芳、郭忠良：《劳动关系和谐指数构建》，《中国劳动》2011 年第 10 期。

完成省政府目标任务、企业执行法律法规和劳动者的满意度 3 个方面，构建了区域性的劳动关系和谐指数体系，并从 2011 年开始连续使用该指数体系对全省和各市的劳动关系状况进行了评估。姜颖等使用劳动立法和劳动政策、就业政策和三方协调机制的建立等 6 个维度的指标，来评价宏观层面的劳动关系，使用劳动合同制度、劳动标准制度、集体合同制度、工会制度、劳动纪律和规章制度、职工民主管理制度和劳动争议制度 7 个维度的指标，来评价微观层面的劳动关系。[1]

（三）劳资双方利益均衡角度的指标体系

从劳资双方利益均衡的角度设计评价指标体系是近年来的新思路，这也是一种符合经济和管理科学研究范式的角度。此类指标体系的特点是：立足于企业内部微观角度，将相关政策法规作为企业外部环境因素加以考量，在指标选取时，兼顾劳资双方的需求，并对需求进行要素分解，将劳资双方相互合作，履行彼此的责任和义务，进而达到的一种稳定有序的均衡状态，视为和谐劳动关系。其中汪泓等从企业解决劳动者就业状况、劳动合同签订、工资及其分配、社会保障、工会组织、企业经济效益、企业景气指标和企业绩效等方面，构建了由 32 个指标组成的企业劳动关系评价体系。[2] 黄攸立和吴功德设计了包括基础业务管理、合作管理、冲突管理、劳动者权益保障和企业绩效表现 5 个方面 14 个指标的企业劳动关系和谐度评价指标体系。[3] 浙江省劳动和社会保障科学研究院课题组建立了包括劳动关系的"运行与协调"和"产出与结果"两个一级指标、13 个二级指标、40 个三级指标的企业劳动关系评价指标体系。[4] 孙波则以维勒（Weiler）[5] 的劳动关系理论分析模型为依据，设计了企业劳动关系评价指标体

---

[1]　姜颖、王向前、张冬梅：《构建和谐劳动关系指标体系初探》，《中国劳动》2006 年第 9 期。

[2]　汪泓、邱羚：《企业劳动关系定量评估模型》，《上海企业》2001 年第 7 期。

[3]　黄攸立、吴功德：《从理论和实证的视角构建企业劳动关系评价指标体系》，《中国人力资源开发》2006 年第 8 期。

[4]　浙江省劳动和社会保障科学研究院课题组、潘伟梁、张春玉：《劳动关系和谐指数评价体系构建研究——浙江劳动关系和谐指数评价体系的实践与成效》，《中国劳动》2013 年第 9 期。

[5]　Anni Weiler, "Quality in Industrial Relations：Comparative Indicators（Report）", *Luxembourg：Office for Official Publications of the European Communities*, 2004.

系分析框架，并以"管理行为"和"管理结果"作为一级指标，以"基础业务管理""合作管理"和"冲突管理"作为"管理行为"的二级指标，以"员工利益保障"和"企业绩效表现"作为"管理结果"的二级指标，并以劳动合同等 19 个三级指标、劳动合同签订率等 46 个四级指标，构建了兼顾"员工利益保障"和"企业绩效表现"的企业劳动关系评价指标体系。①

从劳动关系的供求特征出发的指标选取亦属此类。黄维德和陈欣将员工作为需求方，并用物质需求和精神需求两大类指标，概括员工的需求。其中物质需求包含薪酬、福利待遇的综合水平，精神需求则包含员工能够感知到的工作压力、工作稳定、发展空间、工作安全等。这些指标相互之间具有一定的替代性，并且遵循边际效用递减规律；同时，将企业作为供给方，以企业的资源和投入意愿两大类指标的乘积，作为企业满足员工需求的能力指标；将劳资双方相互合作，履行彼此的责任和义务，从而达到的一种稳定有序的均衡状态，称为和谐劳动关系。②

从指数合成方法看，现有绝大多数劳动关系和谐指数体系采用了统计实务中常见的加权式合成方法，个别指数体系采用了类似于信用评级的表现方式，如《广州市创建劳动关系和谐企业、工业园区与和谐劳动关系示范区标准》（穗人社函〔2011〕1658 号）等，但细查其评级标准，其实质还是加权式合成方法。

## 二、国外相关研究

国外也非常重视劳动关系质量的测量，但使用的概念与研究角度与国内有所不同。与劳动关系质量接近的概念有"雇佣关系质量（Quality of Employment Relations）""雇佣质量（Quality of Employment）""劳动关系氛围（Industrial Climate）""工作质量（Quality in Job）""体面劳动（Decent

---

① 孙波：《企业劳动关系评价指标体系构建思路》，《中国人力资源开发》2014 年第 1 期。
② 黄维德、陈欣：《基于无差异曲线的企业和谐劳动关系影响机制研究》，《社会科学》2008 年第 6 期。

Work）""良好的工作场所实践（Good Workplace Practices）"等；一些研究从国家、区域、产业或者人口统计学特征等宏观层面，对劳动关系质量相关的这些概念进行测量，另一些研究则从企业微观层面，对其进行测量。

（一）宏观层面的测量指标体系

宏观层面的劳动关系测量指标体系，主要来自相关国际组织、研究机构，还有一些学者利用国际组织提供的调查数据进行了相关研究。

"体面劳动"概念是国际劳工组织在1999年的87届国际劳工大会上提出的，主要使用就业机会、足够的收入和高效的工作、体面的工作时间、工作家庭和个人生活相结合、应该废除的工作、工作的稳定性和安全性、就业中的公平机会和待遇、安全的工作环境、社会保障、社会对话以及工人和雇主的代表权、体面工作的经济和社会背景11个维度50个指标，对体面劳动进行测量。[①]

"良好的工作场所实践"概念是国际劳工组织在2007年第96届会议议程"促进可持续性企业"报告提出的，并以"体面劳动"为基础，从体面的生活标准和经济保障、尊重雇员的领导、安全卫生的工作环境、相互信任的雇主和雇员、参与决策、决策公开的文化、鼓励主动性和创造性、所有层次的支持性监督、使用和发展技能的机会、工作和生活平衡10个维度，对其进行测量。[②]

欧盟就业战略下的"工作质量（Quality in Work）"概念，来自欧洲2003年提出的"新欧洲就业战略（2003—2010）"。其测量指标包含工作本身和劳动力市场环境两方面的特征，从内在工作质量、技能、终身学习和职业发展、性别平等、工作安全与健康、灵活性和保障性、劳动力市场包容性和进入、工作组织和工作—生活平衡、社会对话和员工参与、多样

---

① International Labour Organization, *Decent Work: Report of the Director-General*, International Labour Office, 1999, p. 13.

② International Labour Organization, *Measurement of Decent Work*, Discussion Paper for the Tripartite Meeting of Experts on the Measurement of Decent Work, International Labour Office, 2008, p. 6.

性和非歧视、整体经济绩效和生产率 10 个维度 31 个指标。①

　　欧盟提升生活和工作条件基金会的"工作和雇佣质量模型",使用职业和就业保障、健康和福利、技能开发、工作和非工作生活协调 4 个维度 13 个项目对雇佣质量进行测量。其中,职业和就业保障维度包括雇佣身份、收入、工人权利(性别平等、信息公开和咨询等)和社会保障 4 个项目;健康和幸福维度包括健康问题、风险纰漏和工作组织;技能开发维度包括任职资格、培训、职业发展、学习型组织;工作和非工作生活协调维度包括工作与非工作时间、社会基础设施(日托、儿童照看服务等)。该基金会的"欧盟工作条件观测站(EWCO)"以定期的"欧盟工作条件调查(EWCS)"形式获取数据,并使用这些数据对欧盟各国和欧盟整体以及相关观察国的雇佣条件进行横向比较。该调查项目已经进行了 1990/1991、1995/1996、2000、2005 和 2010 五次调查,因此,欧盟工作条件观测站还可以通过对历次调查的纵向比较,考察有关工作条件的变化趋势。②

　　加拿大政策研究网是一个独立的、非营利的研究组织,它的"工作质量"测量指标包括沟通和影响力、培训和技能、电脑的使用、就业保障、工作设计、工作环境、工作关系、工作时间、工作要求、回报、工资和福利、工作生活平衡以及工会 13 个维度 45 项。③

　　一些学者通过提出新的概念和构建新的测量工具,利用国际组织数据,也对宏观层面的雇佣关系测量作出了有益的探索。如有学者基于雇佣关系的社会—心理维度,构建了包括信任、承诺、影响以及沟通 4 个维度的雇佣关系分析模型,并在分别构建了信任、承诺、影响和沟通的测量量表的基础上,将 4 个子量表的结果相加,构建了雇佣关系简要量表(Employment Relationships Summary Scale,ERSS),然后根据该表的排序分为了

---

　　① Mark Smith, Brendan Burchell, Colette Fagan and Catherine O'Brien, "Job Quality in Europe", *Industrial Relations Journal*, No. 6, 2008.

　　② Living and Working Conditions, *Quality of Work and Employment in Europe: Issues and Challenges*, Luxembourg: Office for Offcial Publications of the European Communities, 2002, p. 4.

　　③ Graham S. Lowe and Grant Schellenberg, "What's a Good Job? The Importance of Employment Relationships. CPRN Study. Changing Employment Relationships Series", *Adjustment*, No. 6, 2001.

强、中、弱三个等级，进而研究了该表与工作满意度、技能开发与使用、工作场所士气、缺勤、离职、加入工会的意愿等变量之间的关系，以研究劳动力市场中的雇佣关系强度对员工的工作生活质量与组织绩效的影响，更好地适应当前非正式雇佣方式盛行的劳动力市场。[1]

一些学者则倾向于使用整体工作满意度（Overall Job Satisfaction）指标测量雇佣质量或雇佣关系，他们认为整体工作满意度是工作质量一个可靠测量指标，因为它能够将员工对工作和雇佣关系多个方面的主观感受、个人价值观和偏好，以及工作环境和个人期望等都整合在一起，既体现了雇佣质量的全面性，又将个人主观感知与客观雇佣实践结合在一起。[2]

有学者从雇佣关系内涵出发，将雇佣质量分为经济契约和心理契约两部分，收入、工作时间、工作生活平衡、工作保障和晋升机会等构成经济契约部分，而工作内容、工作强度、健康和伤病的风险、与同事和上级的关系等表达心理契约部分。他们使用7点李克特量表，使用英国劳动力市场数据，测量一级劳动力市场（高工资、有晋升希望的好工作）和二级劳动力市场（低工资、无晋升希望的差工作）上的工作质量差别，并发现整体工作满意度能够被晋升希望、总收入、工作保障、工作时间、与上级的关系、工作内容、主动性等不同侧面的满意度所解释。[3]

有学者将使用5点李克特量表所测的工资、非工资性福利、工作的本质、自主性或独立性、晋升机会和技能提升的机会6个方面的满意度数据加总，构建出了整体工作满意度指标，并利用国际劳工组织（ILO）的人民保障调查（People's Security Surveys，PSSs）数据，测量和比较了阿根

① Graham S. Lowe and Grant Schellenberg, "What's a Good Job? The Importance of Employment Relationships. CPRN Study. Changing Employment Relationships Series", *Adjustment*, No. 6, 2001.

② Rannia Leontaridi and Peter Sloane, "Measuring the Quality of Jobs: Promotion Prospects, Low Pay and Job Satisfaction", *Amsterdam: Lower Working Paper*, No. 7, 2001. Joseph A. Ritter and Richard Anker, "Good Jobs, Bad Jobs: Workers' Evaluations in Five Countries", *International Labour Review*, No. 7, 2010. Andrew E. Clark, "Your Money or Your Life: Changing Job Quality in OECD Countries", *British Journal of Industrial Relations*, No. 3, 2010.

③ Rannia Leontaridi and Peter Sloane, "Measuring the Quality of Jobs: Promotion Prospects, Low Pay and Job Satisfaction", *Amsterdam: Lower Working Paper*, No. 7, 2001.

廷、巴西、智利、匈牙利和乌克兰 5 个国家的工作质量。[1] 有学者从收入、工作时间、工作前景（晋升和工作保障）、工作难度（危险性、压力）、工作内容（工作的趣味性、独立性和声望）、工作中的人际关系 6 个方面，构建了整体工作满意度指标，并利用 7 个 OECD 国家（西德、英国、美国、意大利、荷兰、匈牙利）的国家社会调查项目 1989 年和 1997 年的两次横截面数据（International Social Survey Program，ISSP）和英国家庭样本调查项目（British Household Program，BHPS）1993—2002 年的面板数据，研究了这 7 个国家工作质量的变化趋势。[2]

（二）微观层面的测量指标体系

在微观层面，20 世纪 80 年代雇佣关系与人力资源管理两种理论开始融合，学者们也开始在企业层次探讨雇佣关系实践对企业绩效的影响，随之而来的是各种雇佣关系测量工具的设计和相关研究。[3]

有学者选取劳资氛围、合同管理结果、合同谈判强度和个体行为 4 个维度来测量雇佣关系绩效，进而探讨工厂层面的工作生活质量项目（QWL）对企业的经济绩效、雇佣关系绩效以及员工感知的工作质量的影响。[4]

有学者选择冲突管理和个体态度与行为两个维度作为衡量雇佣关系系统的指标，在控制加班率和工厂规模等环境变量后，发现雇佣关系系统和工作生活质量活动对企业的产品质量和直接劳动效率，有显著影响。[5]

———————

[1]　Joseph A. Ritter and Richard Anker, "Good Jobs, Bad Jobs: Workers' Evaluations in Five Countries", *International Labour Review*, No. 7, 2010.

[2]　Andrew E. Clark, "Your Money or Your Life: Changing Job Quality in OECD Countries", *British Journal of Industrial Relations*, No. 3, 2010.

[3]　张义明:《企业雇佣关系协调实践对雇佣质量影响研究》，博士学位论文，南开大学商学院，2012 年，第 70 页。

[4]　Harry C. Katz, Thomas A. Kochan and Kenneth R. Gobeille, "Industrial Relations Performance, Economic Performance, and QWL Programs: An Interplant Analysis", *Industrial and Labor Relations Review*, No. 1, 1983.

[5]　Harry C. Katz, Thomas A. Kochan and Mark R. Weber, "Assessing the Effects of Industrial Relations Systems and Efforts to Improve the Quality of Working Life on Organizational Effectiveness", *Academy of Management Journal*, No. 3, 1985.

除此之外，有学者提出了劳动关系氛围概念（Industrial Climate）。[1] 有学者探讨劳动关系氛围与组织有效性之间的关系。[2] 关注企业微观层次的员工态度问题，尤其重视员工与企业或主管互动过程中的氛围问题。

值得关注的是，有学者基于工会与管理方的相互感知，开发了包含和谐（Harmoney）、冷漠（Apathy）、敌视（Hostility）、开放性（Openness）和即时性（Promptness）5 个维度的雇佣关系氛围问卷。[3] 此后，很多学者开始探讨劳动关系氛围对企业的影响，尤其是对员工双重承诺的影响，学者们还开发了包括劳资冲突、员工参与和劳资双赢 3 个维度的雇佣关系氛围量表。[4] 这带动了一系列有关雇佣关系氛围的研究。[5]

## 三、劳动关系和谐指数体系设计的研究总结

比较中外劳动关系测量的有关研究，从指标选取来看，无论宏观层面还是微观层面的研究，国外多从员工角度进行指标选取，或者说，测量角度更为直接地指向劳动关系或劳动关系中参与主体的本身，而研究层面的所谓宏观只在于数据采集的范围比较大而已；而国内指数体系的指标选取，国家、区域等宏观层面、企业微观层面和员工权益层面，都有相应的指标选取，但这些指标本身多来自于法规政策的落实及相关的环境因素。这种状况可能与和谐劳动关系构建初期较为注重软环境建设有关。从指数

---

[1] John E. Kelly and Nigel Nicholson, "The Causation of Strikes: a Review of Theoretical Approaches and the Potential Contribution of Social Psychology", *Human Relations*, No. 12, 1980.

[2] Ali Dastmalchian, Paul Blyton and Mohamed Reza Abdolahyan, "Industrial Relations Climate and Company Effectiveness", *Personnel Review*, No. 1, 1982.

[3] Ali Dastmalchian, Paul Blyton and Raymond Adamson, "Industrial Relations Climate: Testing a Construct", *Journal of Occupational Psychology*, No. 1, 2011.

[4] Ali Dastmalchian, Paul Blyton and Raymond Adamson, "Industrial Relations Climate: Testing a Construct", *Journal of Occupational Psychology*, No. 1, 2011. Chris Brester, Olga Tregaskis, Ariane Hegewisch and Lesley Mayne, "Comparative Research in Human Resource Management: A Review and an Example", *New Challenges for European Human Resource Management*, No. 3, 2000. Tim Hannagan, *Management: Concepts and Practices*, Allyn and Bacon, 2008, p. 169.

[5] 崔勋、张义明、王庆娟：《关于企业雇佣质量的思考》，《中国人力资源开发》2011 年第11 期。

合成方法来看，国外研究多采用量表作为测量工具而国内则多采用加权合成指数的模式。

考察国内现有劳动关系和谐指数体系，就理论和实践而言，尚处于初级阶段，且存在诸多有待商榷之处。一是指标选取的科学性有待商榷，现有体系设计中的指标多来自于环境因素，既无法兼顾地域、行业间的差异性特征，更对指标体系稳定性兼具适应性的设置考虑甚少，总体而言，不能直接地反映劳动关系的实际状态；二是指数体系的合成方法有待改进，虽不能证明量表的方式是完全科学的，但现有体系设计采用的加权合成方法，确实难以消除指标间的替代效应，依据这样的方法合成的劳动关系指数来进行劳动关系监管，难免存在误导决策的可能性；三是指数相关的分析、预警、预测等作用有待进一步开发，从目前公布的指数报告看，基本仅停留在简单的统计分析上，这一方面可能受制于数据来源，但指数体系设计的先天缺陷不容回避。

## 第三节　劳动关系和谐指数的相关实证研究

劳动关系和谐指数的实证研究，既是最终的应用性研究，也是该领域的反馈环节；既是对企业中劳动关系状态的测量，也是对指数体系改进和有效性验证的重要参考。从国内实践看，实证研究大体分为 3 个层面，即分别对行业、区域和跨区域的劳动关系和谐指数进行测量。

### 一、行业层面劳动关系和谐指数实证研究

有学者从行业层面对上海市劳动关系状况进行了测量。该项研究首先按行业将企业分为三类。第一类是电力、水、燃料、金融、房产、信息；第二类是机械、化工、轻纺、建筑、建材、交通运输、商业、仓储、批发、零售等；第三类是电子、餐饮服务；再按照所有制性质将企业又分为三类，第一类是国有企业、合资企业；第二类是私营企业和其他；第三类是集体企业。从实际测量结果看，第一类行业的劳动关系状况良好，在该

行业的从业人员数基本占全部从业人员的 5%；第一类性质企业的劳动关系状况也良好，在该类性质企业的从业人员则占全部从业人员的 17% 左右；第二类性质企业的劳动关系状况一般，按照两种分类标准都超过 50%。研究结果表明，上海市企业的劳动关系状况，行业总体水平相差不大，少数企业的劳动关系与上海市企业劳动关系平均水平有一定的距离，上海市企业劳动关系状况整体上处于中等偏上水平。①

## 二、区域层面劳动关系和谐指数实证研究

以地方政府主导的各类本地区劳动关系和谐指数的开发与测量工作属于区域层面的实证研究。浙江省在全省范围开展的劳动关系和谐度评估工作即属此类。该项工作自 2010 年开始，已经实测两个周期，评价结果显示，2011 年度劳动者满意与 2010 年度相比，指数整体上升 2.7，12 地市的平均和谐指数则从 82.94 上升至 84.15。从实施两年的效果来看，劳动关系和谐指数评价体系充分发挥了行为导向功能，指引社会各界朝着促进劳动关系和谐的方向调整和前进，促进了宏观层面和微观层面劳动关系的和谐。同时，从测量结果看，也发现了相关的地域、经济环境等外部因素对劳动关系和谐度的影响。也有学者对一定区域的劳动关系进行独立实证研究，如有学者利用 2009 年杭州市劳动保障部门的统计数据，将指数值为 90 及以上的定义为该区域的劳动关系和谐程度为优秀；指数值为 80—90 之间的，定义为良好；指数值为 65—80 之间的，定义为一般；指数值在 65 以下，定义为很差。依据这个标准得出了结论：杭州市某城区的劳动关系和谐指数为 87.77，劳动关系总体和谐，但各指标值之间不平衡。②

## 三、跨区域层面劳动关系和谐指数实证研究

全国性劳动关系和谐状况的实证研究目前几乎没有，一方面因为国家

---

①　何圣、王菊芬：《和谐劳动关系评价指标体系的构建及对上海的分析》，《市场与人口分析》2007 年第 5 期。

②　曹永平、顾龙芳、郭忠良：《劳动关系和谐指数构建》，《中国劳动》2011 年第 10 期。

相关工作尚属试点阶段，另一方面这种数据采集工作显然已经超出了普通研究机构和学者的能力范围，但已经有学者做了跨地区的和谐劳动关系实证研究。如吴清军等使用银川、盘锦、深圳、重庆等7个城市国有及国有控股、外商、港澳台、民营和集体企业的有效问卷47份、员工有效问卷3946份获得的数据，计算出模拟性的全国和谐劳动关系评价指数。该研究将劳动关系和谐程度得分80分以上的定为"良好"；50—80分为"一般"；50分以下为"差"。依据这个标准判断，23.4%的企业劳动关系和谐程度为"良好"；42.6%的企业劳动关系和谐程度为"一般"；34%的企业劳动关系和谐程度为"差"；企业得分均值为60.04，属于"一般等级"中的低分位值。依据以上研究结果，该文得出了劳动关系总体状况不乐观，总体判断为较低水平的稳定，劳动合同、集体协商与集体合同、工资工时、职业安全与卫生得分较低，成为劳动关系和谐的主要影响因素等结论。[①]

### 四、劳动关系和谐指数实证研究总结

劳动关系和谐指数的实证研究尚处于初级阶段，从已有研究及相关政府级别的指数发布来看，对实证研究最大的制约来自于数据采集领域，这种制约既来自于经费等方面的硬约束，也来自于企业配合意愿、员工认知程度等软约束。样本的数量、代表性，数据的准确性、时效性等不仅直接影响实证研究结论，也对更为丰富的分析工具开发以及指数体系的有效性检验、优化再设计等基础工作构成实际制约。

## 第四节　本书的研究方向

劳动关系和谐指数的研究虽只走过十年多的历程，学者们在不同领域、层面为之作出了大量研究工作，已为该领域研究打下了初步的基础。

---

① 转引自常凯、乔健：《中国劳动关系报告：当代中国劳动关系的特点和趋向》，中国劳动社会保障出版社2009年版，第577—595页。

展望未来的研究方向，本书将从以下几个方面进行更为深入、扎实的研究。

## 一、构建企业和谐劳动关系理论模型

企业和谐劳动关系理论是企业劳动关系和谐指数构建的基础理论。本书将使用扎根理论这一质性研究方法，深入企业进行雇员和雇主访谈，利用访谈资料，深入分析雇主、雇员与企业环境的关系，自下而上地构建起兼顾效率公平的和谐劳动关系理论，回答什么是企业和谐劳动关系？企业和谐劳动关系由哪些要素构成？企业和谐劳动关系的运行机制是什么？这是劳动关系和谐指数编制科学化的前提和根本所在。

## 二、构建雇员劳动关系满意度概念模型和测量量表

虽然本书作者在构建企业和谐劳动关系理论模型时兼顾了雇员和雇主双方需求，但在劳动关系双方中，雇员一方处于弱势地位。如果企业劳动关系发生矛盾和冲突，在通常情况下，都是由于雇员一方的劳动关系需求尤其是最基本的需求未得到满足或者被漠视而引起的。因此，本书将重点关注雇员一方的劳动关系需求，构建雇员劳动关系满意度概念模型和测量模型，并以雇员劳动关系满意度为中介变量，研究企业层面的战略人力资源管理对雇员工作绩效跨层次影响过程的中介作用，主要目的是从企业管理层面上精确地回答以下问题：一是什么是雇员劳动关系满意度？二是如何有效地测量雇员劳动关系满意度？三是雇员劳动关系满意度会受到战略人力资源管理吗？影响程度有多大？四是雇员劳动关系满意度对雇员作绩效有影响吗？影响程度有多大？本书作者将站在企业劳动关系管理的角度，依据雇员在劳动关系中的需求，对应企业的供给，将雇员需求与企业供给以及环境参照之后产生的感知，作为雇员测量指标体系。

## 三、构建企业劳动关系和谐劳动关系指数体系

本书聚焦于雇员和雇主两个劳动关系主体，以二者劳动关系需求满足

的平衡来实现理论上的"和谐"含义；在指数体系设计上，本书将突破原有加权式指数体系设计的局限性，建立起以政府监管和其他外部环境为背景的相对和谐劳动关系指数体系，以体现出和谐就是效率与公平兼顾的劳动关系本质特征；在具体指标选取上，依据一定的理论和现实情况，将双方在劳动关系中的需求进行细分，形成具体的测量指标，以使劳动关系和谐指数能够更直接有效地反映企业劳动关系本身的状态。这些都是保证和谐劳动关系指数编制科学化与合理化的方向，也是提高企业和谐劳动关系指数体系测量效果的关键所在。

### 四、设计企业和谐劳动关系指数的配套分析工具

针对劳动关系本身的复杂性以及影响因素的多样性特征，单一的测量工具难以满足丰富的劳动关系测量需求。因此，本书将设计和谐劳动关系指数体系的同时，开发更为丰富的展示和分析工具，以满足企业和政府监管部门等多个劳动关系相关主体从多个维度和多个层面展示和分析企业劳动关系状态和改进路径的需求。这也是构建和谐劳动关系的重要技术支持。

### 五、检验企业和谐劳动关系指数及其配套分析工具的有效性

使用本书编制的和谐劳动关系指数和配套分析工具，对典型样本企业、区域性样本企业和全国范围内样本企业的劳动关系状态进行测量、展示和分析，检验其有效性，并提出改进路径和政策建议。

# 第二章　企业和谐劳动关系理论模型构建

劳动关系是生产关系的重要组成部分，是最基本、最重要的社会关系之一。劳动关系是否和谐，事关广大职工和企业的切身利益，事关经济发展与社会和谐。在实践中，全国各地的和谐劳动关系创建活动已经开展了很多年，并取得了重要成就。但是，目前我国正处于经济社会转型时期，劳动关系的主体及其利益诉求越来越多元化，劳动关系矛盾已经进入凸显期和多发期，劳动争议案件数量居高不下，集体停工和群体性事件时有发生。

在这种背景下，对和谐劳动关系的重要性，习近平等党和国家领导人早在 2011 年就将其上升到了"是建设社会主义和谐社会的重要基础，是增强党的执政基础、巩固党的执政地位的必然要求，其经济、政治、社会意义十分重大而深远"的高度；党的十八大又明确提出了构建和谐劳动关系；在 2015 年 3 月 21 日《中共中央　国务院关于构建和谐劳动关系的意见》中再次强调，构建中国特色和谐劳动关系，是加强和创新社会管理、保障和改善民生的重要内容，是建设社会主义和谐社会的重要基础，是经济持续健康发展的重要保证，是加强党的执政基础、巩固党的执政地位的必然要求；党的十九大再次指出，应完善政府、工会、企业共同参与的协商协调机制，构建和谐劳动关系。

如何构建中国特色和谐劳动关系，需要政策与制度的规范，需要实践的探索和创新，同样也需要理论的指导和引领。而基本概念的界定，则是前提和基础。由于企业是劳动关系发生和运行的基本单位，因此，构建企业和谐劳动关系，就成为构建和谐劳动关系的基础。那么，准确界定企业和谐劳动关系这一概念,就成为构建企业和谐劳动关系的起点,因为它影响着企业实现和谐劳动关系的方式和路径。

但是,现有的研究对"企业和谐劳动关系"这一重要概念的界定,其清晰和明确程度,还有待提高。因此,本书将在梳理企业和谐劳动关系文献基础上,采用小组访谈和深度访谈方式收集文本资料,运用扎根理论构建企业和谐劳动关系理论模型,探讨企业和谐劳动关系的内涵,并讨论所构建的理论模型的价值,为企业提出相应的管理建议,指出未来的研究思路。

## 第一节　企业和谐劳动关系的文献回顾

### 一、企业和谐劳动关系概念内涵

什么是"企业和谐劳动关系"?现有关于和谐劳动关系的研究虽多,但对该概念的界定依旧模糊,学者们基于自己的研究各有侧重,给出了不同的解释。

一些学者侧重将企业和谐劳动关系描述为一种状态,一种主体双方达到了动态平衡的状态。[1] 秦建国提出和谐劳动关系是建立在经济利益及与其相关的各种权利公平分配基础上,劳动关系主体双方能各得其所、和谐相处的规范有序、公平合理、合作互利、充满活力的劳动关系,是一种双方主体相互尊重、理解、共存共赢的状态。[2] 企业和谐劳动关系并非没有劳动关系矛盾,而是矛盾能够及时化解,在这种良性的劳动关系状态下职工得实惠、企业得效益、经济得发展、社会得稳定。[3] 和谐劳动关系应当是建立在法治基础上,处于良性运行中、民主化的,也体现了公平正义,

---

① 陈晓强:《构建和谐的劳动关系》,《群众》2007 年第 9 期。
② 秦建国:《和谐劳动关系评价体系研究》,《山东社会科学》2008 年第 4 期。
③ 杨文霞:《构建和谐劳动关系:工会参与社会管理创新的路径和维度》,《中国劳动关系学院学报》2012 年第 4 期。

并有化解矛盾冲突的有效机制。① 王贤森则将和谐劳动关系定义为在一定组织状态下相互沟通、有序参与、积极有为、依法协调、公平正义、和睦相处的劳动关系。②

一些学者侧重描述构建和谐劳动关系中主体双方的权利和义务，强调企业和谐劳动关系需要主体双方共同营造、建设和维护。③ 和谐劳动关系实质上就是劳动关系主体双方利益的和谐，是双方权利和义务的平衡。只有当主体双方利益达到最大化和均衡化时，劳动关系才不会失衡和破裂，主体双方在劳动过程中形成的劳动关系才能稳定、协调、有序的运行。④ 李季山和孙丽君将和谐企业劳动关系界定为企业劳动关系的双方主体及其代表，保持相互尊重、平等协商、共谋发展的态度和立场及外在表现形式，来处理与劳动相关的经济利益。⑤ 刘铁明和罗友花认为劳动关系具体表现为冲突与合作两种情形，而冲突有显性和隐形之分，合作则分为被动的合作和主动的合作。隐性的冲突是种不和谐的劳动关系，显性的冲突是种极不和谐的劳动关系；被动的合作是一种潜在的和谐劳动关系，而主动合作的劳动关系就是和谐劳动关系。⑥ 叶迎春和夏厚勋通过梳理已有文献，总结出和谐劳动关系具备 4 个特征：一是充分保障和实现了职工的劳动权益，建立规范的用工机制，兼顾国家、企业、职工三方面利益；二是劳动关系主体双方的义务和权力相对等，双方的地位完全平等；三是劳动关系相对稳定，有合理的职工流失率；四是兼顾效率和公平，职工和企业能够双赢。⑦

---

① 周春梅：《构建和谐劳动关系的困境与对策》，《南京社会科学》2011 年第 6 期。

② 王贤森：《当前和谐劳动关系构建中的新视角——〈工会法〉实施中若干问题的反思》，《中国劳动关系学院学报》2005 年第 5 期。

③ 虞华君、刁宇凡：《企业和谐劳动关系调查与评价体系研究》，《中国劳动关系学院学报》2011 年第 3 期。

④ 李培志：《试论和谐劳动关系的构建》，《中国劳动关系学院学报》2005 年第 6 期。

⑤ 李季山、孙丽君：《现代化进程中企业和谐劳动关系影响因素实证研究》，《广州大学学报（社会科学版）》2008 年第 7 期。

⑥ 刘铁明、罗友花：《中国和谐劳动关系研究综述》，《马克思主义与现实》2007 年第 6 期。

⑦ 叶迎春、夏厚勋：《企业工会在构建和谐劳动关系中的地位和作用》，《中国劳动关系学院学报》2005 年第 6 期。

　　一些学者则侧重强调和谐劳动关系的特征或表现形式。卢福财将和谐劳动关系定义为在组织中营造一种和谐的社会工作环境，让劳动者更有尊严、生产更加安全、分配更加公平、生活更有保证。[1] 黄任民认为劳动关系主体明晰化、运行市场化、类型多样化和调整方式契约化是和谐劳动关系的具体表现形式。[2]

　　即使这些学者从各个角度研究了企业和谐劳动关系，到目前为止企业和谐劳动关系概念内涵仍未形成一个系统成熟的理论，更无法给企业构建和谐劳动关系提供有针对性的实践引导。

　　在国外文献中，与企业和谐劳动关系相仿的概念是伙伴关系（Partnership），学者们分别基于多元论、一元论和混合论的视角给出了伙伴关系的概念内涵。基于多元论视角，雇主与雇员有着不同的利益诉求，而伙伴关系是通过建立法制框架，向雇员代表或者工会代表提供共同决策的机会。基于一元论视角，伙伴关系是在寻求整合雇主和雇员共同利益的同时，最大化雇员参与和雇员组织承诺。采用的策略除利润分享和股权分享外，还鼓励雇员而非雇员代表直接参与企业的日常管理。混合论视角是基于多元论的雇主和雇员利益不同的假设，在承认雇员和工会代表系统重要性的同时，也强调雇员直接参与，以实现雇主和雇员互利共赢。基于混合论视角，参加与参与协会（Involvement and Participation Association，IPA）指出了4个构建伙伴关系的原则，分别是：安全和弹性，分享财务上的成功，建立良好的沟通和磋商，员工和员工代表的建言。英国劳工联合会（TUC）给出了相似的6条原则，分别是关注工作生活质量（员工直接参与工作场所决策）、雇佣保障承诺（提升可雇佣能力）、透明度（员工及代表获得足够的信息）、工会和员工的利益（高信任的工作氛围）、企业成功的承诺（员工对组织变革的支持和对组织的认同）、互利共赢（组织生产

---

　　① 卢福财：《构建基于和谐劳动关系的我国人力资源管理新体系》，《经济管理》2006年第20期。

　　② 黄任民：《民工及相关问题对建立和谐劳动关系的双重影响》，《中国劳动关系学院学报》2005年第6期。

率提高和员工对工作场所决策的影响）。① 本书将借鉴伙伴关系概念内涵的三个视角，探究企业和谐劳动关系的概念内涵。

## 二、企业和谐劳动关系评价指标

除了阐释企业和谐劳动关系的概念内涵，也有一些学者构建了和谐劳动关系的评价指标体系。何圣和王菊芬以上海调查数据为基础，采用德尔菲法等从收入保障、权益实现、劳动环境和技能发展 4 个方面筛选验证，构建了劳动关系和谐评价指标体系。② 黄攸立和吴功德构建了 3 个层次、5 个基本模块共 13 个指标的评价体系。③ 秦建国则从定量、定性指标体系两个方面，个别、集体和社会劳动关系 3 个层面构建了和谐劳动关系评价指标体系。④ 詹婧运用模糊评价法构建了由收入评价、对管理层评价、对工会的评价、对岗位的评价、劳动合同签订情况和民主参与情况 5 个一级指标，20 个二级指标构成的评价指标体系。⑤ 白春雨和胡晓东从政府维度、企业维度和员工维度三个角度入手，对政府目标任务完成、企业法律法规执行和雇员满意程度进行综合评价。⑥ 但现有的劳动关系评价指标体系仍存在缺乏完整可靠的理论基础，严谨科学的推导、验证和应用的深度等问题。⑦

---

① David E. Guest and Riccardo Peccei, "Partnership at Work: Mutuality and the Balance of Advantage", *British Journal of Industrial Relations*, No. 2, 2001.

② 何圣、王菊芬:《和谐劳动关系评价指标体系的构建及对上海的分析》,《市场与人口分析》2007 年第 5 期。

③ 黄攸立、吴功德:《从理论和实证的视角构建企业劳动关系评价指标体系》,《中国人力资源开发》2006 年第 8 期。

④ 秦建国:《和谐劳动关系评价体系研究》,《山东社会科学》2008 年第 4 期。

⑤ 詹婧:《模糊综合评价法在企业劳动关系计量中的应用》,《首都经济贸易大学学报》2006 年第 4 期。

⑥ 白春雨、胡晓东:《我国企业劳动关系和谐指数评价指标之研究》,《中国劳动关系学院学报》2012 年第 3 期。

⑦ 何圣:《上海劳动关系综合评价指标体系构建及应用研究》,复旦大学社会发展与公共政策学院,博士学位论文,2007 年,第 28 页。

### 三、企业和谐劳动关系前因及结果变量

石若坤基于心理契约视野研究和谐劳动关系构建，提出组织与员工间良好的心理契约对构建和谐劳动关系有促进作用。[1] 李季山和孙丽君通过实证研究表明劳动合同制度的健全与执行、职工权益维护和企业内工会组织都对企业和谐劳动关系有显著正向影响。[2] 陈万思、丁珏和余彦儒实证研究表明参与式管理可以提升员工组织公平感，进而有助于形成企业和谐劳动关系氛围。[3]

而构建和谐劳动关系的管理意义主要体现在它对企业生存发展有着积极影响，卡茨（Katz）等分析了通用公司 18 个工厂 10 年的数据，发现劳动关系与企业绩效之间有很强的积极联系。[4] 吴功德和黄攸立研究也表明劳动关系通过员工激励、员工能力和企业氛围三个中介变量影响企业整体绩效。[5]

综上所述，在集体劳动争议案件频发的现在，我国企业亟需具有可操作性意义的企业和谐劳动关系概念内涵，从而帮助这些企业构建和谐劳动关系，赢得持续发展。因此，从一个更完整且具有可操作性的视角来探讨"企业和谐劳动关系"的概念内涵，就具有重要的意义，这也是本书的主要目标之一。而扎根理论适用于探讨未完全明确或未得到广泛认同的概念的内涵与外延的横向理论建构，故本书采用扎根理论构建企业和谐劳动关系理论模型。[6]

---

① 石若坤：《心理契约视野下的和谐劳动关系构建》，《学术交流》2007 年第 7 期。

② 李季山、孙丽君：《现代化进程中企业和谐劳动关系影响因素实证研究》，《广州大学学报（社会科学版）》2008 年第 7 期。

③ 陈万思、丁珏、余彦儒：《参与式管理对和谐劳资关系氛围的影响：组织公平感的中介作用与代际调节效应》，《南开管理评论》2013 年第 6 期。

④ Harry C. Katz, Thomas A. Kochan and Kenneth R. Gobeille, "Industrial Relations Performance, Economic Performance, and QWL Programs: An Interplant Analysis", *Industrial and Labor Relations Review*, No. 1, 1983.

⑤ 吴功德、黄攸立：《劳动关系管理和组织绩效的关系及其作用机理探析》，《中国人力资源开发》2005 年第 6 期。

⑥ 王璐、高鹏：《扎根理论及其在管理学研究中的应用问题探讨》，《外国经济与管理》2010 年第 12 期。

## 第二节　基于扎根理论的企业和谐劳动关系理论模型构建

### 一、研究方法

1967 年，美国社会学家格拉泽（Glaser）和施特劳斯（Strauss）的经典著作《扎根理论的发现》出版，扎根理论由此诞生。[①] 扎根理论是指采用自下而上的研究路线，通过系统化的归纳分析程序，在经验资料基础上寻找与研究问题相关的核心概念，从而构建严谨、科学理论的过程，它架起了理论研究与实证研究之间的方法桥梁。

经过后续的发展和完善，扎根理论逐渐发展成为至少三个既有联系又不完全相同的流派：格拉泽和施特劳斯的经典扎根理论流派；施特劳斯和科宾（Corbin）的程序化扎根理论流派；查默兹（Charmaz）的建构型扎根理论流派。[②] 其中，经典扎根理论和程序化扎根理论使用较为广泛，程序化扎根理论是通过典范模型对概念范畴加以整理，该方法虽然便于形成理论，但过于程序化，反而不利于发现更为丰富的理论形态，因此本书采用最具"扎根精神"的经典扎根理论来构建企业和谐劳动关系概念。[③]

### 二、数据收集

扎根理论的取样方式为理论性取样，即为了提出某一概念或构建某一理论而进行的具有目的性的样本选择。同时，扎根理论还强调研究者与被

---

[①] John Wakeford, "The Discovery of Grounded Theory: Strategies for Qualitative Research, by Barney Glaser, Anselm L. Strauss", *American Journal of Sociology*, No. 4, 2012.

[②] Anselm Strauss and Juliet M. Corbin, *Basics of Qualitative Research Second Edition: Techniques and Procedures for Developing Grounded Theory*, Sage Publications, 2010, p. 1. Kathy Charmaz, "Constructing Grounded Theory: A Practical Guide through Qualitative Analysis", *International Journal of Qualitative Studies on Health and Well-Being*, No. 3, 2014.

[③] 贾旭东、谭新辉：《经典扎根理论及其精神对中国管理研究的现实价值》，《管理学报》2010 年第 5 期。

试者在自然情境下进行互动，要求被试者语言表达流畅，逻辑清晰，能提供大量潜在信息，以保证双方可就某一问题进行有效的探讨。总而言之，被试对象不应为具有统计意义的代表性群体，而是与研究目的密切相关，且其能切实反映或解释研究现象。

依照上述原则，"我国企业劳动关系和谐指数构建与应用研究"（12AJY001）课题组于2013年7月至2014年8月期间，先后在长春、北京、武汉、昆明、青岛、南京、广州、珠海等地区的29家企业中进行了访谈，其中14家企业采取焦点小组访谈形式，15家企业采取深度访谈形式。焦点小组访谈进行14场，共访谈43人，访谈对象包括总经理、人力资源总监、工会主席和一线员工等，具体的样本统计见表2.1。深度访谈共访谈33人，访谈对象包括董事长、工会主席、人力资源主管和一线员工等，访谈样本的描述性统计见表2.2。访谈统一采用半结构化的方式，结构化处理访谈主题，但在访谈中，依据情境，允许被访者根据实际情况对主体进行拓展。在访谈过程中所提问题有：企业一般从哪些角度去评价员工；员工到企业工作，主要关心什么；什么样的劳动关系是和谐劳动关系；如何构建企业和谐劳动关系。访谈结束后，本书着重收集与主题相关的被访者情感、态度及行为等事件信息，也深入分析了其反映依据，进而更准确地把握企业和谐劳动关系的理论模型。

表2.1　14家企业的焦点小组访谈样本描述性统计

| 编号 | 成员人数 | 成员职务 | 企业所在地 | 企业所在行业 | 企业性质 |
|---|---|---|---|---|---|
| 1 | 4 | 一线员工 | 珠海 | 制造业 | 外资企业 |
| 2 | 3 | 公司副总兼工会主席；工会干部；一线工人 | 珠海 | 制造业 | 国有企业 |
| 3 | 4 | 公司副总；人力资源部长；基层管理者；一线雇员 | 昆明 | 制造业 | 国营企业 |
| 4 | 4 | 工会主席兼副总；人力资源部经理；人力资源部副经理；员工代表技术员 | 昆明 | 交通运输业 | 国营企业 |

续表

| 编号 | 成员人数 | 成员职务 | 企业所在地 | 企业所在行业 | 企业性质 |
|---|---|---|---|---|---|
| 5 | 4 | 工会主席；工会委员；人力资源部长；人力资源部社保中心主任 | 昆明 | 建筑业 | 国营企业 |
| 6 | 3 | 总经理；工会主席；人力资源经理 | 南京 | 制造业 | 外资企业 |
| 7 | 2 | 一线员工 | 长春 | 制造业 | 民营企业 |
| 8 | 4 | 人力资源经理；生产经理；技术人员；一线员工 | 长春 | 制造业 | 民营企业 |
| 9 | 2 | 经理；员工 | 长春 | 制造业 | 民营企业 |
| 10 | 4 | 生产厂长；人力资源主管；综合部门主管；一线员工 | 长春 | 制造业 | 民营企业 |
| 11 | 2 | 技术人员；一线员工 | 长春 | 制造业 | 民营企业 |
| 12 | 3 | 人力资源管理经理；采购主管；质检员 | 长春 | 制造业 | 中外合资 |
| 13 | 2 | 一线员工 | 武汉 | 建筑业 | 民营企业 |
| 14 | 2 | 人力资源经理；人力资源经理助理 | 广州 | 制造业 | 民营企业 |

**表2.2　15家企业的深度访谈样本描述性统计**

| 变量特征 | 频数 | 百分比（%） | 变量特征 | 频数 | 百分比（%） |
|---|---|---|---|---|---|
| 性别 | | | 职务类型 | | |
| 男 | 24 | 0.73 | 董事长 | 5 | 0.15 |
| 女 | 9 | 0.27 | 总经理 | 4 | 0.12 |
| 企业性质 | | | 工会主席 | 1 | 0.03 |
| 外资企业 | 5 | 0.15 | 人力资源主管 | 4 | 0.12 |
| 国营企业 | 12 | 0.36 | 财务主管 | 1 | 0.03 |
| 民营企业 | 16 | 0.49 | 业务主管 | 6 | 0.18 |
| 所属行业 | | | 质检人员 | 1 | 0.03 |
| 制造业 | 24 | 0.72 | 采购人员 | 1 | 0.03 |
| 建筑业 | 2 | 0.06 | 销售人员 | 1 | 0.03 |
| 零售业 | 3 | 0.09 | 财务人员 | 1 | 0.03 |
| 金融业 | 1 | 0.03 | 技术人员 | 3 | 0.09 |
| 交通运输业 | 1 | 0.03 | 管理培训生 | 1 | 0.03 |
| 房地产业 | 1 | 0.03 | 一线工人 | 4 | 0.12 |

与此同时，本书还向企业工会主席发放了开放性调查问卷，来获取补充数据。问卷的发放和收集借助了"我国企业劳动关系和谐指数构建与应用研究"（12A JY001）课题组成员的社会关系网络，联系广东、重庆、新疆、天津、北京等地区企业采集数据；也通过吉林大学商学院、化学学院等学院党委书记与辅导员，寻找亲属是企业雇主或高管的学生，来帮助联系调研单位并进行数据采集。通过上述渠道本书共向 115 家企业的工会主席发放了开放性调查问卷（附录六），收回 107 份有效问卷，有效问卷的描述性统计如表 2.3 所示。在构建企业和谐劳动关系背景下，我国的工会组织具有向所有劳动关系主体靠近的中国特色矛盾现象，因此企业工会主席作为工会负责人在劳动关系中也具有特殊地位。[①] 而调查问卷的书面形式也使得研究者无法面对面倾听和观察访谈对象的真实态度和想法。因此，鉴于调查问卷的局限性和企业工会主席的特殊地位，本书将利用问卷

表 2.3　工会主席调查问卷描述性统计

| 变量名称 | | 频数 | 百分比（%） | 变量名称 | | 频数 | 百分比（%） |
|---|---|---|---|---|---|---|---|
| 性别 | 男 | 67 | 0.63 | 年龄段 | "90 后" | 0 | 0 |
| | 女 | 37 | 0.35 | | "80 后" | 19 | 0.18 |
| | 缺失值 | 3 | 0.03 | | "70 后" | 45 | 0.42 |
| 文化程度 | 高中或高中以下 | 8 | 0.07 | | "60 后" | 34 | 0.32 |
| | 专科毕业 | 26 | 0.24 | | "50 后" | 6 | 0.06 |
| | 本科毕业 | 59 | 0.55 | | 缺失值 | 3 | 0.03 |
| | 研究生毕业及以上 | 10 | 0.09 | 从事工会工作时间 | 1—5 年 | 50 | 0.47 |
| | 缺失值 | 4 | 0.04 | | 5 年以上 10 年以下（含 10 年） | 24 | 0.22 |
| | | | | | 10 年以上 | 29 | 0.27 |
| | | | | | 缺失值 | 4 | 0.04 |

---

① 乔健：《在国家、企业和劳工之间：工会在市场经济转型中的多重角色——对 1811 名企业工会主席的问卷调查》，《当代世界与社会主义》2008 年第 2 期。

获得的文本资料对构建的企业和谐劳动关系理论模型进行饱和度检验。开放式调查问卷的四个问题分别是：（1）您在工作中经常会接触到"和谐劳动关系"，或"劳动关系和谐"这些描述企业劳动关系质量的词汇。那您认为，员工与企业之间的关系，怎样才算"和谐"呢？（2）一个企业的劳动关系是否和谐？和谐到什么程度？如果想要测量的话，您认为应该从哪些方面进行测量？（3）从企业方面看，如果想要建立和谐劳动关系，需要在哪些方面作出努力？（4）从员工方面看，如果想要建立和谐劳动关系，需要在哪些方面作出努力？

### 三、范畴提炼和模型构建

数据收集完成后，需采用实质性编码对数据进行分析和处理，而实质性编码又包括开放性编码和选择性编码两大步骤。在经典扎根理论中，编码是指将事件之间和事件与概念不断进行比较，以形成更多的范畴和特征及对数据的概念化。经典扎根理论强调通过不断比较对数据进行概念化和抽象化，而不是简单的出于解释目的的关键词提取。开放性编码是指对数据进行逐行编码，逐层概念化和抽象化，经过不断比较将数据和抽象出的概念打破、揉碎并重新组合，形成范畴。整个过程中，研究者必须保持完全开放的态度，摒弃定见。在出现核心范畴后，研究进入选择性编码阶段，即研究者只对那些可以和核心范畴产生足够重要关联的数据进行编码。[1]

（一）概念化与初步范畴化（开放性编码阶段）

开放式编码阶段，在对访谈资料进行逐行、逐事件编码分析提取相应概念时，研究者尽可能使用鲜活代码——即研究对象自己表达出的一些独特词语，作为反映访谈者对什么样的劳动关系是和谐劳动关系的

---

[1]　Barney G. Glaser and Judith Holton, "Remodeling Grounded Theory", *Historical Social Research*, No. 19, 2007.

感知。[①]

　　为了提高编码效率，本书使用 NVivo10 质性分析软件对文本进行编码分析。NVivo 是澳大利亚 QSR 公司开发的一款功能强大的质性分析软件，该软件可帮助研究者对文本、录音和影像等资料进行编码、搜寻、建立理论和逻辑关系等。NVivo 可以提高资料分析的效率与准确度，故本书采用最新版本 NVivo10 对研究资料进行分析。

　　在 NVivo 中，节点类似于扎根理论中的编码、类属，是从原始数据中提取、分类和概括得出的。而 NVivo 中存在不同的节点类型，可以容纳不同类型的想法和概念：自由节点可在开放性编码阶段容纳"散漫"的想法，随着编码阶段的推进，可将自由节点归入树状节点中的逻辑位置。

　　在开放性编码阶段，对收集到的 14 个焦点小组访谈文本和 33 个深度访谈文本进行反复整理和分析，摒弃研究界的"定见"与个人的"偏见"，围绕主题"企业和谐劳动关系"，将文本资料中有意义的语句编码为自由节点，共获得 310 个自由节点。这些自由节点大都具体而散乱，涉及企业和谐劳动关系的各个方面，因此需要进一步对这些原始的概念进行聚拢。通过研究者人工反复进行编码过程，并对自由节点进行反复对比和整理，不断将概念提升和抽象化，并剔除与主题明显无关的节点，最终抽象出117 个概念、24 个范畴，开放性编码示例见表 2.4，开放性编码结果见表2.5 和表 2.6。

表 2.4　深度访谈编号 13 的开放性编码示例

| 原始资料 | 开放性编码 | |
|---|---|---|
| | 初始概念 | 范畴 |
| 问：新员工到一个企业工作，都关心什么问题？ | aa5 本地户口 ——→a8 福利 | A2 工作报酬 |

　　① 杨静、王重鸣：《女性创业型领导：多维度结构与多水平影响效应》，《管理世界》2013 年第 9 期。

| 原始资料 | 开放性编码 | |
| --- | --- | --- |
| | 初始概念 | 范畴 |
| 对我来说，到一个企业工作首先关心的是企业能不能帮我解决户口问题。如果能解决，别的公司给的钱多，我也不会去。 | a28 工作对雇员能力的提升 | A6 个人发展 |
| 第二关心的是在这个公司能学到什么。年轻人不会在一个公司一直干下去，老下去。在公司能学到什么，是一个长远打算，能力提高了，去别的公司也能干好。 | a29 职业阶梯 | A6 个人发展 |
| 第三，我关心在这家公司能有多大发展空间和上升空间。开始起薪比较低可以，但不能一直都低。我希望自己的努力得到认可，能力得到提升，薪酬也相应增加。 | aa2 薪酬水平 ⟶a7 薪酬 | A2 工作报酬 |
| 第四，薪酬问题。我会关心起薪能拿到多少。 | | |
| 第五，福利待遇。新员工到企业工作关心是不是能够解决衣食住行问题，和从学校到社会的过渡问题。比如公司能不能解决班车、食堂、宿舍三个问题？ | a15 提供住宿、班车、食堂 | A2 组织关怀 |
| 第六，五险一金问题。985 大学毕业的学生一般都会去中高端公司，都有五险一金，所以不会很关注这个，但我以前的一些同学就比较关心五险一金了。 | aa4 五险一金 ⟶a8 福利 | A2 工作报酬 |
| 第七，企业的名声怎么样。我去哪个企业，不仅是我自己的事情，也是我父母的事情。去家好公司，父母也有面子。 ...... | a37 企业声誉 | A8 企业效益 |

表 2.5　开放性编码结果

| 概念化 | 范畴化 | 参考点（部分） |
| --- | --- | --- |
| a1 工作岗位<br>a2 工作强度<br>a3 工作时间<br>a4 出差频率<br>a5 工作压力<br>a6 工作家庭平衡 | 将概念 a1、a2、a3、a4、a5、a6 范畴化为 A1 工作负荷 | 在重新找工作的时候，我在意给我什么岗位，具体做什么工作。(a1)<br>我们厂的工资和劳动强度相对是比较合理的，所以每天上班的时候心里不发愁。(a2)<br>很多年轻人不愿意来我们这种生产性企业工作，因为上班要三班倒，谈恋爱，谈朋友，都不方便。(a3)<br>我很关心我的工作是否总出差。(a4)<br>我们年轻一波的人最看重工作压力。(a5)<br>女员工同时也需要花费一些时间照顾家里。(a6) |

| 概念化 | 范畴化 | 参考点（部分） |
|---|---|---|
| a7 薪酬<br>　aa1 薪酬制度<br>　aa2 薪酬水平<br>　aa3 加班费<br>a8 福利<br>　aa4 五险一金<br>　aa5 解决当地户口 | 将概念 a7、a8 范畴化为 A2 工作报酬 | 我们在薪酬策略是"限高、稳中、提低"，与国家的收入分配是比较接近的，来缩小工资差距。（aa1）<br>新员工到一个企业工作，会关心薪酬问题，比如起薪能拿到多少。（aa2）<br>我还愿意加班呢，因为加班就能多挣到些钱。（aa3）<br>985 大学毕业的学生一般都会去中高端公司，都有五险一金，所以不会很关注这个，但我以前的一些同学就比较关心五险一金了。（aa4）<br>对我来说，到一个企业工作首先关心的是企业能不能帮我解决户口问题。如果能解决，别的公司给的钱多，我也不会去。（aa5） |
| a9 企业地理位置的便利性<br>a10 硬件环境<br>a11 职业安全与健康 | 将概念 a9、a10、a11 范畴化为 A3 工作场所 | 有些人离职是因为公司搬迁了，上班比原来远了，很不方便。（a9）<br>良好的工作和生活环境，对职工很重要。（a10）<br>企业比较关注员工的身心健康，我们非常注重员工的工作环境，工作安全；我们企业也拿到了国家一级安全企业凭证，我们自己也有一套安全管理体系。（a11） |
| a12 员工关爱基金<br>a13 管理层与员工无心理距离<br>a14 团队建设<br>a15 提供住宿、班车、食堂<br>a16 文化娱乐活动<br>a17 提供体检<br>a18 法定节假日及带薪休假<br>a19 员工心理辅导解压<br>a20 医疗基金<br>a21 企业逢年过节送礼物红包 | 将概念 a12、a13、a14、a15、a16、a17、a18、a19、a20、a21 范畴化为 A4 组织关怀 | 我们有员工关爱基金，这个基金是我们大老板和二老板注资 200 万元成立的。如果员工生病或家里发生灾难，而员工个人无力承担时，员工可以向公司申请资助。这个基金让员工有心理安全感。（a12）<br>我们企业管理层经常和工人沟通，管理层和工人之间没有心理距离，员工有什么意见都会跟主管反映，没有什么心理顾虑。（a13）<br>每个月我们会为每个员工支出 200 元钱来搞活动，做团队建设，可以让员工感受企业会分享劳动成果、改革成果的这样一个理念。（a14）<br>新员工到企业工作关心是不是能够解决衣食住行问题和从学校到社会的过渡问题。比如公司能不能解决班车、食堂、宿舍三个问题？（a15）<br>在保障职工劳动经济利益的前提下，我们公司尊重和维护职工精神文化权益，重视职工教育和素质的提高，积极开展各项团体活动，满足职工精神文化的需求。（a16） |

| 概念化 | 范畴化 | 参考点（部分） |
|---|---|---|
| | | 员工会关心公司每年是不是提供免费的体检。（a17）<br><br>员工也比较关心休假、休息。我们企业会让领导带头休假，人力资源部也做了大量让员工休息、休假的准备。（a18）<br><br>驾驶员劳动强度大，心理压力大，所以我们设有心理咨询室，会有心理咨询师给他们做心理辅导。（a19）<br><br>我们公司也会设立医疗基金，前一阵有个员工得了癌症，医疗基金给他报了10万元钱，这个员工就非常感激公司。（a20） |
| a22 上下级关系<br>a23 同事关系 | 将概念a22、a23范畴化为A5人际关系 | 新员工到一个企业工作也会比较关心对上下级关系。自己的领导是什么样的人，领导对自己怎么样，都很重要。（a22）<br><br>员工的满意度包括员工对周边关系的认知，包括同事关系、上下级关系，员工是否觉得企业是开放的、是和谐的。（a23） |
| a24 工作有保障<br>a25 工作稳定 | 将概念a24、a25范畴化为A6工作稳定 | 我来这家企业工作有个原因是它声誉好，是央企，工作有保障。（a24）<br><br>40岁左右的人会更在乎工作是否稳定。（a25） |
| a26 企业雇员一致的价值观<br>a27 企业价值观<br>a28 企业文化氛围<br>a29 企业凝聚力 | 将概念a26、a27、a28、a29范畴化为A7文化认同 | 培养员工共同认知的价值观，来提高企业凝聚力实现企业与员工的共同发展。（a26）<br><br>以前都是说客户第一，消费者第一，后来才发现，只有满足了员工的需求，才能留得住员工。（a27）<br><br>员工去企业工作，他可能非常关心这个企业的文化氛围，会考虑这个文化氛围适不适合自己，或者是他喜不喜欢这样一个环境，比如他可能要看一下公司老板的为人怎么样，再是他是不是喜欢或是能不能接受公司管理的风格。（a28）<br><br>我们工人对企业也不错，有的都跟厂长干了30年了，就是从基本工人一点点干，跟老板都非亲非故的，所以企业的凝聚力很重要。（a29） |

| 概念化 | 范畴化 | 参考点（部分） |
|---|---|---|
| a30 工作挑战性<br>a31 工作内容丰富性<br>a32 工作自主性<br>a33 工作价值<br>a34 人岗匹配度<br>a35 工作对员工能力的提升<br>a36 职业阶梯<br>a37 员工在企业的地位<br>a38 晋升机会<br>a39 企业培训 | 将概念 a30、a31、a32、a33、a34、a35、a36、a37、a38、a39 范畴化为 A8 个人发展 | 我很喜欢有挑战性的工作。(a30)<br>我不喜欢自己的工作是重复劳动。(a31)<br>和谐的劳动关系体现在员工是否得到管理者足够的授权；工作自主性可以提升员工对工作的兴趣和工作满意度。(a32)<br>她的作品被大老板赏识，就升职为设计总监。她的团队大了，负责的事情多了，重要了，自我价值实现程度也就高了。(a33)<br>经验也很重要，学历比经验的重要性弱一些。找个学历高的研究生，让人家当主管，他不一定安心在这里工作。找个大专学历的当主管，他会觉得平台很好。让一个高中毕业的当主管，他就会很珍惜，能力也会快速提高，边干能力边提升，他就会心存感激。(a34) |
| a40 企业发展<br>a41 企业有潜力 | 将概念 a40、a41 范畴化为 A9 企业前景 | 大家也很在乎公司未来的发展前景。(a40)<br>企业前景，至少3到5年的规划，员工都会比较关心。(a41) |
| a42 企业利润<br>a43 企业声誉<br>a44 企业在行业中的地位 | 将概念 a42、a43、a44 范畴化为 A10 企业效益 | 企业规模大，利润多，个人收入也会跟着增长。(a42)<br>企业的名声怎么样。我去哪个企业，不仅是我自己的事情，也是我父母的事情。去家好公司，父母也有面子。(a43)<br>有的人在乎企业、行业的发展，以及该企业在该行业中的发展、排名情况。(a44) |
| a45 认真完成本职工作<br>a46 提出合理化建议 | 将概念 a45、a46 范畴化为 A11 雇员工作绩效 | 从企业的角度讲，员工除了要完成自身的工作，还要开发出潜在的价值；我们并不提倡员工加班，只有特殊时期才会加班。只有企业和员工之间达到平衡，才是好的关系。(a45)<br>企业希望员工关心企业发展，能提出合理化建议。(a59) |
| a47 雇员创新<br>a48 雇员流动<br>a49 雇员主动提升职业技能<br>a50 雇员遵纪守法 | 将概念 a47、a48、a49、a50 范畴化为 A12 雇员行为 | 一个轮胎制造出来，需要100多个步骤。我们轮胎企业是重体力技术劳动。有科技含量，有创新空间。现在的生产，工人是生产的重要因素，人、机、料、环境缺一不可，人的作用很大，人能左右生产质量。工人的合理化建议，有的是针对本职岗位，有的针对别的岗位，都有创新性在里面，每个人都有创新空间。(a47) |

| 概念化 | 范畴化 | 参考点（部分） |
|---|---|---|
| | | 　　人员流动率就说明了企业内部劳动关系和谐问题。（a48）<br>　　想要建立和谐劳动关系，员工需要积极提高个人素质及能力。（a49）<br>　　好的员工需要做到遵守国家法律和公司规定。（a50） |
| a51 把工作当事业<br>a52 雇员关心企业发展<br>a53 雇员敬业度<br>a54 雇员感知到温暖<br>a55 雇员心存感激<br>a56 雇员成就感<br>a57 雇员归属感<br>a58 雇员积极性<br>a59 雇员的价值观<br>a60 雇员满意度<br>a61 雇员工作顺心<br>a62 雇员心理安全感<br>a63 雇员心理平衡<br>a64 雇员信任公司<br>a65 雇员忠诚度 | 将概念 a51、a52、a53、a54、a55、a56、a57、a58、a59、a60、a61、a62、a63、a64、a65 范畴化为 A13 雇员态度 | 　　员工眼里要有活儿，眼勤，手勤，适时提出可行性建议，争取把企业当成自己的事业来完成。（a51）<br>　　员工关心企业发展，积极参与管理。（a52）<br>　　我们测量员工的满意度是从多方面的，包括我们现在，也在做员工敬业度的调查。（a53）<br>　　在我们公司，每个员工过生日，工会会送生日蛋糕、鲜花，还送两张购物卡，表示一下慰问，这让大家觉得公司很惦记我，很温暖。（a54）<br>　　现在我会站在公司角度思考，加班就要钱，会让公司觉得很斤斤计较，所以不应该提。你多干了，时间长了，别人也会发现的。公司就会多给的。公司多给了，自己更感激。（a55）<br>　　中国人很讲人情。找企业，就是找老板。"舒心，有成就感"，很重要。（a56）<br>　　我父母就在这里工作，我也在这里工作30年了。现在最大的问题是年轻人，他们从技校来，对工厂没有太深的感情，待遇好一些的时候，还可以，能满足要求；否则，他们就要走。他们对工厂的态度没有感情，和我们不一样，我们是第二代工人，平时和他们交流时，代沟不小。（a57）<br>　　老板对员工的评价还要看这个人的品品、态度、工作是不是有积极性。（a58）<br>　　评价我的管理队伍我不看忠诚度，我认为忠诚度不关键。因为忠诚度你看不出来，只有遇到事的时候才能知道是不是忠诚，但是真遇到事的时候又已经都来不及了，所以我认为还是员工的价值观更重要。（a59）<br>　　企业文化只有通过制度、政策，才能刺激到员工，让员工产生满意感和自豪感。（a60）<br>　　我在企业中最看中的首先是工资，其次是适合自己的岗位，最后是在这个企业中顺不顺心。（a61） |

| 概念化 | 范畴化 | 参考点（部分） |
|---|---|---|
| | | 企业双休、五险一金、免费的午餐会让员工心理有保障，企业里外来员工比较多，他们想要扎根，因此需要购买房子，企业给他们提供住房公积金，让他们能按揭买房，这使得员工会安心工作，这也是借鉴了外企的模式。（a62） |
| | | 心态不一样，每个人的感觉不一样。定位高，干得多，得到的少，就不满意。满意与否，跟自己的能力和心态有关系。能力不一样，同样岗位，如果收入差距不大，也不平衡。（a63） |
| | | 大家相信公司，不担心公司会亏待我，知道钱挣多了，大家都会有份儿。（a64） |
| | | 员工忠诚度很重要，我们企业做业务的专业技术含量不高，主要是引导员工思想，跟上老板的思路。（a65） |
| a66 企业守法运营<br>aa6 签订劳动合同<br>aa7 遵守劳动法和工会法等<br>a67 企业守信用<br>aa8 按时发放工资<br>aa9 企业兑现承诺<br>a68 承担社会责任<br>a69 树立守法企业公民形象<br>a70 制定统一标准并执行<br>a71 重视雇员职业安全健康<br>a72 雇员持股<br>a73 雇员利润分红 | 将概念 a66、a67、a68、a69、a70、a71、a72、a73 范畴化为 A14 企业劳动保障行为 | 我们是全员劳动合同，合同签订率100%。新进入雇员，无论什么岗位，都签劳动合同。（aa6）<br>建立健全工会组织，支持工会，依照工会法和中国工会章程开展工作。（aa7）<br>我觉得不压员工工资就是好老板。（aa8）<br>如果企业年初时一大堆承诺，年底时不兑现，什么事儿都没了，员工会觉得反差太大。员工是很容易满足的，饿了给个馒头，就很容易满足，不需要炒菜。（aa9）<br>企业应该承担社会责任，不能只挣钱，把很多事情推给社会和政府。（a68）<br>和谐劳动关系意味着：各级员工具有强而有效的执行力；下属和上级在公司工作中各自职责分明，工作之外亲如兄弟姐妹，无所不谈；有效通畅的沟通渠道；产品品质一流，客户满意度很高；良好的企业公民形象。（a69）<br>公司有些制度看起来规范，但并没有真正执行。比如公开竞聘制度，用好了是好制度，用不好，就是领导换人的工具。（a70）<br>我们专门有个科室负责环境安全，每年也都会进行考核。（a71）<br>岗位一样重要，没有贵贱之分，每年员工有贡献奖、员工分红（年终奖金），工作1年以上的员工都有股份。（a72） |

| 概念化 | 范畴化 | 参考点（部分） |
|---|---|---|
| | | 与其劳动成本扩大，不如从利润中拿出一部分给员工，有资本分红也有劳动者分红，员工心里会更高兴。（a73） |
| a74 工会<br>a75 人力资源部<br>a76 劳动争议申诉与处理<br>aa10 集体协商与集体合同<br>aa11 职工代表大会<br>aa12 畅通的沟通渠道 | 将概念 a74、a75、a76 范畴化为 A15 企业劳动保障机构 | 我们公司是比较守法的，但是也不是说没有冲突和矛盾，这也需要一些协调，我们工会和公司员工会定期开会。工会有 14 个常委，15 个分会，280 多位员工代表，1 个主席 2 个副主席，还有 2 个专职的工会干部，他们负责收集一些员工的意见，通过信访、登记的方式收集员工的意见，我们还会定期组织生日聚会、运动会。（a74）<br>遇到劳动争议，人力资源部长代表公司会与员工坐下来谈。（a75）<br>我们公司的重大决策，尤其是涉及雇员利益的制度，都会在集体合同中规定。我们的集体协商也搞了三年了。（aa10）<br>公司的车间制度，都要通过职工代表大会讨论。（aa11）<br>其实只要沟通渠道建立起来，大家就不会一个劲地说公司的问题，往往更多的是其他地方的问题。（aa12） |
| a77 企业效益良好 | 将概念 a77 范畴化为 A16 企业劳动保障能力 | 劳动关系和谐的前提是企业要有效益。没有效益，留不住人。老总与员工再客气，再握手，再谈心，没有效益，也留不住员工。（a77） |
| a78 企业人性化管理<br>a79 企业关怀雇员<br>a80 雇员是企业的核心<br>a81 企业与雇员是利益共同体 | 将概念 a78、a79、a80、a81 范畴化为 A17 企业劳动保障态度 | 公司要人性化管理、遵守法律法规，建设企业文化、加强制度建设，这些都是和谐劳动关系的基础和系统性保障。（a78）<br>我们工厂具有很强的凝聚力，虽然利润微薄，但是老板借钱配备了面包和班车。（a79）<br>以前都是说客户第一，消费者第一，后来才发现，只有满足了雇员的需求，雇员才能留得住。（a80）<br>公司与员工能够结成利益共同体。（a15） |

| 概念化 | 范畴化 | 参考点（部分） |
|---|---|---|
| a82 工作量分配<br>a83 绩效考核激励制度<br>a84 企业利益分配制度<br>a85 人员选拔与录用<br>a86 雇员手册<br>a87 雇员付出回报成正比<br>a88 信息公开透明<br>a89 公正公平问题<br>a90 同工同酬 | 将概念 a82、a83、a84、a85、a86、a87、a88、a89、a90 范畴化为 A18 企业规章制度 | 还有工作量分配，比如××公司的工作分配就很合理，人家有制度，有标准化流程，我们的企业还有差距和进步空间。（a82）<br>为了让员工保持高昂的士气，绩效考核激励系统很重要。（a83）<br>劳动关系和谐还需要漫长的时间，其中最终关键问题是利益分配，这是所有企业面临的问题。我给提供平台，钱就是我的!?"独龙行不得雨"。这是很重要的观念。（a84）<br>我们公司用人选人，有很多制度和条件。（a85）<br>我们正在做员工手册，用这种方式与员工做系统的沟通。其中的内容很多也很细致。（a86）<br>我大学刚毕业，2007 年就来这工作了，我在这首先是比较看重自己的付出和收入成正比。（a87）<br>出纳直接把工资单交给银行，然后打到雇员的工资卡上了，工资是不公开的。整个流程中实际滋生了腐败的可能性。（a88）<br>存不存在不公平问题，在劳动关系中很重要。（a89）<br>目前我们有 213 个劳务派遣工，占雇员总数的 15%。他们没有住房公积金和企业年金，其余完全一样，并且同工同酬。（a90） |
| a91 计划能力<br>a92 协调能力<br>a93 控制能力 | 将概念 a91、a92、a93 范畴化为 A19 管理能力 | 在公司还没有壮大的时候，我就设了很多部门和总监。我是先搭建架子，先搭建班子，再做生意。（a91）<br>他是班子中的大哥，把大家协调得很好，把高层班子建设很得力。（a92）<br>领导作用最大，员工只是起到形象的作用，例如，汽车班罢工，老板急眼了，让业务员私车公用去送货，很多核心的东西都是掌握在副总、总监、业务员手里。（a93） |
| a94 战略眼光<br>a95 战略实施 | 将概念 a94、a95 范畴化为 A20 战略能力 | 老板的思路和目标很重要。他的目标很清楚，做起来也执着。（a94）<br>老板对于政策把握得好，老板原来在药厂工作，下岗后自己创业，所以他了解员工的心理感受。到了发工资的日子必须给钱，没钱就给客servers个打电话，讲明什么原因、什么时间、还款多少金额。（a95） |

续表

| 概念化 | 范畴化 | 参考点（部分） |
|---|---|---|
| a96 与其他企业家关系建立维系<br>a97 与政府关系建立维系<br>a98 与客户关系建立维系 | 将概念 a96、a97、a98 范畴化为 A21 关系能力 | 　为了解决库存问题，我和别的企业老板一起参加了许多班，每个月都有课，每次都是两三天、三四天，每个月大家一起有时候五六天。（a96）<br>　他以前在政府部门工作，对政府各个部门的工作流程十分了解，这便于加强企业与政府相关部门的业务联系。（a97）<br>　我们企业这么多年，始终不能成为这个企业的战略合作伙伴。而当我不是他的战略合作伙伴，我却把我的战略用到他身上的时候，我这个企业就没有未来。（a98） |
| a99 社保分档<br>a100 政策扶持<br>a101 降低赋税 | 将概念 a99、a100、a101 范畴化为 A22 政府帮助扶持 | 　社保基数太高，国家在统计的时候有问题，因为大企业的数据和小企业关联性不强。（a99）<br>　最为重要的不是我们怎么去努力，而是政府需要去扶持服装行业，看政府能否帮助员工去解决问题。（a100）<br>　企业税收占 8% 比较合理，25% 太高。政府对劳动密集型和高科技企业应该区别收费。工人辛辛苦苦加班到 9 点，个人所得税应该按每个人创造的产值缴纳才比较合理的。制造企业的老板现在都很难做。（a101） |
| a102 利润空间<br>a103 市场竞争 | 将概念 a102、a103 范畴化为 A23 行业特征 | 　企业很难赚钱，月工资也就 2000 块左右，利薄，工人辛苦，流动率大，这是行业的特性决定的，所以流动率特别高。（a102）<br>　我们属于完全竞争行业，不像垄断行业一样，市场竞争很激烈。（a103） |
| a104 民营企业优劣势<br>a105 央企优劣势 | 将概念 a104、a105 范畴化为 A24 企业所有制 | 　民营企业就是在夹缝中生存，但是资金流还都主要集中在像他们这样的民营企业中，大企业都是股票流动。（a104）<br>　××省正在做和谐劳动关系考核，我们是央企，制度建设很完善。（a105） |

表 2.6  开放性编码结果汇总

| 编号 | 概念 | 范畴 | 范畴初步定义 |
|---|---|---|---|
| 1 | a1 工作岗位；a2 工作强度；a3 工作时间；a4 出差频率；a5 工作压力；a6 工作家庭平衡 | A1 工作负荷 | 需承受的心理和生理方面的工作量 |
| 2 | a7 薪酬：aa1 薪酬制度，aa2 薪酬水平，aa3 加班费；a8 福利：aa4 五险一金，aa5 本地户口 | A2 工作报酬 | 因工作而获得的经济及非经济回报 |
| 3 | a9 企业地理位置的便利性；a10 硬件环境；a11 职业安全与健康 | A3 工作场所 | 工作场所的地理位置、硬件设施、职业安全与卫生条件及防护等 |
| 4 | a12 团队建设；a13 雇员关爱基金；a14 管理层与雇员无心理距离；a15 提供住宿、班车、食堂；a16 文化娱乐活动；a17 提供体检；a18 法定节假日及带薪休假；a19 雇员心理辅导解压；a20 医疗基金；a21 企业逢年过节送礼物红包 | A4 组织关怀 | 企业关怀、关爱雇员 |
| 5 | a22 上下级关系；a23 同事关系 | A5 人际关系 | 雇员与同事及上级的关系 |
| 6 | a24 工作有保障；a25 工作稳定 | A6 工作稳定 | 有无劳动合同、劳动合同期限的长短以及自己解除或被雇主解除劳动合同的预期 |
| 7 | a26 企业雇员一致的价值观；a27 企业价值观；a28 企业文化氛围；a29 企业凝聚力 | A7 文化认同 | 雇员对企业文化及价值观的认同 |
| 8 | a30 工作挑战性；a31 工作内容丰富性；a32 工作自主性；a33 工作价值；a34 人岗匹配度；a35 工作对雇员能力的提升；a36 职业阶梯；a37 雇员在企业的地位；a38 晋升机会；a39 企业培训 | A8 个人发展 | 工作可以发挥个人潜能，提升个人能力和地位 |
| 9 | a40 企业发展；a41 企业有潜力 | A9 企业前景 | 雇员对企业发展潜力和前景的感知和预期 |

| 编号 | 概念 | 范畴 | 范畴初步定义 |
|---|---|---|---|
| 10 | a42 企业利润；a43 企业声誉；a44 企业在行业中的地位 | A10 企业效益 | 企业的经济效益 |
| 11 | a45 认真完成本职工作；a46 提出合理化建议 | A11 雇员绩效 | 完成工作任务并具有组织公民行为 |
| 12 | a47 雇员创新；a48 雇员流动；a49 雇员主动提升职业技能；a50 雇员遵纪守法 | A12 雇员行为 | 雇员在企业中各种行为活动 |
| 13 | a51 把工作当事业；a52 雇员关心企业发展；a53 雇员敬业度；a54 雇员感知到温暖；a55 雇员心存感激；a56 雇员成就感；a57 雇员归属感；a58 雇员积极性；a59 雇员的价值观；a60 雇员满意度；a61 雇员工作顺心；a62 雇员心理安全感；a63 雇员心理平衡；a64 雇员信任公司；a65 雇员忠诚度 | A13 雇员态度 | 雇员对企业、团队、工作的感受、态度以及雇员的精神状态 |
| 14 | a66 企业守法运营：aa6 签订劳动合同，aa7 遵守劳动法和工会法等；a67 企业守信用：aa8 按时发放工资，aa9 企业兑现承诺；a68 承担社会责任；a69 树立守法企业公民形象；a70 制定统一标准并执行；a71 重视雇员职业安全健康；a72 雇员持股；a73 雇员利润分红 | A14 企业劳动保障行为 | 企业为了保障雇员权利所采取的行为 |
| 15 | a74 工会；a75 人力资源部；a76 劳动争议申诉与处理：aa10 集体协商与集体合同，aa11 职工代表大会，aa12 畅通的沟通渠道 | A15 企业劳动保障机构 | 企业为了保障员工权利设立的机构和建立的机制等 |
| 16 | a77 企业效益良好 | A16 企业劳动保障能力 | 企业的经济效益足以保障雇员权利 |
| 17 | a78 企业人性化管理；a79 企业关怀雇员；a80 雇员是企业的核心；a81 企业与雇员是利益共同体 | A17 企业劳动保障态度 | 企业有保障员工权利的主观意愿 |
| 18 | a82 工作量分配；a83 绩效考核激励制度；a84 企业利益分配制度；a85 人员选拔与录用；a86 雇员手册；a87 雇员付出与回报成正比；a88 信息公开透明；a89 公正公平问题；a90 同工同酬 | A18 企业规章制度 | 雇员权利保障的内容和措施等在企业规章制度中有明确且具体规定 |

| 编号 | 概念 | 范畴 | 范畴初步定义 |
|---|---|---|---|
| 19 | a91 计划能力；a92 协调能力；a93 控制能力 | A19 管理能力 | 企业家管理企业的能力 |
| 20 | a94 战略眼光；a95 战略实施 | A20 战略能力 | 企业家战略规划及实施能力 |
| 21 | a96 与其他企业家关系建立维系；a97 与政府关系建立维系；a98 与客户关系建立维系 | A21 关系能力 | 企业家与利益相关者和其他重要机构与个人建立良好关系的能力 |
| 22 | a99 社保分档；a100 政策扶持；a101 降低赋税 | A22 政府帮助扶持 | 政府对企业的政策扶持和帮助 |
| 23 | a102 利润空间；a103 市场竞争 | A23 行业特征 | 企业所在行业的竞争程度和利润空间 |
| 24 | a104 民营企业优劣势；a105 央企优劣势 | A24 企业所有制 | 企业生产资料的占有方式 |

（二）核心范畴的发掘（选择性编码阶段）

初始范畴的意义比较广泛，范畴之间的相互关系模糊，因此需进行编码分析的第二步骤——选择性编码。选择性编码采用大量的数据来筛选代码，提取核心范畴，它比逐行、逐句、逐段编码更有指向性、更加有选择性和概念性。[①]

本书将开放性编码过程中提取的初始范畴进行比较，"萃取"出与企业和谐劳动关系相关联的核心概念。通过对 24 个初始范畴进行分类，提取出 6 个核心范畴，分别是"雇员劳动关系满意度""雇主劳动关系满意度""雇员履行责任与雇主权利保障""雇主履行责任与雇员权利保障""企业家能力"和"企业外部环境"。

将组织关怀、工作报酬、个人发展、人际关系、工作场所、工作负荷、工作稳定、企业前景和文化认同提取为核心范畴"雇员劳动关系满意

---

① Barney G. Glaser and Judith Holton, "Remodeling Grounded Theory", *Historical Social Research*, No. 19, 2007.

度"，即雇员在劳动关系运作中对生存、关系、成长等各种需求的满足程度。

将企业效益和雇员工作绩效提取为核心范畴"雇主劳动关系满意度"，即雇主在劳动关系运作中对雇员绩效和企业效益等满意程度。

将企业规章制度、企业劳动保障机构、企业劳动保障态度、企业劳动保障能力和企业劳动保障行为提取为核心范畴"雇主履行责任与雇员权利保障"，即雇主在劳动关系运作中设立劳动保障制度及机构，有态度、能力和具体行为来保障雇员权利。

将雇员态度和雇员行为提取为核心范畴"雇员履行责任与雇主权利保障"，同时考虑雇员能力也是影响雇员能否履行责任的关键因素，故在该范畴中加入雇员能力。"雇员履行责任与雇主权利保障"是指雇员为履行在劳动关系运作中的责任，保障雇主的权利所拥有的态度、能力和行为。

开放性编码阶段获得关于老板、董事长等的"战略能力""管理能力"和"关系能力"三个范畴，在选择性编码阶段将之提取为核心范畴"企业家能力"，代表企业家在生产经营活动中表现的解决各种问题的本领及素质。

"行业特征""政府帮助扶持"和"企业所有制"提取成为核心范畴"企业外部环境"，代表企业生产经营的外部政治、经济、技术、产品市场等影响效益的外部环境。

（三）模型的构建（理论性编码阶段）

理论性编码是概念化实质性编码所形成的概念或范畴间隐含的相互关系，比较选择性编码之间的关系，并将其与企业劳动关系的和谐事件不断比较，同时还将其与现有文献进行比较。[①] 在进行比较时，考虑每个范畴所代表的具体意义，不同的学者采用的语言各有差别，但依据其含义，进行不断比较，最终得到结果见表2.7。其中，除主范畴"企业家能力"的子范畴"关系能力"外，其余范畴均得到了现有文献支持。同时"雇员能

---

① 贾旭东、谭新辉:《经典扎根理论及其精神对中国管理研究的现实价值》,《管理学报》2010年第5期。

力"并未找到相关文献支持，这对前文的编码进行了验证。

表 2.7　核心范畴与相关文献比较

| 理论编码 | | 相关文献比较与验证 |
| --- | --- | --- |
| 主范畴 | 子范畴 | |
| 雇员劳动关系满意度 | 工作负荷 | 姚先国和郭东杰（2004）①；秦建国（2008）②；赵海霞（2007）③；张衔和谭光柱（2012）④；袁凌和魏佳琪（2011）⑤；虞华君和刁宇凡（2011）⑥；周莉（2014）⑦ |
| | 工作报酬 | Michael Lyons and Meg Smith（2008）⑧；姚先国和郭东杰（2004）；何圣和王菊芬（2007）⑨；詹婧（2006）⑩；辛本禄和高和荣（2013）⑪；赵海霞（2007）⑫；贺秋硕（2005）⑬；张衔和谭光柱（2012）⑭；白春雨和胡晓东（2012）⑮；袁凌和魏佳琪（2011）；虞华君和刁宇凡（2011）；汪泓和邱羚（2001）⑯；周莉（2014） |

---

①　姚先国、郭东杰：《改制企业劳动关系的实证分析》，《管理世界》2004 年第 5 期。

②　秦建国：《和谐劳动关系评价体系研究》，《山东社会科学》2008 年第 4 期。

③　赵海霞：《企业劳动关系和谐度评价指标体系设计》，《中国人力资源开发》2007 年第 7 期。

④　张衔、谭光柱：《我国企业劳动关系和谐度的评价与建议——基于问卷调查的实证分析》，《当代经济研究》2012 年第 1 期。

⑤　袁凌、魏佳琪：《中国民营企业劳动关系评价指标体系构建》，《统计与决策》2011 年第 4 期。

⑥　虞华君、刁宇凡：《企业和谐劳动关系调查与评价体系研究》，《中国劳动关系学院学报》2011 年第 3 期。

⑦　周莉：《企业劳动关系预警机制研究》，《管理世界》2014 年第 5 期。

⑧　Michael Lyons and Meg Smith, "Gender Pay Equity, Wage Fixation and Industrial Relations Reform in Australia：One Step forward and Two Steps backwards?", *Employee Relations*, No. 1, 2008.

⑨　何圣、王菊芬：《和谐劳动关系评价指标体系的构建及对上海的分析》，《市场与人口分析》2007 年第 5 期。

⑩　詹婧：《模糊综合评价法在企业劳动关系计量中的应用》，《首都经济贸易大学学报》2006 年第 4 期。

⑪　辛本禄、高和荣：《企业和谐劳动关系指标体系的构建》，《南京师范大学学报（社会科学版）》2013 年第 4 期。

⑫　赵海霞：《企业劳动关系和谐度评价指标体系设计》，《中国人力资源开发》2007 年第 7 期。

⑬　贺秋硕：《企业劳动关系和谐度评价指标体系构建》，《中国人力资源开发》2005 年第 8 期。

⑭　张衔、谭光柱：《我国企业劳动关系和谐度的评价与建议——基于问卷调查的实证分析》，《当代经济研究》2012 年第 1 期。

⑮　白春雨、胡晓东：《我国企业劳动关系和谐指数评价指标之研究》，《中国劳动关系学院学报》2012 年第 3 期。

⑯　汪泓、邱羚：《企业劳动关系定量评估模型》，《上海企业》2001 年第 7 期。

续表

| 理论编码 | | 相关文献比较与验证 |
|---|---|---|
| 主范畴 | 子范畴 | |
| | 工作场所 | 何圣和王菊芬（2007）；辛本禄和高和荣（2013）；贺秋硕（2005）；莫生红（2008）①；白春雨和胡晓东（2012）；袁凌和魏佳琪（2011）；虞华君和刁宇凡（2011）；周莉（2014） |
| | 组织关怀 | 秦建国（2008）②；詹婧（2006）；辛本禄和高和荣（2013）；赵海霞（2007）；袁凌和魏佳琪（2011）；周莉（2014） |
| | 人际关系 | Gittell，Nordenflycht & Kochan（2004）③；张衔和谭光柱（2012）；辛本禄和高和荣（2013） |
| | 工作稳定 | 辛本禄和高和荣（2013） |
| | 文化认同 | 秦建国（2008）；辛本禄和高和荣（2013）；赵海霞（2007）；贺秋硕（2005）；白春雨和胡晓东（2012）；袁凌和魏佳琪（2011）；周莉（2014） |
| | 个人发展 | 何圣和王菊芬（2007）；詹婧（2006）；辛本禄和高和荣（2013）；贺秋硕（2005）；莫生红（2008）；张衔和谭光柱（2012）；白春雨和胡晓东（2012）；袁凌和魏佳琪（2011）；虞华君和刁宇凡（2011）；周莉（2014） |
| | 企业前景 | 姚先国和郭东杰（2004）；何圣和王菊芬（2007）；贺秋硕（2005）；莫生红（2008）；白春雨和胡晓东（2012）；虞华君和刁宇凡（2011）；周莉（2014） |
| 雇主劳动关系满意度 | 雇员绩效 | Arthur（1992）④；Cutcher Gershenfeld（1990）；黄攸立和吴功德（2006）⑤ |

---

① 莫生红：《企业劳动关系和谐度评价指标体系及评价模型的构建》，《统计与决策》2008 年第 14 期。

② 秦建国：《和谐劳动关系评价体系研究》，《山东社会科学》2008 年第 4 期。

③ Harry C. Katz, Thomas A. Kochan and Kenneth R. Gobeill, "Industrial Relations Performance, Economic Performance, and QWL Programs: An Interplant Analysis", *International and Labour Relations Review*, No. 1, 1983.

④ 张丽华、孙彦玲：《对国内外劳动关系评价的评论和思考》，《中国人力资源开发》2011 年第 11 期。

⑤ 黄攸立、吴功德：《从理论和实证的视角构建企业劳动关系评价指标体系》，《中国人力资源开发》2006 年第 8 期。

续表

| 理论编码 | | 相关文献比较与验证 |
|---|---|---|
| 主范畴 | 子范畴 | |
| 雇主劳动关系满意度 | 企业效益 | 黄攸立和吴功德（2006）；姚先国和郭东杰（2004）；辛本禄和高和荣（2013）；赵海霞（2007）；贺秋硕（2005）；莫生红（2008）；白春雨和胡晓东（2012）；虞华君和刁宇凡（2011）；汪泓和邱羚（2001）；周莉（2014） |
| 雇主履行责任与雇员权利保障 | 企业规章制度 | 黄攸立和吴功德（2006）；秦建国（2008）；詹婧（2006）；辛本禄和高和荣（2013）；赵海霞（2007）；莫生红（2008）；张衔和谭光柱（2012）；白春雨和胡晓东（2012）；袁凌和魏佳琪（2011）；虞华君和刁宇凡（2011）；周莉（2014） |
| | 企业劳动保障机构 | 黄攸立和吴功德（2006）；姚先国和郭东杰（2004）；秦建国（2008）；詹婧（2006）；辛本禄和高和荣（2013）；赵海霞（2007）；贺秋硕（2005）；莫生红（2008）；白春雨和胡晓东（2012）；袁凌和魏佳琪（2011）；汪泓和邱羚（2001）；周莉（2014） |
| | 企业劳动保障态度 | 詹婧（2006）；赵海霞（2007）；张衔和谭光柱（2012）；虞华君和刁宇凡（2011）；周莉（2014） |
| | 企业劳动保障能力 | 詹婧（2006）；辛本禄和高和荣（2013）；周莉（2014） |
| | 企业劳动保障行为 | 莫生红（2008）；张衔和谭光柱（2012）；白春雨和胡晓东（2012）；袁凌和魏佳琪（2011）；虞华君和刁宇凡（2011）；汪泓和邱羚（2001）；辛本禄和高和荣（2013）；赵海霞（2007）；秦建国（2008）；姚先国和郭东杰（2004） |
| 雇员履行责任与雇主权利保障 | 雇员态度 | Christiansen（1983）；黄攸立和吴功德（2006）；赵海霞（2007）；白春雨和胡晓东（2012）；张军（2010）[①] |
| | 雇员能力 | |
| | 雇员行为 | Cutcher-Gershenfeld（1990）；Katz, Kochan & Gobeill（1983）；黄攸立和吴功德（2006）；周莉（2014）；赵海霞（2007）；白春雨和胡晓东（2012） |

① 张军：《构建劳动关系预警机制》，《企业管理》2010年第7期。

续表

| 理论编码 | | 相关文献比较与验证 |
| --- | --- | --- |
| 主范畴 | 子范畴 | |
| 企业家能力 | 管理能力 | 姚先国和郭东杰（2004）；詹婧（2006） |
| | 战略能力 | 詹婧（2006） |
| | 关系能力 | |
| 企业外部环境 | 政府帮助扶持 | 白春雨和胡晓东（2012） |
| | 行业特征 | 姚先国和郭东杰（2004）；张丽华和孙彦玲（2011） |
| | 企业所有制 | 张丽华和孙彦玲（2011） |

资料来源：本书作者整理。

　　经过上述的不断比较，并通过整理研究备忘录，构建出了企业和谐劳动关系的理论模型（见图2.1）。雇员劳动关系满意度、雇主劳动关系满意

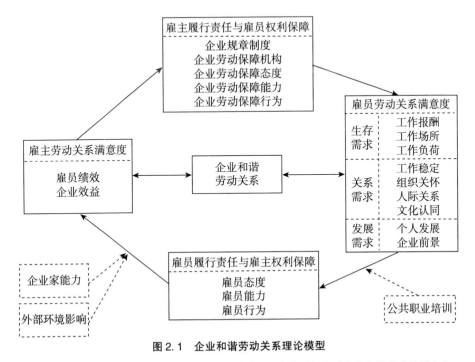

**图2.1　企业和谐劳动关系理论模型**

　　注：虚框和斜体表示不属于企业和谐劳动关系理论模型但会对企业和谐劳动关系产生影响的因素。

度、雇主履行责任与雇员权利保障、雇员履行责任与雇主权利保障、企业家能力和企业外部环境6个核心范畴共同构成中心范畴——企业和谐劳动关系，其中企业家能力和企业外部环境是企业和谐劳动关系的影响因素，而雇员劳动关系满意度、雇主劳动关系满意度、雇主履行责任与雇员权利保障和雇员履行责任与雇主权利保障，则共同构成了企业和谐劳动关系理论模型。同时，社会和政府提供的公共职业培训对雇员，尤其是对以农民工为主体的新产业工人尤其重要，因此在模型中加入了影响企业和谐劳动关系的外部因素——"公共职业培训"。

## 第三节　企业和谐劳动关系理论模型诠释

### 一、"和谐"的诠释

"和谐"在现代汉语词典中被释为"配合得适当和匀称"，《尔雅》"和"与"谐"互释，即"谐，和也"，在《说文解字》中有"和，相应也"，"谐，恰也"。"和谐"是中国传统文化的核心理念和根本精神，其源头可以追溯至伏羲文明，"太极图"就是和谐最完美的呈现形式，"阴根于阳，阳根于阴，阴阳相合，万相乃生"。阴阳既是对立的，又是统一的；既是相反的，又是相辅相成的；既是冲突的，又是互补的，阴阳是和谐的。[①] 在劳动关系运作中，雇员提供人力资本，雇主提供组织资本，两者交织融合，互相转化。人力资本具有人身依附性，雇员可以随时将其"关闭"，这就体现了人力资本阴柔的一面，故人力资本属"阴"；组织资本会主动对人力资本进行管理，体现了其主动的一面，故组织资本属"阳"。[②] 太极文化的和谐思维是阴阳抱负动态的平衡思维，故而企业和谐劳动关系

---

① 安志宏：《伏羲文明是和谐文化的源头》，《天水师范学院学报》2014年第1期。
② 杨文斌：《人力资本与组织资本转换模式研究》，上海外国语大学国际工商管理学院，硕士学位论文，2007年，第34页。

也应该是动态的平衡。①

《论语》有"礼之用，和为贵""君子和而不同，小人同而不和"，孟子有"天时不如地利，地利不如人和"，老子有"知和曰常"。孔子在论述平衡不同利益群体时，使用了"有国有家者，不患寡而患不均，不患贫而患不安。盖均无贫，和无寡，安无倾"。尚"和"的中国传统文化崇尚中庸，持矛盾的统一观，倾向于兼顾各方利益的双赢立场，而并非零和博弈。②"和"就是万物各得其所，在统一的整体中，各个成分或局部均有自己的地位，且构成一定的相成相济关系，这种关系的总和形成一种稳定和谐的秩序，就是"和"。③在劳动关系运作中，雇主与雇员也要各得其所，即兼顾双方利益，尊重双方权利，达到权利与义务的平衡，互利共赢，才能实现和谐。

## 二、企业和谐劳动关系理论模型图阐释

（一）雇员劳动关系满意度

在图 2.1 的理论模型中，"工作报酬""工作场所""工作负荷""工作稳定""组织关怀""人际关系""文化认同""个人发展"和"企业前景"等需求的满足，可提升雇员劳动关系满意度。具体而言，"薪酬制度"设计合理且"薪酬水平"较高，"五险一金"及"本地户口"等完善的福利可满足雇员对工作报酬的需求；"工作硬件环境"舒适，注重"职业安全与健康"可满足雇员对工作场所的需求；"工作强度""工作时间""出差频率"等是雇员对工作负荷具体的考量因素。根据奥尔德弗的 ERG 理论，雇员对工作报酬、工作场所和工作负荷的需求可归结为雇员的生存需求，而生存

① 吴怀祺：《太极学说与和谐思维》，首届国学国医岳麓论坛暨第九届全国易学与科学学会研讨会，《第十届全国中医药文化学会研讨会论文集》，2007 年。
② 胡发贵：《"和为贵"的文化传统与和谐社会建设》，《南京林业大学学报（人文社会科学版）》2006 年第 1 期。
③ 钱逊：《"和"——万物各得其所》，《清华大学学报（哲学社会科学版）》2001 年第 5 期。

需求的满足是雇员劳动关系满意的基础与核心。① 企业注重"团队建设""文化娱乐活动",提供"体检"和"带薪休假"等可以满足雇员对组织关怀的需求;良好的"上下级关系"与"同事关系"会使得雇员对企业中的人际关系较为满意;"工作有保障"且"稳定"是雇员对工作稳定的考量因素;"雇员与企业价值观一致"且"认同企业文化"可满足雇员对文化认同的需求。组织关怀、人际关系、工作稳定和文化认同共同构成了雇员在企业内的关系需求,而关系需求的满足会提升其劳动关系满意度。"工作具有挑战性和自主性"与"较多的培训"及"能力的提升"是雇员个人发展方面的需求,同时雇员还期望"企业具有发展前景",这些均反映了雇员的成长需求。成长需求的满足可以进一步提升雇员劳动关系满意度。雇员的生存需求、关系需求和成长需求构成了雇员在劳动关系中的需求,当三种需求均得到满足时,雇员就会拥有较高的劳动关系满意度。至于三种需求的满足分别对劳动关系满意度的影响程度大小,还有待今后实证研究的验证。

(二) 雇员履行责任与雇主权利保障

较高的雇员劳动关系满意度促使雇员更好地履行自身责任以保障雇主权利,雇员在企业中的责任是完成本职工作,提高工作绩效,保障企业效益。"建言""主动提升职业技能""遵守公司相关规定"和"创新"等行为,以及"较高的工作满意度""对企业心存感激""拥有心理安全感"和"工作顺心"等正面的态度有助于雇员工作绩效的提高,而雇员工作绩效是企业经济效益最基本的影响因素之一。同时,"雇员能力"也是影响雇员责任履行的关键因素,但在雇员进入企业之前,企业就会对其能力进行甄别,达不到岗位胜任能力标准和企业要求的人无法进入企业成为雇员。"雇员能力"还具有隐形性,是无法直接被感知的,只有通过努力的行动和过程,才能将能力转化为绩效。而劳动关系是雇员与企业签订劳动合同进入

---

① Clayton P. Alderfer, "An Empirical Test of a New Theory of Human Needs", *Organizational Behavior and Human Performance*, No. 2, 1969.

企业后的关系，因而，在企业劳动关系中雇主对雇员的考察主要关注其态度、行为和绩效，而非能力。因此，从理论上推理，"雇员能力"在劳动关系中不是雇主关注的核心要素。在深度访谈中，当问到老板是否看重雇员能力时，编号11的被访者回答"业绩上就能看出一个人行不行了"，编号12的被访者回答"能力是可以锻炼出来的，谁也不比谁笨"。而编号18的被访者提出："企业的发展肯定要寻求能力强的人，所以本书作者在薪酬策略里面是提出两点的，一点是限高、稳中、提低，与国家的收入分配是比较接近的，缩小工资差距。"这些访谈文本也印证了理论推演的结果，故在模型中"雇员能力"用斜体表示。因此，雇员的态度、行为以及能力共同影响着雇员的责任履行及雇主权利保障。

而对以农民工为主体、流动率高、职业素养相对较低的新产业工人，企业缺乏足够动力对其进行职业教育与培训，此时政府和社会应该承担起必要的责任。作为准公共物品，政府应加强对新产业工人的公共职业培训，提高其职业技能，使其有能力履行责任以保障雇主的权利，从而间接地促进企业和谐劳动关系的形成。

（三）雇主劳动关系满意度

雇员履行自身责任就保障了雇主的权利，从而雇主劳动关系满意度就会较高。良好的雇员工作绩效是提高企业效益的关键，雇员是构成企业的主要因素，只有"雇员认真完成本职工作""提出合理化建议""提升自己的工作绩效"，企业才可能拥有良好的效益。良好的雇员绩效与良好的企业效益是雇主劳动关系满意的关键。

除雇员绩效外，企业家能力和企业外部环境也会对企业效益产生重要影响，而企业效益是雇主劳动关系满意度的关键，故企业家能力和外部环境也会影响雇主劳动关系满意度。企业家对内的管理能力会影响企业成本控制、人才培养、机构设置、企业文化等各方面，是企业良好效益的基础之一；而拥有战略能力的企业家则能有机的结合企业外部环境，制定和调整企业战略发展方向，使得企业在竞争环境中立于不败之地；在中国社会背景下，建立良好的关系网络和积累充足的社会资本是促进企业成长的重要途径，因此企业家关系能力也会影响企业效益。虽然企业家能力不构成雇主和雇员之间直接的企业劳动关系，但它明显直接影响了企业经济绩效，进而间接地影响了企业劳动关系，因而我们用虚线框将"企业家能力"表示出来。这表明，从劳动关系监管者的视角，帮助雇主提高企业家能力，是改善劳动关系的重要途径。

法律与制度、政府扶持帮助、产业与行业性质、产业与行业发展阶段、产业与行业的整体效益、企业所有制类型等外部环境因素，也同样影响着企业效益。雇员绩效，并不能单独决定企业效益，因此，从雇主的视角思考和处理劳动关系问题，必然将法律与制度、政府、产业与行业、所有制等因素考虑进来。虽然它们不构成雇主和雇员之间直接的企业劳动关系，但对企业劳动关系的影响是巨大的。因此，本书作者把"企业外部环境"用虚线框表示出来。这表明，从监管者的视角，改善法律政策环境，转变政府职能，优化产业结构和产权结构，都可以在一定程度上改善企业经营环境，进而对雇主构建和谐劳动关系实践施加影响。

（四）雇主履行责任与雇员权利保障

雇主劳动关系满意度的结果变量是雇主责任履行与雇员权利保障，企业规章制度、劳动保障机构、劳动保障态度、劳动保障能力和劳动保障行为会影响雇员各项需求的满足，进而影响雇员劳动关系满意度。企业规章制度是指绩效考核制度、利益分配制度、人员选拔和录用、工作量分配等与雇员息息相关的制度设置合理并有效执行。企业劳动保障机构指设立工会和人力资源部，开办经理接待日、意见箱等来保障雇员权利，同时做好职工代表大会、集体协商和集体合同的相关工作，保障雇员沟通渠道的畅通。企业劳动保障态度是指企业关怀雇员，认为雇员是企业的核心且雇员与企业为利益共同体，当企业劳动保障态度端正时，会更积极的履行自身责任。只有当企业的效益良好时，企业才能基业长青，雇佣关系才能长久，企业也才有保障雇员权利的能力。企业守法运营、签订劳动合同、承担社会责任和重视雇员职业安全健康等劳动保障行为会决定雇员各项需求的满足程度，进而决定雇员劳动关系满意度。

（五）企业和谐劳动关系

企业积极履行责任保障雇员权利，雇员的生存、关系和成长需求将得到满足，从而产生较高的雇员劳动关系满意度。较高的雇员劳动关系满意度激励雇员积极履行责任保障雇主权利，雇主劳动关系满意度就会较高。同时，企业家能力与外部环境也会对雇主劳动关系满意度产生影响。较高的雇主劳动关系满意度会使得企业有能力、也有意愿履行自身责任保障雇员权利，进而使得雇员劳动关系满意度较高。在这种良性循环中，雇主和雇员劳动关系满意度均高，双方各得其所，履行各自责任同时获得相应权利，双方的权利与义务达到动态的平衡，互利共赢，从而实现企业劳动关系的和谐运作。而和谐的企业劳动关系又会提高雇主和雇员劳动关系满意度，即企业和谐劳动关系与雇主和雇员劳动关系满意度相互促进，良性互动。

参照中国传统文化中对"和谐"的释义，结合对图 2.1 的阐释分析，本书将企业和谐劳动关系定义为劳动关系主体双方形成履行各自责任、保障对方权利的良性循环，双方权责对等、各得其所，雇员与雇主劳动关系满意度均高的动态平衡状态。

最后，本书使用 107 份工会主席开放性问卷所获得的文本资料，对所构建的理论模型进行饱和度检验，即将该部分文本资料与已有编码不断进行比较，来发现已有概念、范畴和理论的不足。结合前文对范畴和已有文献的比较与验证，均没有形成新的范畴和关系，此时，理论达到了饱和，经典扎根理论研究的理论构建工作宣告完成。①

本章基于扎根理论构建了企业和谐劳动关系概念，得出了如图 2.1 所示的企业和谐劳动关系理论模型，进而总结出以下几个研究结论：（1）企业劳动关系是劳资双方互动的结果，企业和谐劳动关系必须兼顾双方的利益，只有雇主和雇员都满意的劳动关系才是和谐劳动关系，企业和谐劳动

① 贾旭东、谭新辉：《经典扎根理论及其精神对中国管理研究的现实价值》，《管理学报》2010 年第 5 期。

关系是主体双方各得其所的动态平衡状态。（2）雇员劳动关系满意度取决于雇主履行责任及其权利保障，雇主劳动关系满意度取决于雇员履行责任及其权利保障。（3）构建企业和谐劳动关系，不能仅着眼于企业内部，企业外部因素也会影响劳动关系双方主体互动中的态度和行为，政府和社会为企业创造良好的外部环境对于构建企业和谐劳动关系同样重要。

鉴于企业和谐劳动关系是雇主和雇员双方均对劳动关系感到满意，所以构建企业和谐劳动关系，直接的路径是着眼于企业内部，双方共同努力提升雇员劳动关系满意度和雇主劳动关系满意度；间接的路径是改善企业外部环境和提升雇员综合素质与企业家能力。

在直接路径中，雇主的态度、行为、制度和企业绩效是企业劳动关系的主导方面。因此，企业需要建立健全规章制度，建立劳动保障机构，端正劳动保障态度，提升劳动保障能力，完善劳动保障行为，以保障雇员的各项需求得到满足。在日常管理中，企业需要注重管理的规范化，确保雇员工作环境的安全，工作负荷合理，工作报酬满意；同时，企业还需注重管理的人性化，为雇员营造舒适的环境，顺心的人际关系和组织关系；企业也要注重雇员对个人成长的渴求，增加培训机会，提升雇员的技能。只有做到管理的规范化和柔性化，才能满足雇员对生存、关系和成长的需求，使得雇员拥有较高的劳动关系满意度。同时，雇主还应不断更新自我，提升自身的战略能力、管理能力和关系能力，塑造自身的企业家能力，为企业获得良好效益夯实基础；雇主也需要关注不断变化的外部环境，确保企业能够获得良好的效益，来提升雇主劳动关系满意度。

在直接路径中，雇员的态度、行为和工作绩效虽然不是企业劳动关系的主导方面，但也是互动关系的另一方。因此，也是雇主劳动关系满意度的重要因素，除了企业需引导雇员树立良好的工作态度和行为，采取与战略相匹配的绩效考核制度，努力提升雇员的工作绩效外，雇员自己如何自我管理和自我提升，雇员组织如何帮助雇员不断改善态度、行为和绩效，也是构建企业和谐劳动关系的题中之义。

　　在间接路径中，各级政府、产业与行业组织、各级工会组织等，改善法律政策环境，转变政府职能，优化产业结构和产权结构，提升雇主和雇员的综合素质与职业化水平等，都会间接作用于企业的经济效益和在企业中工作着的雇员态度与行为、雇员工作绩效等，进而影响雇主和雇员的劳动关系满意度。尤其对于以农民工为主体、流动率高、职业素养相对较低的新产业工人，企业缺乏足够动力对其进行职业教育和培训，政府和社会应该承担起必要的教育培训责任。换句话说，企业和谐劳动关系的构建和维护，需要政府、产业与行业、工会组织等与企业和雇员的共同努力，这也是为什么三方机制对解决劳动关系问题非常重要的原因所在。

# 第三章　雇员劳动关系满意度模型
# 构建与应用①

随着社会主义市场经济的逐步确立，我国的劳动关系已发生了根本性变化，在现代企业发展对资本过分依赖和劳动力整体上供过于求的状况下，形成了我国当前强资本弱劳工的格局。② 劳动者的合法权益难以得到保障，尤其在 2010 年南海罢工事件后，劳资矛盾和冲突引发的劳工事件不断涌现，而这已严重影响了我国的社会稳定，同时也对经济发展构成了威胁。因此，和谐劳动关系的建构具有十分重大而深远的经济、政治、社会意义。党的十八大也明确提出，要"健全劳动标准体系和劳动关系协调机制，加强劳动保障监察和争议调解仲裁，构建和谐劳动关系"。

在企业劳动关系存续的整个过程中，雇员始终处于被支配的从属地位，因此，劳动关系的演变过程亦可视为雇员一方层次递进的利益诉求满足过程。因此，基于雇员视角的劳动关系满意度理论模型的探索，不仅有助于雇主方掌握劳动争议产生的诱因，通过一系列手段和措施，及时预防、处理劳动争议事件，形成有效的劳动关系协调机制，同时对企业乃至整个社会和谐劳动关系的构建，也将起到积极的促进作用。

由于西方工会组织率的下降和非工会化工作场所数量的增加，劳动

---

① 第四章主要内容来自孙瑜:《战略人力资源管理对工作绩效影响的跨层次研究——基于劳动关系的一元主义视角》，吉林大学，博士论文，2015 年。作者为课题组主要成员，该博士论文在课题存续期间完成。

② 孙丽君、李季山、蓝海林:《劳动关系和谐性与企业绩效关系实证分析》，《商业时代》2008 年第 21 期。

关系研究开始走向萎靡，雇员视角下的劳动关系满意度在西方并没有被特别提出来进行专门的研究，因此无法直接借鉴。而我国正处于社会转型期，劳动力市场结构的变化、人力资源的多样性及劳资冲突日益增多等一系列社会因素，使得劳动关系学科及其相关研究得到了学界的广泛关注，陆续有学者对劳动关系满意度开展了初步的界定与测量。[①] 然而到目前为止，劳动关系满意度的内涵与外延仍然没有被清晰地概括与描述，其质性与定量的研究方法亦无法全面支持劳动关系满意度的理论探讨。不仅如此，一些研究表明，战略人力资源管理对企业内部的劳动关系产生了显著影响。[②] 劳动关系将有助于雇员工作生活质量的提升和组织绩效的改善。[③] 但与组织绩效相比，劳动关系对雇员个体绩效水平的影响应该更为直接。[④] 在这种逻辑脉络下，雇员劳动关系满意度作为雇员视角下劳动关系质量的重要衡量指标，可能与战略人力资源管理及工作绩效存在一定程度上的理论关联，然而，现有研究对三者关系的探讨仍然相对匮乏。

因此，在上述研究背景下，本书尝试使用扎根理论这一质性研究方法，通过研究明确雇员劳动关系满意度的具体内涵，区分与其相似的概念，并进一步构建符合中国情境的理论模型，并通过因子分析、信度分析等较为科学的管理学研究方法，开发、检验雇员劳动关系满意度的测量工具。在此基础上，本书还将考察雇员感知到的劳动关系满意度在战略人力

---

① 姚先国、郭东杰：《改制企业劳动关系的实证分析》，《管理世界》2004 年第 5 期。孙瑜、渠邕：《员工视角的劳动关系满意度评价指标体系构建》，《社会科学战线》2014 年第 9 期。

② Oliver E. Williamson, "The Theory of the Firm as Governance Structure: From Choice to Contract", *The Journal of Economic Perspectives*, No. 3, 2002. 卿涛、杨丽君：《战略人力资源管理与组织绩效关系的新框架》，《经济社会体制比较》2009 年第 4 期。

③ Morris M. Kleiner, Jonathan S. Leonard and Adam M. Pilarski, "How Industrial Relations Affects Plant Performance: The Case of Commercial Aircraft Manufacturing", *Industrial and Labor Relations Review*, No. 2, 2002. Jody Hoffer Gittell, Andrew Von Nordenflycht and Thomas A. Kochan, "Mutual Gains or Zero Sum? Labor Relations and Firm Performance in the Airline Industry", *Industrial and Labor Relations Review*, No. 2, 2004.

④ 谢玉华、张群艳、王瑞：《企业劳动关系和谐度与员工工作绩效的实证研究》，《湖南大学学报（社会科学版）》2012 年第 1 期。

资源管理与工作绩效的关系间所发挥的跨层次中介作用。

## 第一节　劳动关系满意度的文献回顾

### 一、劳动关系满意度的概念起源

概念的清晰界定是科学研究的基础，组织行为学、社会学、心理学等诸多学科对满意度开展了大量研究，但无论在何种领域下，学界对其的内涵讨论均关注了以下三个核心问题，分别是：满意度是什么？满意度的指向对象是什么？满意度又对个体意味着什么？然而可惜的是，学界至今未能达成一致的结论。[①] 奥利弗（Oliver）更曾犀利地指出：也许所有人都对满意度有着清晰的感受，但要给出一个明确的定义，却总是含糊其辞。[②]

当满意度范畴应用于不同的社会情境中，便形成了多种类型的满意度概念，如需求满意度（Need Satisfaction）、工作满意度（Job Satisfaction）、生活满意度（Life Satisfaction）以及旅游满意度（Tourism Satisfaction），而西方学者便善于在人力资源管理的学科框架下，通过工作满意度的相关研究来探讨企业内部的雇佣关系问题。然而，工作满意度的概念界定尚未清晰，存在认知与情感、过程与内容等多种研究视角上的争议。[③] 自 20 世纪 80 年代后，随着西方工会组织率的下降和非工会化工作场所数量的增加，

---

① Robert A. Westbrook and Michael D. Reilly, "Value‑Percept Disparity: An Alternative to the Disconfirmation of Expectations Theory of Consumer Satisfaction", *NA‑Advances in Consumer Research*, No. 1, 1983.

② Richard L. Oliver, *Satisfaction: A Behavioral Perspective on the Consumer*, New York McGraw‑Hill, 2014, p. 103.

③ J. Enrique Bigné, Luisa Andreu and Juergen Gnoth, "The Theme Park Experience: An Analysis of Pleasure, Arousal and Satisfaction", *Tourism Management*, No. 6, 2005. Philip Kotler, "Administração de Marketing: Análise, Planejamento, Implementação e Controle", *Propaganda*, No. 3, 1994. H. Keith Hunt, *Conceptualization and Measurement of Consumer Satisfaction and Dissatisfaction*, Marketing Science Institute, 1977, p. 112. Angel Millan and Agueda Esteban, "Development of a Multiple‑Item Scale for Measuring Customer Satisfaction in Travel Agencies Services", *Tourism Management*, No. 5, 2004.

劳动关系研究开始走向衰落，鲜有西方学者将满意度这一范畴与劳动关系领域联系起来。而我国正处于社会转型期，劳动力市场结构的变化、人力资源的多样性及劳资冲突日益增多等一系列社会因素，使得劳动关系学科及其相关研究得到了学界的广泛重视，并致力于构建中国组织情境下的和谐劳动关系。于是，国内学者基于雇员单方视角将满意度与劳动关系领域进行了有效的结合，进而产生了"劳动关系满意度（Labor Relations Satisfaction）"这一概念。因此，从本质来说，劳动关系满意度应该是一个较具中国特色的本土化概念，对其内涵的界定可以借鉴国内的和谐劳动关系思想，吸收工作满意度的研究成果，但不能简单、直接地套用于西方的工作满意度研究体系。

国内关于和谐劳动关系的概念界定，依据政府是否属于劳动关系的一方主体，学界存在宏观和微观两种研究视角，微观视角将劳动关系限定于企业内部，而将政府一方视为劳动关系相关的法律政策背景，并从不同的角度，对和谐劳动关系开展了一系列定义。

黄维德、陈欣从劳动关系中的供需特征角度入手，认为和谐劳动关系是劳资双方履行彼此的责任和义务，相互合作，从而达到一种稳定有序的均衡状态。他们提出了和谐劳动关系无差异曲线模型，并认为雇主的资源、投入意愿以及对雇员精神和物质利益组合的优化程度是影响企业和谐劳动关系水平的三大因素。雇主作为劳动关系的供给方，其拥有的资源与投入意愿共同决定了对雇员的总体投入，即雇主对雇员利益的满足能力应为雇主资源与投入意愿的乘积。而雇员作为劳动关系的需求方，其物质需求与精神需求的满足程度共同决定了雇员对和谐劳动关系的感知，两者均符合边际效用递减规律，并存在了一定的替代效应。雇员物质层面的需求包括福利待遇及薪酬的综合水平，而精神层面的需求包括发展空间、工作压力、工作安全、工作稳定等。①

姚先国、郭东杰从劳动契约角度入手，认为雇主一旦在劳动力市场雇

---

① 黄维德、陈欣：《基于无差异曲线的企业和谐劳动关系影响机制研究》，《社会科学》2008年第6期。

佣了雇员，隐含的劳动契约就形成了。签约双方在这个长期的博弈过程中，都存在隐藏的信息与行动，由此便产生了双边的机会主义行为。在比较健全的劳动关系协调机制下，或出于对自身利益的考量，或受到现行法律的约束，雇主通常会履行对雇员的承诺。而雇员虽然也受到了劳动法与企业规章的制约，但在共同治理模式下，雇员代表有权参与公司监事会，可进一步限制企业的机会主义行为。因此，研究人员或企业管理者便可依据雇员对劳动关系的满意度，来间接度量不完全契约下劳动关系的和谐程度。[①] 张军同样认为，雇员对薪酬与福利、工作环境与压力、企业文化与管理制度等的满意度感知，会直接影响雇员的工作态度与工作行为，诸如士气低落、消极怠工，甚至表现出一定的反生产行为，进而影响了整体的组织效率。因此，雇员满意度可以直接反映企业劳动关系质量。这类定义从劳资双方博弈的角度出发，理论上说明了以雇员对劳动关系的满意程度来表示整体劳动关系状态，是具有一定合理性的。[②]

基于劳资双方博弈的研究视角，孙瑜、渠邕首次界定了劳动关系满意度这一概念，将其释义为雇员在劳动关系运作中对利益诉求的满足程度，并认为在劳动关系存续过程中，雇员始终处于被动的从属地位，从而劳动关系的演变过程，亦可视为劳动者一方层次递进的利益诉求满足过程。而基于雇员单方视角的劳动关系满意度指标体系的建构，便有助于衡量企业内部的劳动关系质量或劳动关系的和谐水平。[③]

## 二、劳动关系满意度的测量依据

国内劳动关系学者对和谐劳动关系的指标体系构建开展了大量研究，其实质是为了实现对劳动关系质量的测量与评估，而在这些文献中，多数

---

① 姚先国、郭东杰：《改制企业劳动关系的实证分析》，《管理世界》2004 年第 5 期。
② 张军：《构建劳动关系预警机制》，《企业管理》2010 年第 7 期。
③ 孙瑜、渠邕：《员工视角的劳动关系满意度评价指标体系构建》，《社会科学战线》2014 年第 9 期。

也回顾或参考了国外学者对劳动关系评价指标的研究成果。① 由于劳动关系满意度这一概念来源于和谐劳动关系理念，因此，对国外劳动关系评价指标以及国内和谐劳动关系评价指标的系统梳理，将有助于了解劳动关系满意度的测量依据。

（一）国外劳动关系评价指标

国外关于劳动关系评价的相关研究始于 20 世纪 80 年代，大量学者对工会与非工会环境下企业内部的劳动关系测量开展了深入探讨，并已取得丰硕成果。

卡茨基于 1970—1979 年美国通用汽车公司 18 个工厂的纵向研究数据，通过时间序列分析，系统地探讨了工作生活质量、经济绩效与劳动关系绩效三者间的关系，并采用工会与管理层关系间的态度氛围、合同管理结果、合同谈判强度与个体工作行为 4 个指标对工厂层面的劳动关系绩效进行考量。其中工会与管理层关系间的态度氛围变量通过问卷调研加以测量，合同管理结果变量通过抱怨率与违纪率加以测量，合同谈判强度变量通过谈判时间长度与谈判条款数目加以测量，而个体工作行为则由员工缺勤率加以测量。② 克里斯蒂安森（Christiansen）以劳动关系管理模式较为先进的 9 家美国制造类企业为研究对象，深入探索了组织战略和组织结构对劳动关系绩效的影响，并提出可采用非法罢工、停工、工作流程与质量、人员流动、安全记录、保修成本、返工成本 7 项客观性指标及劳动关系的成熟度、创新性两项主观指标对劳动关系绩效予以测量。同时，在其研究中还强调了申诉率与仲裁率在实际应用易于产生偏差。③ 格尔-圣菲尔德（Cutcher-Gershenfeld）以美国 25 家大型、工会化的制造工厂作为被试

　　① 袁凌、魏佳琪：《中国民营企业劳动关系评价指标体系构建》，《统计与决策》2011 年第 4 期。辛本禄、高和荣：《企业和谐劳动关系指标体系的构建》，《南京师范大学学报（社会科学版）》2013 年第 4 期。渠邕、于桂兰：《劳动关系和谐指数研究评述》，《中国人力资源开发》2014 年第 15 期。

　　② Harry C. Katz, Thomas A. Kochan and Kenneth R. Gobeille, "Industrial Relations Performance, Economic Performance, and QWL Programs: An Interplant Analysis", *Industrial and Labor Relations Review*, No. 1, 1983.

　　③ Christiansen E. Tatum, "Strategy, Structure, and Labor Relations Performance", *Human Resource Management*, No. 1-2, 1983.

样本，考察了合作型与冲突型劳资关系模式对企业经济绩效的影响，并通过以下十项指标对劳资关系模式加以判别，它们分别为：冲突频率；冲突解决速度；申诉的非正式解决；到达第三步、第四步的申诉解决；次要问题解决；主要问题解决；正式工人自主；非正式工人自主；成本、质量与进度反馈；工人发起的工作设计改变。[1] 亚瑟（Arthur）通过对美国54家小型钢铁厂的问卷调研，对样本数据进行聚类分析以探究工作场所产业关系类型与组织战略选择间的关系，这项研究将产业关系划分为成本削减与承诺最大化两种类型，并采用分权决策、员工参与、常规培训、维修与技术工人占总体工人比例、监督者与生产工人比例、正式渠道下的员工申诉解决率、工资水平、福利与奖金十项指标用以评价工厂内部的产业关系质量。[2]

爱迪生（Addison）和贝尔菲尔德（Belfield）使用了英国 WERS 1990年及 WERS 1998 年的纵向研究数据，检验了员工代表、或有工资及员工参与对产业关系和经济绩效的影响，通过产业关系氛围、缺勤率和离职率3 个变量对产业关系加以测量，其中产业关系氛围是企业管理者感知到的主观性指标，而缺勤率、离职率则为企业一年内事件发生频度的客观性指标。[3] 克莱纳（Kleiner）等在 1974—1991 年对美国 1 家大型飞机制造厂的案例研究中，使用劳资事件、管理方和工会领导类型变化两项指标对产业关系加以衡量，并基于 ARIMA 自回归预测两种方法，进一步探讨了产业关系对组织生产率的影响。[4] 吉特尔（Gittell）等通过 1987 年年末到 2000

① Joel Cutcher-Gershenfeld, "The Impact on Economic Performance of a Transformation in Workplace Relations", *Industrial and Labor Relations Review*, No. 2, 1991.

② Jeffrey B. Arthur, "The Link between Business Strategy and Industrial Relations Systems in American Steel Minimills", *Industrial and Labor Relations Review*, No. 3, 1992.

③ John T. Addison and Clive R. Belfield, "Updating the Determinants of Firm Performance: Estimation Using the 1998 UK Workplace Employee Relations Survey", *British Journal of Industrial Relations*, No. 3, 2001.

④ Morris M. Kleiner, Jonathan S. Leonard and Adam M. Pilarski, "How Industrial Relations Affects Plant Performance: The Case of Commercial Aircraft Manufacturing", *Industrial and Labor Relations Review*, No. 2, 2002.

年年初的 10 家航空公司调研数据，系统探索了劳动关系对组织绩效的影响，以检验竞争模型下产生的理论悖议，他们将劳动关系分为劳动关系结构与劳动关系质量两方面内容，其中劳动关系结构包括了工资水平、工会化程度与共同治理 3 项指标，而劳动关系质量则包括了工作场所文化与谈判冲突两项指标。[①] 迈克尔（Michael）和史密斯（Smith）在探讨澳大利亚的薪酬公平、固定工资系统及产业关系改革等相关问题时，将工资集体协商、性别间的薪酬公平与雇员失业率作为产业关系水平的重要衡量指标。[②]华莱士（Wallace）等以爱尔兰航空公司为研究对象，考察了产业关系类型（合作型与冲突型）与低票价商业模式间的匹配性，他们在这项研究中提出，可以考虑采用员工持股比例、岗位轮换、工作场所环境、退休金计划、临时雇佣、工资标准与工作重组等指标来评价产业关系水平，并可进一步构造组织战略与产业关系间的作用路径。[③] 安东尼奥利（Antonioli）等以意大利北部雷焦艾米利亚和摩德纳两个省的 500 多家中小企业为被试样本，分别考察了产业关系对工作环境及创新活动的影响，并在产业关系的测量中应用了组织层面的谈判、双边委员会的设立、产业关系的发展趋势、工会与资方间的关系等指标。[④]

　　本书将国外相关研究中劳动关系主、客观评价指标依于企业、企业与雇员互动及雇员三个层面进行分类。分类结果如表 3.1 所示。

① Jody Hoffer Gittell, Andrew Von Nordenflycht and Thomas A. Kochan, "Mutual Gains or Zero Sum? Labor Relations and Firm Performance in the Airline Industry", *Industrial and Labor Relations Review*, No. 2, 2004.

② Michael Lyons and Meg Smith, "Gender Pay Equity, Wage Fixation and Industrial Relations Reform in Australia: One Step forward and Two Steps backwards?", *Employee Relations*, No. 1, 2007.

③ Joseph Wallace, Siobhan Tiernan and Lorraine White, "Industrial Relations Conflict and Collaboration: Adapting to a Low Fares Business Model in Aer Lingus", *European Management Journal*, No. 5, 2006.

④ Davide Antonioli, Massimiliano Mazzanti and Paolo Pini, "Innovation, Industrial Relations and Employee Outcomes: Evidence from Italy", *Journal of Economic Studies*, No. 1, 2011.

**表 3.1　国外劳动关系评价指标分类**

| 设计层面 | 测量指标 | 文献来源 |
|---|---|---|
| 雇主 | 主观指标：管理方和工会的领导风格；分权决策；工作流程与质量；工会代表性；工作场所环境<br>客观指标：雇员受处分比例；非工会会员比例；维修与技术工人占总体工人比例；监督者与生产工人比例；申诉的正式和非正式解决率；未解决冲突数；冲突解决速度；团体活动的组织频率；劳动成本占总成本比例；雇员意见采纳率；雇员工作反馈率；保修与返工成本；雇员持股比例；双边委员会的设立；安全记录；人员流动；常规培训 | 卡茨等（1983）；克里斯蒂安森（1983）；格尔－圣菲尔德（1990）；亚瑟（1992）；爱迪生和贝尔菲尔（2001）；克莱纳等（2002）；吉特尔等（2004）；迈克尔和史密斯（2007）；华莱士等（2006）；安东尼奥利等（2009） |
| 雇主与雇员互动 | 主观指标：工会（雇员）与管理层的产业关系氛围；工作场所文化；产业关系发展趋势<br>客观指标：冲突发生频率；共同治理；工资集体协商；合同谈判的条款数目；谈判时间长度 | |
| 雇员 | 主观指标：雇员参与程度；雇员的工作自主性<br>客观指标：雇员工资、福利、奖金水平；雇员申诉率、缺勤率、离职率、抱怨率、违纪率、相对生产率；雇员平均工作年限；停工；非法罢工 | |

资料来源：本书作者整理。

（二）国内和谐劳动关系评价指标

国内和谐劳动关系评价指标研究始于 21 世纪初，已有的阶段性成果对劳资矛盾的化解，企业的生产与经营均起到了一定的促进作用。与和谐劳动关系的概念界定相对应，在其测量上也存在宏观与微观两种不同的研究视角，宏观视角或强调了政府、雇主与雇员的三方互动，或将测量范围延伸到了集体与社会层面。而微观视角则在中国的组织情境下，或考量了雇主与雇员之间的利益平衡，或仅关注于劳动者的权益保障。由于劳动关系满意度是企业微观层面的和谐劳动关系评价指标，因此，本书仅在微观视角下对该领域的文献进行系统的梳理与回顾。

1. 基于劳动者权益保障的视角

国内对劳动关系评价指标的探讨多集中于微观的企业层面，且关注于劳动者权益保障等相关问题。如贺秋硕认为，企业劳动关系和谐度（H）主要集中体现在以下 3 个方面，即劳动者工作环境及受保护程度（C）、劳动者就业及工资状况（W）和劳动者民主情况及发展前途（D），因而可以通过公式 H（LR）= f（C，W，D）来衡量企业内部的劳动关系质量。[①] 何圣、王菊芬根据企业性质采用定额抽样法，基于上海 3022 位员工的劳动关系问卷调查，通过变异系数、德尔菲、指标聚类等研究方法，系统构建了包含劳动环境、收入保障、技能发展与权益实现 4 个方面的和谐劳动关系评价指标体系。[②] 詹婧将综合模糊评价法应用于企业内部劳动关系的计量评价之中，并提倡可采用专家评判法以确立各项指标的评价值与权重，他基于个体在组织中的面向对象，将企业劳动关系评价体系划分为收入评价、劳动合同签订情况、对工会的评价、对管理层的评价、对岗位的评价及民主参与情况 6 个方面的评价内容。[③] 张衔、谭光柱同样基于二层模糊综合评判模型，构建了包含劳动条件与保障、劳动合同签订情况、员工参与企业治理、收入满意度、劳动争议满意度、员工与企业间信任度等 6 项一级指标在内的企业劳动关系和谐度指标评价体系。[④] 莫生红在深入分析了企业和谐劳动关系内涵及衡量标准的基础上，以劳动者权益保障为设计原则，分别采用了多目标线性加权函数法及层次分析法，构建了企业劳动关系和谐度评价指标体系，该体系包含了 3 项一级指标，分别为劳动者劳动保护与社会保障、劳动者劳动合同与收入保障、劳动者民主权益与文化权益保障。[⑤] 袁凌、魏佳琪基于 1367 位民营企业员工对劳动关系各构成要素的感受、满意度数据，通过相关分析、鉴别力分析及因子分析等方法，

———————

① 贺秋硕：《企业劳动关系和谐度评价指标体系构建》，《中国人力资源开发》2005 年第 8 期。

② 何圣、王菊芬：《和谐劳动关系评价指标体系的构建及对上海的分析》，《市场与人口分析》2007 年第 5 期。

③ 詹婧：《模糊综合评价法在企业劳动关系计量中的应用》，《首都经济贸易大学学报》2006 年第 4 期。

④ 张衔、谭光柱：《我国企业劳动关系和谐度的评价与建议——基于问卷调查的实证分析》，《当代经济研究》2012 年第 1 期。

⑤ 莫生红：《企业劳动关系和谐度评价指标体系及评价模型的构建》，《统计与决策》2008 年第 14 期。

设立了民营企业劳动关系评价指标体系，包含社会保障与劳动争议情况、劳动合同与组织管理情况、工资报酬与劳动用工情况 3 项一级指标。① 辛本禄、高和荣认为，以主客观相统一为基本原则而设立的和谐劳动关系指标，不仅需要体现出企业的社会性与契约性，还应满足于员工的多层次需求。因而采用了德尔菲法与层次分析法，系统地构建了包含企业的经营与管理、工资与福利、劳动争议、员工认同、劳动合同、劳动保护、员工自我发展、奖励与惩罚 8 项一级指标的企业和谐劳动关系评价体系。② 谢玉华、张群艳在企业劳动关系和谐度对员工工作绩效的影响研究中，运用内容分析及德尔菲法开发了具有管理层关心、劳动合同、争议处理、劳动权益、工会与员工参与、员工信心与满意度 6 个维度的劳动关系和谐度指标。③

2. 基于雇主与雇员的利益平衡视角

亦有学者对和谐劳动关系指标体系的设立同时兼顾了雇员权益与企业效益。如黄攸立、吴功德基于动态和静态两个角度深入考察了企业内部的劳动关系，他们认为企业内部的劳动关系质量一方面有赖于员工与企业间的相互运作，另一方面也是企业的运行与管理结果，因而在过程视角下采用合作管理、冲突管理和基本业务管理 3 项指标，在结果视角下采用企业绩效和劳动者权益保障两项指标来综合地反映企业内部的劳动关系质量。④ 卿涛、杨丽君在人力资源管理实践对企业劳动关系的影响探讨中，认为企业劳动关系包含了工作关系与情感关系两个方面内容，其中工作关系由工资分配、经营绩效、工会力量、员工保护、员工保障 5 项指标构成，而情感关系则由通过工作责任、工作情境两项指标加以衡量。⑤

---

① 袁凌、魏佳琪:《中国民营企业劳动关系评价指标体系构建》,《统计与决策》2011 年第 4 期。
② 辛本禄、高和荣:《企业和谐劳动关系指标体系的构建》,《南京师范大学学报（社会科学版）》2013 年第 4 期。
③ 谢玉华、张群艳、王瑞:《企业劳动关系和谐度与员工工作绩效的实证研究》,《湖南大学学报（社会科学版）》2012 年第 1 期。
④ 黄攸立、吴功德:《从理论和实证的视角构建企业劳动关系评价指标体系》,《中国人力资源开发》2006 年第 8 期。
⑤ 卿涛、杨丽君:《人力资源管理实践影响企业劳动关系的理论模型研究》,《第六届（2011）中国管理学年会——组织行为与人力资源管理分会场论文集》,2011 年。

本书同样将国内相关研究中和谐劳动关系的主、客观评价指标依于雇主、雇主与雇员互动及雇员 3 个层面进行分类。分类结果如表 3.2 所示。

**表 3.2　国内和谐劳动关系测量指标分类**

| 设计层面 | 测量指标 | 文献来源 |
|---|---|---|
| 雇主 | 主观指标：工作场所监督方式；劳动法律法规遵守情况；工会化程度<br>客观指标：雇主经济效益；职业病发生率；雇员合理化建议采用率；雇员工资总额占利润比；雇员带薪休假享有率；雇员流失率；与劳动管理相关的制度建设；法定工作时间覆盖率；社会保险覆盖率；劳动纠纷处理率；雇员分流安置率；劳动安全卫生投入率；雇员培训费用及覆盖率；工伤事故发生与赔付率；雇员内部流动率；雇员健康检查实现率；工资及福利支付情况 | 贺秋硕（2005）；何圣等（2007）；詹婧（2006）；张衔等（2008）；莫生红（2008）；袁凌等（2011）；辛本禄等（2013）；黄攸立等（2005）；卿涛等（2011）；谢玉华等（2012） |
| 雇主与雇员互动 | 主观指标：劳动合同履行；雇主文化；雇员与雇主间的信任度；工作情境；雇员保护；管理层关心<br>客观指标：劳动合同签订率；劳动争议率；合同变更率；集体合同覆盖率；劳动合同期限 | |
| 雇员 | 主观指标：雇员对工作环境、收入水平、公平就业和晋升、劳动强度、劳动争议处理结果、安全卫生保护的满意度；雇员对自我的认同；雇员对企业管理及文化的认同；雇员忠诚度；工作责任；雇员间的团结行为；雇员工作自主性；雇员参与企业治理；雇员信心<br>客观指标：雇员缺勤率 | |

资料来源：本书作者整理。

总体而言，国外研究多在工会化程度较高的传统产业，以劳资问题协调员、企业管理者或工会领导为调研对象，在劳动关系与企业绩效的关系研究中，将劳动关系量化为易于获取的客观性指标。而国内研究多以企业内部劳动关系作为评价对象，通过层次分析、模糊综合评价、德尔菲等研究方法，凭借研究者的主观经验，采用主、客观指标相结合的方式构建企业和谐劳动关系指标评价体系。然而，孙瑜、渠邕却指出，现有国内外研究对客观指标重视有余，对雇员态度、认知等主观指标重视不足，因而他们界定了劳动关系满意度这一概念，认为劳动关系满意度是雇员在劳动关系运作中对其利益诉求的满足程度，并基于奥尔德弗（Alderfer）的 ERG 理论，系统构建了包含工作稳定性与保障、劳动报酬、劳动负荷、组织关系、人际关系、企业成长与个人发展 7 项一级指标的劳动关系满意度评价指标体系。[①] 他们的研究在劳动关系质量评估上提供了全新的视角，也是本书重要的理论来源。然而可惜的是，这项研究对概念的界定过于宽泛，在内容结构上也未能与工作满意度进行有效的区分，初设指标的形成略带主观经验，指标体系的构建在管理学范式下仍然不够全面。总之，劳动关系满意度理论正处于初期的探索阶段，未来研究对这一概念的界定和测量需要进一步深化。

## 三、劳动关系满意度的影响因素与效用

在国外的劳动关系评价研究中，大量研究表明，组织战略、组织结构、人力资源管理、雇员代表、可变工资、员工参与对企业内部的劳动关系产生了显著影响，而劳动关系将有助于雇员工作生活质量的提升和组织绩效的改善。[②]

在国内的和谐劳动关系评价研究中，学者对其影响因素与效用也进行了初步探讨。如姚先国、郭东杰在改制企业劳动关系的实证研究中发现，对改制方案的态度、组织协会的信任度、企业长远发展的信心等因素是劳动关系的重要影响来源，而工资奖金、员工对工会与管理层的评价、工龄

---

　　① 孙瑜、渠邕:《员工视角的劳动关系满意度评价指标体系构建》,《社会科学战线》2014 年第 9 期。

　　② Harry C. Katz, Thomas A. Kochan and Kenneth R. Gobeille, "Industrial Relations Performance, Economic Performance, and QWL Programs: An Interplant Analysis", Industrial and Labor Relations Review, No. 1, 1983. Christiansen E. Tatum, "Strategy, Structure, and Labor Relations Performance", *Human Resource Management*, No. 1–2, 1983. Joel Cutcher-Gershenfeld, "The Impact on Economic Performance of a Transformation in Workplace Relations", *Industrial and Labor Relations Review*, No. 2, 1991.

与职位、所持股份均与劳动关系呈显著正相关。[①] 卿涛、杨丽君在明确了企业劳动关系的操作定义与内容结构后，通过实证研究发现，组织通过人力资源管理实现对员工的投入，而投入水平便是决定劳动关系质量的重要因素，因而人力资源管理实践将直接、正向地影响企业内部的劳动关系状态。[②] 谢玉华、张群艳等认为，组织绩效的影响因素是极为复杂的，而企业劳动关系和谐度对员工工作绩效的影响应该更为直接，他们通过实证检验发现，员工信心与满意度、工会与员工参与、劳动合同对任务绩效和情境绩效均存在显著的正向影响，而劳动权益仅作用于任务绩效，管理层关心仅作用于情境绩效。[③]

## 四、研究评述

国内学者基于和谐劳动关系思想，提出了"劳动关系满意度"这一概念，并对其开展了一些尝试性研究，但也正由于这方面的研究处于初期探索阶段，因而尚有一定的不足与缺陷。

### （一）劳动关系满意度的界定与测量

劳动关系满意度这一概念来源于和谐劳动关系理念，可用于表示企业内部的整体劳动关系运行状态，但学术界对此概念的内涵没有清晰的界定。劳动关系满意度的测量可参考国外劳动关系评价指标以及国内和谐劳动关系评价指标研究，但这些研究对客观指标重视有余，对员工态度、认知等主观指标重视不足。因此，孙瑜、渠邕在员工单方视角下，首次界定了劳动关系满意度这一概念，并构建了包含工作稳定性与保障、劳动负荷、劳动报酬、人际关系、组织关系、个人发展、企业成长在内的劳动关系满意度评价指标体系。他们的研究在劳动关系质量评估上提供了全新的

---

① 姚先国、郭东杰：《改制企业劳动关系的实证分析》，《管理世界》2004 年第 5 期。

② 卿涛、杨丽君：《战略人力资源管理与组织绩效关系的新框架》，《经济社会体制比较》2009 年第 4 期。

③ 谢玉华、张群艳、王瑞：《企业劳动关系和谐度与员工工作绩效的实证研究》，《湖南大学学报（社会科学版）》2012 年第 1 期。

视角，也是本书重要的理论来源。① 然而可惜的是，这项研究对概念的界定过于宽泛，在内容结构上也未能与工作满意度进行有效的区分，初设指标的形成略带主观经验，指标体系的构建在管理学范式下仍然不够全面。总之，劳动关系满意度理论正处于初期的探索阶段，未来研究对这一概念的界定和测量需要进一步深化。

（二）劳动关系满意度的影响因素与效用

劳动关系满意度的界定与测量均不成熟，鲜有研究进一步探讨其影响因素与效用。但由于劳动关系满意度这一概念来源于和谐劳动关系理念，是个体层面劳动关系质量的重要衡量指标，因而国内外研究中对企业微观层面劳动关系的前因与结果变量的探讨，将有助于推断劳动关系满意度的可能影响因素与效用。一些研究已初步验证了人力资源管理对劳动关系的重要影响，以及劳动关系对员工工作绩效的显著作用。② 因此，战略人力资源管理可能对劳动关系满意度具有一定的预测效用，而劳动关系满意度对工作绩效的影响，也有可能得到一定程度上的理论支持。但由于该领域的研究处于初期探索阶段，这两个关系链条有待未来研究进行探索。

（三）劳动关系满意度的中介作用

劳动关系的一元主义视角为人力资源管理、劳动关系质量、工作绩效三者间的关系提供了宏观的理论背景，而劳动关系满意度作为雇员个体层面劳动关系质量的重要衡量指标，理应在战略人力资源管理与工作绩效间发挥一定的中介作用。但现有研究对三者关系的探讨仍然处于起步阶段，尚需加强直接的实证证明。

针对以上不足，本书旨在使用扎根理论这一质性研究方法，明确劳动关系满意度的具体内涵，区分与工作满意度这一较为相似的概念，构建符

---

① 孙瑜、渠邑：《员工视角的劳动关系满意度评价指标体系构建》，《社会科学战线》2014 年第 9 期。

② 卿涛、杨丽君：《战略人力资源管理与组织绩效关系的新框架》，《经济社会体制比较》2009 年第 4 期。谢玉华、张群艳、王瑞：《企业劳动关系和谐度与员工工作绩效的实证研究》，《湖南大学学报（社会科学版）》2012 年第 1 期。

合中国情境的理论模型，并通过因子分析、信度分析等较为科学的管理学研究方法，开发、检验劳动关系满意度的测量工具。并在此基础上，进一步考察员工感知到的劳动关系满意度在战略人力资源管理与工作绩效的关系间所发挥的跨层次中介作用。

## 第二节　雇员劳动关系满意度概念模型构建

### 一、扎根理论方法概述

质性研究方法是研究者对某一现象或问题进行深入的探究，通过采集的资料与研究对象进行互动，经归纳分析以获得这一现象的合理解释，并进一步描述或构建相关理论的系统性活动。而扎根理论（Grounded Theory）作为比较科学的质性研究方法之一，由哥伦比亚大学的施特劳斯（Straus）和芝加哥大学的格拉泽（Glasser）于1967年首次提出，其目的是在理论研究与实证研究之间架起一座相互连接的方法桥梁，其主要宗旨是以自下而上的研究路线，通过系统化的归纳分析程序，在经验资料基础上寻找与研究问题相关的核心概念，从而构建严谨、科学理论的过程。[1]然而，扎根理论并不主张研究初始便提出既定的假设，强调应直接从原始资料入手，结构化概念或概念间的联系层次，然后再上升到理论，进而产生相应的结论与命题。[2]

随着扎根理论在近五十年间的发展，它俨然已成为最权威、规范的质性研究方法，并在管理学、组织行为学、社会学、心理学、教育学等众多学科领域得到了广泛的应用。[3]与其他质性研究不同，扎根理论注重对归纳比较、演绎推理的综合运用，同时也强调了理论的特殊性、情境性、非

---

①　Barney G. Glaser and Anselm L. Strauss, *The Discovery of Grounded Theory: Strategies for Qualitative Reasearch*, Aldine De Gruyter, 1967, pp. 1-19.

②　陈向明：《扎根理论的思路和方法》，《教育研究与实验》1999年第4期。

③　于建原、李清政：《应用"扎根理论"对营销假说的验证》，《财贸经济》2007年第11期。

精准性及验证核查性。[①] 施特劳斯和科宾于 1994 年提出了如图 3.1 所示的
扎根理论方法具体操作流程，其中数据编码为扎根理论方法中最重要的环
节，包括开放性编码（Open Coding）、关联性编码（Axial Coding）和选择
性编码（Selective Coding）等多个步骤。[②] 开放性编码是将所收集的文本资
料进行分解，将具体的现象或事件概念化后，再以某种适当的方式重新组
合的过程；关联性编码的主要任务是进一步分析、合并已形成的概念类
属，发展主范畴与副范畴，并深入考察各范畴间的相互关系；选择性编码
则是在关联性编码已有的范畴中选择核心范畴，且只将与核心范畴紧密相
关的其他范畴进行核心式编码，进而构建理论和命题的整合性过程。本书
将遵循以上的操作流程，基于扎根理论研究方法，系统探索员工视角下的
劳动关系满意度理论模型。

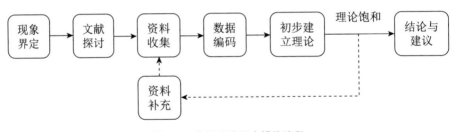

图 3.1　扎根理论研究操作流程

## 二、研究对象、资料收集与样本描述

相较于随机采样而言，扎根理论更倾向于理论性采样，即为了提出某
一概念或构建某一理论而进行的具有目的性的样本选择。扎根理论强调研
究者与被试者在自然情境下的互动，而为了保证双方就某一问题进行有效
的探讨，往往要求被试对象语言表达流畅，逻辑思维清晰且能提供大量的

---

① 费小冬：《扎根理论研究方法论：要素，研究程序和评判标准》，《公共行政评论》2008 年
第 3 期。陈江涛：《决策后悔的特征与形成机制研究》，浙江大学管理学院，博士论文，2008 年，
第 98 页。

② Anselm Strauss and Juliet M. Corbin, *Basics of Qualitative Research Second Edition：Techniques
and Procedures for Developing Grounded Theory*, Sage Publications, p. 75.

潜在信息。总之，被试对象应为能切实反映、描述或解释研究现象的，而非具有统计意义的代表性群体。[1]

"我国企业劳动关系和谐指数构建与应用研究"（12A JY001）课题组于2013年7月至2014年8月，通过中国民主促进会长春政协委员会、长春市人力资源与社会保障局劳动关系处、项目负责人的同行、亲属、同学、朋友和已经毕业的学生等，先后联系了长春、北京、武汉、南京、广州、珠海、青岛、昆明等地区的29家企业进行了访谈，其中15家企业采取深度访谈形式，14家企业采取焦点小组访谈形式。依据上述原则、研究需要以及访谈资料的有效性，本书在其中选择了12家企业的29份雇员样本资料进行扎根理论分析，访谈样本描述如表3.3所示。

表3.3　访谈样本描述性统计

| 变量特征 | 频数 | 百分比（%） | 变量特征 | 频数 | 百分比（%） |
|---|---|---|---|---|---|
| 性别 | | | 现单位工作年限 | | |
| 男 | 17 | 0.586 | 1年及以下 | 2 | 0.069 |
| 女 | 12 | 0.413 | 1—5年（含5年） | 10 | 0.345 |
| 年龄段 | | | 5—10年（含10年） | 11 | 0.379 |
| 25岁及以下 | 7 | 0.241 | 10年以上 | 6 | 0.207 |
| 25—35岁（含35岁） | 15 | 0.517 | 职业类型 | | |
| 35—45岁（含45岁） | 5 | 0.173 | 人力资源管理人员 | 6 | 0.207 |
| 45岁以上 | 2 | 0.079 | 工会工作人员 | 5 | 0.172 |
| 所属行业 | | | 财务与会计人员 | 3 | 0.104 |
| 制造业 | 14 | 0.483 | 销售人员 | 2 | 0.069 |
| 金融业 | 2 | 0.069 | 采购人员 | 1 | 0.034 |
| 建筑业 | 3 | 0.103 | 技术人员 | 2 | 0.069 |
| 零售业 | 6 | 0.207 | 一线生产人员 | 3 | 0.104 |
| 交通运输业务 | 3 | 0.104 | 质检员 | 1 | 0.034 |
| 技术服务业 | 1 | 0.034 | 行政部工作人员 | 4 | 0.138 |
| | | | 医生 | 2 | 0.069 |

[1]　王宁：《代表性还是典型性？——个案的属性与个案研究方法的逻辑基础》，《社会学研究》2002年第5期。

## 三、三级编码过程

### (一) 开放性编码

根据扎根理论的分析方法，本书围绕着"雇员与雇主间的劳动关系"这一核心主题，反复阅读所收集到的 29 份访谈文本资料，尽量摒弃研究界的"定见"与个人的"偏见"，对原始资料进行开放性编码。在此过程中，需要研究者对文本资料中有意义的语句进行分解和编码，抑或称为概念化过程，随后再通过反复的分析与比较，将若干概念提炼与抽象化为范畴，如果研究需要，还可进一步确定范畴的属性与维度。总而言之，开放性编码的主要任务便是指认现象、界定概念、发现范畴、聚敛问题。①

表 3.4　开放性编码所形成的概念与范畴

| A 范畴/a 概念 | 原始记录事例（样本码） |
|---|---|
| **A1 工资** | |
| a1 总体工资水平 | 就个人来讲，我对总体的工资水平非常看重，男人毕竟是要养家糊口的，现在同学聚会，一见面首先就问你：你一个月工资是多少啊？其次才会问：你现在是干啥工作呢？(2) |
| a2 工资按时发放 | 但我们公司每个月都会按时发放工资，比如说合同里面有约定每月 10 号发工资，一般在 9 号当天就能收到，如果 10 号正好遇到周末，刚好不能转账，都是提前。(7) |
| a3 工龄工资 | 我也算是个老员工了，如果考虑我们对企业的贡献，就应该考虑工龄工资，留住老人儿，但现在企业改革后，工龄工资就都取消了，总觉得心里不是很舒服。(11) |
| a4 集体工资协商 | 我们每年都有集体工资协商，我们公司把工资上升到体制，所以在程序化、制度化方面，公司做得比较扎实。当然，我们和企业间的协商，不一定是加多少工资，也可以建立好协商机制，比如公司利润增长多少时，会拿出多少的份额给员工。(3) |
| a5 缩小工资差距 | 作为公司的普通员工，感觉与管理层级的领导比，工资差距太大，普通员工工资最低的也就 5 万元，而中层管理有的能拿到 30 多万元，心理就不是很平衡了，我建议企业应该"限高、稳中、提低"，缩小员工的工资差距。(5) |

---

① 米高·奎因·巴顿（Michael Quinn Patton）：《质的评鉴与研究》，吴芝仪、李奉儒译，台北桂冠图书公司 1990 年版，第 38 页。

| A 范畴/a 概念 | 原始记录事例（样本码） |
|---|---|
| a6 主动涨工资 | 我觉得老板的分享意识非常重要，现在这个公司虽然是民营企业，但员工的工资几乎每年都在涨，近三年的平均增幅达到了 8%左右，涨工资这事儿，老板会主动地来做。(13) |
| A2 奖金<br>a7 总体奖金水平 | 还有就是奖金获得的总体水平，我们部门的普通员工，每年都能拿 5 万元到 8 万元的奖金。(4) |
| a8 关联性奖金 | 给员工发放的奖金是不是和企业效益挂钩……(7) |
| a9 激励性奖金 | 所分配的奖金，应该体现出一定的激励性，员工绩效应给予量化考核，企业、老板或者部门主管需根据考核结果分配奖金，要不活干得多，奖金得的还少，那谁还愿意干活啊。(3) |
| A3 福利<br>a10 购物卡 | 公司每年都给员工发××商场的购物卡，员工想买啥就买啥。(22) |
| a11 实物发放 | 我们公司逢年过节就给发点东西，比如中秋节发些月饼，过年发些年货、海产品啥的，东西给的都很实在，有的时候不在于多少，而是在于一种心情和自豪感。(27) |
| a12 津贴和补贴 | 我们公司为员工提供了各种各样的津贴和补贴，如住房补贴、供暖补贴、话费补贴、旅游津贴，乍一看感觉都是小钱儿，但是一年算下来，企业也为员工平均每年承担了将近 2000 元的费用。(14) |
| A4 身体负荷<br>a13 工作量 | 我在上一家的时候，工作量让我不堪重负，每一天都有好多的事情要做。(24) |
| a14 工作节奏 | 这儿的每个一线缝纫师都一样，每天的工作都特别紧凑，闲不下来。(8) |
| a15 加班状况 | 现在这个公司的加班状况比较严重，能陪家人的时间越来越少了。(6) |
| a16 工作班次安排 | 急诊工作的医生和护士都需要三班倒，有时候白班，有时候夜班，倒一次夜班需要好多天才缓得过来。(1) |
| a17 任务分配 | 我来这个企业 3 年了，可能是国企普遍存在的现象吧，劳动分配在老人与新人之间体现的特别不公平，老人几乎没有太多的任务，而新人这边就会分配好多。(25) |
| A5 精神负荷<br>a18 竞争压力 | 我们这的保险代理竞争压力特别大，因为公司对这块有硬性指标，还实施末位淘汰制。(6) |
| a19 工作风险 | 像我们这种搞财务的，算得上是高风险的工作，不能出一点纰漏，否则你根本承担不起责任。(21) |

| A 范畴/a 概念 | 原始记录事例（样本码） |
|---|---|
| **A6 劳动保障** | |
| a20 劳动合同签订 | 我们原来的公司，说是试用期 3 个月，可我工作半年多了也不与我签劳动合同，只发实习工资，这让我心里很没底儿，他们承诺的事情却做不到，我当然要辞职了。(29) |
| a21 劳动合同期限 | 在国企工作感觉还是相对稳定的，就比如说我们签订的劳动合同，刚来的时候第一次签的是 5 年，第二次签的是 4 年，工作 9 年后第三次签的就是终身合同。(25) |
| a22 五险一金 | 同等条件下，员工都会选择有"五险一金"的企业，没有"五险一金"的企业，总觉得不正规。就我们企业而言，粗略地算，养老保险，企业与个人加一起承担 28%，其中企业承担 20%；医疗保险……每年年初，人力资源部到财务处办理支出，缴纳保险。(13) |
| a23 休息休假情况 | 我们有带薪年假。如果按国家规定，把以前的工龄累积计算，企业承受不了。只按进入公司的工龄计算，在职工代表的大会与员工沟通后，大家也觉得不错。(16) |
| **A7 劳动条件** | |
| a24 工作安全 | 我们公司前几个月搬迁，把我们这些汽电部安排到了总部机房的旁边，而且还没有安装防辐射的隔离板。(25) |
| a25 工作环境 | 工作环境是很重要的，我以前搞建筑，风吹日晒，还是现在这个公司比较好，室内工作，夏天有空调，冬天有暖气，地方也比较宽敞，偶尔出出差，不用风吹日晒的，挺好。(2) |
| a26 办公设备 | 我们科机器有点陈旧，听说××医院换了新的设备，不到半个小时就能出化验结果。(1) |
| a27 工作地点 | 我现在的单位马上要搬迁了，会离市中心很远，如果迁就孩子上学、放学，我只能住到市中心，但是这样一来我每天上下班就需要 2 个多小时的车程，真的很麻烦。(15) |
| **A8 工作价值** | |
| a28 工作意义 | 就我个人而言，工作意义对我来说特别重要。我的工资在上家企业每月 4000 多元，到这里 3000 多元，但现在这个岗位，我觉得我的劳动价值体现得出来。(23) |
| a29 工作匹配 | 你现在所处的职位，与你个人的兴趣与专业是否匹配，这个也非常关键，比如你大学学的是工业设计，毕业后又干的是销售，这个就很难发挥你的专业能力。(17) |
| a30 工作挑战性 | 虽然是设计，但都是低端的设计，重复劳动，没有什么创新和挑战性。(17) |
| a31 工作技能提高 | 我在上家企业的信息部工作，结果干得就是接电话的活，公司内部员工对系统操作不了解，或是误操作，就打电话咨询，我就得一一回答解决，工作技能没办法提升。(26) |

| A 范畴/a 概念 | 原始记录事例（样本码） |
| --- | --- |
| a32 工作自主性 | 科研工作灵活度还是大一些，在工作中也有很大的自主空间，比如承担某一项目，从项目启动到设计、试验再到写结项报告，都可以由自己安排。（28） |
| a33 工作反馈 | 我们每个月都会发放工资信封，信封中不仅有工资明细，还有企业对员工本月工作表现评价，这样我就能将我对企业的贡献度，以及企业对我的认可度有个充分的了解。（7） |
| A9 个人发展 | |
| a34 教育和培训 | 我们公司针对不同阶段的员工提供各种各样的培训，同时还执行"继续工程"这个项目，鼓励员工继续深造，公司还为专业人士提供研修，有员工专门送到日本定点学习。（18） |
| a35 职业阶梯 | 另外，我们公司有健全的组织机构PBC，各个季度都有具体的、常规化安排，对员工进行职业规划，管理层的职位发展可以从部门主管到总监，操作类工人就可以从一线员工到班组长，技术类员工可以从普通技工到一级技师。（18） |
| a36 晋升机会 | 我到一个企业，最在乎有没有发展空间，是不是有足够多的晋升机会。（9） |
| a37 地位获得 | 地位获得不仅体现在已经拥有的职务级别，还包括个人在企业中的影响力等方面，会让人有一种成就感。（19） |
| a38 奖励获得 | 公司的奖励是有体系的，比如工会这块有职工先锋表彰大会，去年我就得到了劳动模范奖，很有自豪感，公司奖励的方式也很多，奖励依据员工的表现，能体现出公平、公正、公开。（20） |
| A10 员工参与 | |
| a39 财务公开 | 老板财务状况不公开，这个工厂目前是什么状况，为什么亏损？员工不努力？成本上升？管理不善？投了多少？挣了多少？产生了多少经济效益？员工啥也不知道。老板年年都说亏，员工心理哇凉哇凉的，猴儿才相信呢！（10） |
| a40 制度透明 | 现有的制度不够透明，比如旷工一次扣多少钱不明确，新员工不知道什么时候涨工资。没有员工守则，只有一个规定的小本，执行福利、晋升的时候都不彻底。（2） |
| a41 战略沟通 | 企业战略和未来要经常与员工沟通。我们公司有"星火计划"，一级一级往下传。我在这个企业能干什么？企业的未来是什么样儿？我在企业中能得到什么？我们员工如何与企业共同成长？这些都是要与员工经常沟通的。（12） |
| a42 建议采纳 | 我们车间制定和修改考核办法会请工人代表参加讨论。2000年所有班组长都从档案工资转向绩效工资时，工人代表就参加了讨论，自那以后这种模式就一直延续下来。一旦制度有变化，先收集意见看看大家的想法，只要员工的建议合理，一般都予以采纳。（20） |

续表

| A 范畴/a 概念 | 原始记录事例（样本码） |
|---|---|
| a43 权利分享 | 各层级之间应该存在比较和谐的互动机制，这种机制不能是控制性的、强制性的，比如上级应该允许下级有调整工作流程的权利，有与顾客交易的权利等（销售人员）。(9) |
| A11 雇员关怀 | |
| a44 文体娱乐 | 我们公司去年建成的员工活动中心，有乒乓球场、太极室、瑜伽室，健身房也正在采购健身器材。企业每年都会开展员工的趣味运动会。(18) |
| a45 便利条件 | 我们今年刚搬迁到"金地"，比较偏僻，公司每天都提供班车接送员工到市区繁华的购物商场。员工宿舍有公共的厨房和卫生间，如果需要还可以到公司申请用餐。不仅如此，企业内部还设立了小型超市、银行提款机……(14) |
| a46 雇员帮助 | 我们企业有心理咨询医务室，公司去年还成立了爱心活动中心、法律援助站、困难政策咨询、跳蚤市场、母婴关爱、健康之友、医疗基金……(18) |
| a47 后勤保障 | 宿舍那边比如电灯坏了、水龙头坏了，通知管理员，管理员马上派人来维修。参与学习班的员工，每周都会收到有关详细时间、地点、主讲人、学习主题的通知邮件。(14) |
| a48 雇员慰问 | 员工生病住院，企业都会派人探访表示关心。我们企业有5800多名退休人员，上级主管局和当地政府都不要，企业只能自己担着。每年对他们的节日慰问就要花掉1000万元的费用。(12) |
| a49 雇员祝福 | 每个员工过生日，都会收到公司送的鲜花和蛋糕，而且每当有员工结婚、生孩子，公司都会给红包，对员工表示祝福，大家都感觉很温暖。(7) |
| a50 雇员健康 | 公司每年都为员工组织体检。(22) |
| A12 劳动争议防范 | |
| a51 职工代表大会 | 职工代表大会有职工接待日，可随时了解或收集员工的利益诉求。(23) |
| a52 雇员态度调查 | 公司从前年开始实施两级弹性制，要求各部门每个月或每个季度进行员工态度调查，这样部门主管就可以跟员工进行沟通和对话，也是了解员工想法、建议的渠道之一。(16) |
| a53 高层座谈会 | 我们每月都会搞一次高层座谈会，董事长和副总经理一起坐下来和员工代表商谈，员工代表的想法、意见甚至是投诉，都会当面给予回应。(23) |
| a54 信件与热线电话 | 我们设置了意见投递箱和网上邮箱，员工有什么不满意的地方都可以投诉，工会每周都会把这些信件进行分类处理，员工还可以随时拨打厂长办公室的热线电话。(14) |

| A 范畴/a 概念 | 原始记录事例（样本码） |
|---|---|
| A13 劳动争议处理<br>a55 处理时间 | 不满表达后，公司管理层是不是重视了？多长时间后会有回应？（10） |
| a56 解决程度 | 员工申诉解决程度如何？是部分解决了还是全部解决？还是压根就不去解决？如果部分解决或是压根没有解决，公司是否给出了合理解释？（10） |
| a57 劳动调解委员会 | 我们公司设立了劳动调解委员会，专门负责解决企业与员工间的劳动争议问题。（20） |
| A14 企业声誉<br>a58 知名度 | 我去哪个企业，不仅是我自己的事情，也是我父母的事情。去家好公司，知名度高的公司，父母跟外人提起的时候也有面子。（9） |
| a59 社会责任意识 | 老国企要解决就业问题，解决就业问题的话企业的机械化速度就要减缓，企业上一个生产线就要有四五十人下岗，这个问题怎么解决？这个社会责任企业要不要承担（20） |
| A15 企业能力<br>a60 企业适应力 | 企业是否能够适应外部环境变化……（24） |
| a61 企业凝聚力 | 我们公司员工的心很齐，大家都能拧成一股绳……（8） |
| a62 企业创新力 | 只有生产改进和产品革新到位，企业才发展得起来……（26） |
| A16 生产经营绩效<br>a63 劳动生产率 | 员工的劳动强度有限，生产率达不到指标，各个主管部门所提的要求又相互矛盾……（20） |
| a64 营业收入比较 | 与同行业比较，营业收入尚可，但与公司前些年比较，还是有很大的提高……（18） |
| a65 产品/服务质量 | 产品或服务的质量好了，才能作出品牌……（3） |
| a66 雇员流失率 | 行情不好，现在很难留住员工，员工流失太多……（20） |
| A17 市场绩效<br>a67 市场份额 | 竞争非常激烈，市场份额越来越低……（17） |
| a68 顾客满意度 | 顾客对你的产品、售后满不满意？顾客不买账，企业是发展不起来的……（12） |
| A18 合作行为<br>a69 为公司着想 | 无人时，把灯关掉，省电；把门关好，安全。替公司着想，不用领导说……（11） |
| a70 不计较 | 我会站在公司角度，加班就要钱，觉得很斤斤计较，不应该提。你多干了，时间长了，别人也会发现的，公司也会多给……（26） |

| A 范畴/a 概念 | 原始记录事例（样本码） |
|---|---|
| a71 以身作则 | 我最在乎有没有把这个工作做好，是否以身作则，老员工就应该给这些小年轻起到带头作用。(11) |
| a72 主动分担 | 无论是为了领导还是为了同事，都应该学会为主动分担，作为组织的一员，就应该有这种担当和意识。(19) |
| a73 建言 | 你有了好的想法和意见，就应该主动、大胆地提出来……(27) |
| A19 忽视行为<br>a74 漠不关心 | 公司的好坏都觉得与自己没有太大关系……(15) |
| a75 谨慎付出 | 我不愿意对公司付出太大，即使付出了，也得看对自己有没有切实的好处……(6) |
| a76 拒绝揭发 | 即使领导有什么严重失误，没被发现，存在隐藏的危险，我也不愿意说出事实。(29) |
| A20 对立行为<br>a77 中饱私囊 | 比如去给公司买零件儿，有的员工真正做到了把自己的心融入企业，会考虑这个零件性价比高不高；但是有的员工就会往公司报高价，实际买的却很便宜，然后赚取中间差价。(22) |
| a78 罢工 | 前一段时间听说他们那组织了集体罢工……(7) |
| a79 缺勤 | 公司总有几个员工愿意迟到早退，今天这个理由，明天那个理由的……(3) |
| a80 维权 | 现在的小年轻，维权意识特别强，动不动就告你……(11) |
| A21 退出行为<br>a81 当跳板 | 还有些员工，只拿公司当跳板，先留在我们这里，因为开始找不到好工作，先在这里落下脚，从一开始就没有想要好好干。(16) |
| a82 离职 | 就觉着在这个企业待着没啥意思了，就选择辞职了……(24) |

　　基于上述原则，本书对所有访谈资料的记录数据进行分解，初步提炼出 196 个原始事例及其相应的概念，考虑到各个概念的出现频次及概念间的交叉程度，并根据对文献的阅读及与相关领域专家的探讨，通过事例、概念和范畴间的不断提取、甄别和反复比较，最终形成涵盖于所有访谈文本的 82 个概念和 21 个范畴，如表 2.2 所示。

（二）关联性编码

关联性编码是根据个案访谈中所阐述的事件过程，以发现或建立各个范畴之间的某种关联，这种关联既可以是情境关联、类型关联、时间关联，也可以是结构关联、过程关联和因果关联，而根据事件发生的条件、所依赖的脉络、行动者的策略及最终产生的结果，可进一步挖掘主范畴和副范畴及其间可能存在的相互连接。[①]

本书将开放性编码产生的概念与范畴进行反复分析与比较，按上述操作流程，对文本数据进行关联性编码后，进一步形成了 3 个主范畴和 9 个副范畴，如表 3.5 所示。

表 3.5　关联性编码分析

| 开放性编码提取范畴 | 关联性编码提取范畴 | |
| --- | --- | --- |
| | 副范畴 | 主范畴 |
| A1 工资<br>A2 奖金<br>A3 福利 | B1 劳动报酬 | C1 劳动关系满意度 |
| A4 身体负荷<br>A5 精神负荷 | B2 劳动负荷 | |
| A6 劳动保障<br>A7 劳动条件 | B3 劳动条件与保障 | |
| A8 工作价值<br>A9 个人发展 | B4 雇员成长 | |
| A10 雇员参与<br>A11 雇员关怀 | B5 和谐文化建设 | |
| A12 劳动争议防范<br>A13 劳动争议处理 | B6 劳动争议管理 | |

---

[①]　于建原、李清政：《应用"扎根理论"对营销假说的验证》，《财贸经济》2007 年第 11 期。Juliet M. Corbin and Anselm Strauss, "Grounded Theory Research: Procedures, Canons, and Evaluative Criteria", *Qualitative Sociology*, No. 1, 1990.

| 开放性编码提取范畴 | 关联性编码提取范畴 | |
|---|---|---|
| | 副范畴 | 主范畴 |
| A14 企业声誉<br>A15 企业能力 | B7 企业前景 | C2 企业发展 |
| A16 生产经营绩效<br>A17 市场绩效 | B8 企业绩效 | |
| A18 合作行为<br>A19 忽视行为<br>A20 对立行为<br>A21 退出行为 | B9 雇员行为表现 | C3 雇员应对行为 |

基于表 3.5 所示的关联性编码分析结果，虽然不能得出一个完整的劳动关系满意度理论，但仍然可以作出某些尝试性的推断或假设：其一，在不同的劳动关系运作状态下，雇员对劳动关系满意度的感知存在多重来源，可能是雇员个体层面的实际利益的获得，也可能是利益诉求的表达渠道与处理结果，还有可能是促进雇主与雇员间和谐关系的企业管理文化。其二，通过"劳动报酬""劳动负荷""雇员成长""劳动条件与保障""和谐文化建设"与"劳动争议管理"6 个副范畴，综合性地反映"劳动关系满意度"这一主范畴，基本符合现有学者对"满意度（Satisfaction）"的过程性评价。其三，企业发展现状与发展前景也是劳动关系运行状态的关键影响要素，发展现状体现于企业的生产经营绩效和市场绩效，发展前景体现于企业声誉和企业能力获得。其四，不同的劳动关系运行模式下，存在雇员应对策略的差异化行为选择，依据雇员应对行为的积极—消极程度，可以区分为四种类型的工作行为，分别为"合作行为""忽视行为""对立行为"与"退出行为"。

（三）选择性编码

选择性编码是在已有的范畴中，选择或聚合出一个具有中心地位的"核心范畴（Core Category）"，并通过对文本资料中核心范畴与其他范畴的关系验证，以及不完全范畴的进一步补充，进而构建新理论命题的系统性探索过程。值得强调的是，核心范畴作为对研究现象的全面、重要的解释，它既可以存在于已有的范畴之中，也可以根据研究需要，提炼或概括出一个更大的社会分析范畴。① 不仅如此，核心范畴也必须要频繁地出现于文本资料之中，并具有"提纲挈领"的作用，可将大量的研究结果囊括在比较宽泛的理论之内，且易于与其他范畴存在某种意义上的关联。② 然而迄今为止，扎根理论的应用学者仍然未能统一选择性编码的最终成果，但都基本认为可通过以核心范畴为中心的图示性理论框架，来表征选择性编码的研究过程和基本结果。③

选择性编码的具体步骤是：（1）明确资料的故事线；（2）对主范畴、副范畴和概念进行描述；（3）检验已经建立的初步假设，填充需要补充或发展的概念类属；（4）挑选出核心范畴；（5）在核心范畴和其他范畴之间建立起系统的联系。④

基于以上分析流程，本书初步得出了如图 3.2 所示的劳动关系满意度理论模型，进而总结出以下几个研究结论：（1）基于雇员视角的劳动关系满意度是劳动关系运行过程中的核心范畴，围绕着雇员对劳动关系满意度的主观感受，各个主范畴与副范畴有机地关联在一起，形成了一个整合性较强且内容较为丰富的理论框架体系；（2）围绕着雇员对劳动关系的满意度感知，展示出了明确的有关劳动关系运行过程的故事主线：即雇员在与雇主的劳动关系运作过程中，对劳动报酬、劳动负荷、雇员成长、劳动条件与保障、劳动争议管理与和谐文化建设的综合性感受，构成了雇员对劳动关系满意程度的评价依据，进而导致了雇员的不同行为选择，并可能进一步影响到企业的发展现状与发展前景。而在此过程中，企业发展不仅决定了雇主对雇员实际利益需求的满足，如对劳动报酬、雇员成长及劳动条

---

① Juliet M. Corbin and Anselm Strauss, "Grounded Theory Research: Procedures, Canons, and Evaluative Criteria", *Qualitative Sociology*, No. 1, 1990.

② 陈向明：《扎根理论的思路和方法》，《教育研究与实验》1999 年第 4 期。

③ 何琼峰：《基于扎根理论的文化遗产景区游客满意度影响因素研究——以大众点评网北京5A 景区的游客评论为例》，《经济地理》2014 年第 1 期。

④ 陈向明：《扎根理论的思路和方法》，《教育研究与实验》1999 年第 4 期。

件与保障的满足，而且在劳动争议管理向雇员利益需求的满足程度转化过程中，也起到了一定的调节作用。当劳动报酬、雇员成长、劳动条件与保障未能达到雇员预期或劳动负荷超过雇员预期时，雇主可通过劳动争议管理进一步实现雇员的权益诉求，从而促进雇员对劳动关系的积极感受，而和谐文化建设在整个劳动关系运作中，起到了"润滑剂"的作用，有益于强化雇员与组织的积极互动。

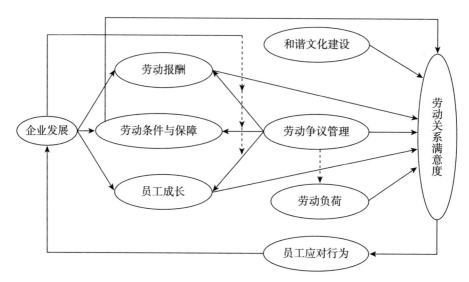

**图 3.2 劳动关系满意度理论模型**

## 四、雇员劳动关系满意度的概念界定及与工作满意度的比较

孙瑜、渠邑认为，雇员在劳动关系运作中，始终处于被支配的从属地位，而劳动关系的演变过程，亦可视为雇员单方面的利益诉求满足过程。他们首次界定了劳动关系满意度这一个概念，将其释义为雇员在劳动关系运作中对利益诉求的满足程度，而雇员的主观感受，应是多层次多因素的影响结果。由此，基于奥尔德弗的 ERG 理论，他们在生存（Existence）需求、关系（Reletedness）需求和成长（Growth）需求三个层面上，构建了包含工作稳定性与保障、劳动负荷、劳动报酬、人际关系、组织关系、个

人发展和企业成长 7 项一级指标的劳动关系满意度评价体系。[①]

　　然而，在该项研究中，无论是对劳动关系满意度的内涵界定还是指标测量，均未能体现出与工作满意度的明显区分。工作满意度是雇员对工作情境的主观感受，其概念来源于霍桑试验的启示。由于不同研究的理论架构及研究对象存在差异，因而在工作满意度的概念界定上形成了过程与内容两种不同的理论学派。过程理论学派认为工作满意度是一个心理评价过程，而内容理论学派更倾向于将工作满意度视为一种结果，是雇员对心理与生理需求满足状态的综合感受。[②] 由此，在不同研究视角的争议下，也注定了工作满意度是个极为丰富的概念，并具有内容交织的复杂结构。工作满意度的构成要素不仅包含了工作本身的相关因素，如工作的复杂性、整合性、工作意义、工作量等；[③] 也包含了制度性因素与结果性因素，如企业规章制度的合理性、薪酬待遇水平及发展机会等，[④] 同时还包含了一些环境性因素，如照明度、安全性、噪音、温度与湿度等物理环境因素与组织文化、同事及领导素质等人文环境因素。[⑤] 而在工作满意度的理论中，尤为关注了人文环境中的关系性因素，如上下级关系、同事关系与客户关系。

　　基于上述认识，并结合已有的相关文献及扎根理论的研究结果，本书

---

　　① 孙瑜、渠邕：《员工视角的劳动关系满意度评价指标体系构建》，《社会科学战线》2014 年第 9 期。

　　② H. Keith Hunt, *Conceptualization and Measurement of Consumer Satisfaction and Dissatisfaction*, Marketing Science Institute, 1977, p. 112. Claes Fornell, "A National Customer Satisfaction Barometer: The Swedish Experience", *The Journal of Marketing*, No. 1, 1992. Robert A. Westbrook, "Product/Consumption-Based Affective Responses and Postpurchase Processes", *Journal of Marketing Research*, No. 3, 1987. Angel Millan and Agueda Esteban, "Development of a Multiple-Item Scale for Measuring Customer Satisfaction in Travel Agencies Services", *Tourism Management*, No. 5, 2004.

　　③ Karlene H. Roberts, Gordon A. Walter and Raymond E. Miles, "A Factor Analytic Study of Job Satisfaction Items Designed to Measure Maslow Need Categories", *Personnel Psychology*, No. 2, 1971. Mineko Yamashita, "Job Satisfaction in Japanese Nurses", *Journal of Advanced Nursing*, No. 1, 1995.

　　④ 李成文：《企业员工满意度测评方法及实证研究》，《四川大学学报（哲学社会科学版）》2005 年第 5 期。

　　⑤ 谢永珍、赵京玲：《企业员工满意度指标体系的建立与评价模型》，《技术经济与管理研究》2001 年第 5 期。

欲将补充劳动关系满意度的内涵，同时对其与工作满意度这一西方发展而起的成熟概念，进行明晰而有效的区辨。本书认为劳动关系满意度是雇员基于自身利益获得、劳动争议管理与和谐文化建设的综合性评价，并受到个体差异、组织内外部环境等多方面因素的影响，是关于整个劳动关系运作过程的、企业管理制度可加以协调的雇员对企业的情绪认知评价，而评价水平的高低将直接诱导助益或有损于组织的雇员应对行为。

本书根据扎根理论所提出的劳动关系满意度，其形成有赖于组织与雇员间的相互作用，因而从某种程度来说，在其内容结构上必然与工作满意度有所重叠，如工作中所获得的物质、精神回报，与工作场所布置、设备、环境质量相关的工作条件，工作时间长短，企业文化与相关规章制度等。然而值得强调的是，劳动关系是劳动者与用人单位在实现劳动过程中所形成的社会经济关系。[①] 在双方关系的延续过程中，企业往往作为雇员的感知对象，而并非宏观意义上的认知背景。本书也正是基于这种逻辑，将劳动关系满意度释义为雇员对企业的情绪认知评价，而这种评价是可以通过企业的管理措施加以调整和改善的。然而上级关系、同事关系、顾客关系等错综复杂的关系性要素，企业虽然可以对其进行适度的调控，但终将无法起到决定性作用，因而，本书所构建的劳动关系满意度内涵并未涉及人际关系要素。不仅如此，诸多学者将企业发展也视为工作满意度的重要评价内容。[②] 然而本书认为，企业发展决定了雇主对雇员的利益诉求投入，应是劳动关系满意度的影响因素而非内容要素。此外，相较于工作满意度而言，本书所构建的劳动关系满意度尤为关注了劳动合同、社会保险、劳动争议、雇员参与、雇员安全与健康等劳动关系议题下的雇员权益问题。

综上所述，本书使用扎根理论这一质性的研究方法，构建了符合中国组织情境的劳动关系满意度理论模型，不仅明确了劳动关系满意度的内涵，同时也区分了与工作满意度这一与其较为相似的概念。具体而言，本

---

[①] 常凯：《劳动关系学》，中国劳动社会出版社 2005 年版，第 9 页。

[②] Gilbert A. Churchill, Neil M. Ford and Orville C. Walker, "Measuring the Job Satisfaction of Industrial Salesmen", *Journal of Marketing Research*, No. 3, 1974.

书得出了以下结论：

（一）劳动关系满意度的理论框架体系

基于雇员视角的劳动关系满意度是劳动关系运行过程中的核心范畴，并可通过"劳动报酬""劳动负荷""雇员成长""劳动条件与保障""和谐文化建设"及"劳动争议管理"6个副范畴加以表征，且围绕着雇员对劳动关系满意度的主观感受，各个主范畴与副范畴有机地关联在一起，形成了一个整合性较强且内容较为丰富的劳动关系满意度理论框架体系。

（二）劳动关系满意度的概念内涵

本书界定了劳动关系满意度的内涵，认为劳动关系满意度是雇员基于自身利益获得、劳动争议管理与和谐文化建设的综合性评价，并受到个体差异、组织内外部环境等多方面因素的影响，是关于整个劳动关系运作过程的、企业管理制度可加以协调的雇员对企业的情绪认知评价，而评价水平的高低将直接诱导助益或有损于组织的雇员应对行为。

（三）劳动关系满意度与工作满意度的概念区分

本书将劳动关系满意度与工作满意度进行了概念区分，认为由于劳动关系满意度的形成有赖于雇主与雇员间的相互作用，其与工作满意度在内容结构上必然有所重叠。但如若将企业作为雇员的劳动关系感知对象，而非宏观意义上的认知背景，那么企业管理制度难以协调的关系性要素，将不在劳动关系满意度的涉及范围之内。不仅如此，与工作满意度相比，劳动关系满意度尤为强调了劳动合同、社会保险、劳动争议、雇员参与、雇员安全与健康等劳动关系领域下的雇员权益问题。此外，企业发展作为工作满意度的重要评价内容，本书将其界定为劳动关系满意度的影响因素而非内容要素。

## 第三节　雇员劳动关系满意度测量模型的构建

### 一、初始量表的形成

本书经扎根理论的三级编码过程，围绕着主范畴、副范畴和概念间的立体关系网络，得出劳动关系满意度包含了劳动报酬、劳动负荷、雇员成长、劳动条件与保障、劳动争议管理与和谐文化建设 6 个方面的评价内容。而这一理论构架与维度划分是否可被接受，需要对此模型进行严谨而规范的量表开发。随后，需将开发的量表编制成问卷，通过大规模的调查以获得充分的样本数据，并对其进行系统的分析和检验，用以证实或调整研究初期的理论模型，以在此基础上进一步形成劳动关系满意度的测量工具。

关于量表的开发，大致可分为以下两个途径：一是在文献阅读和访谈的基础上，根据研究需要，对国内外已有成熟量表进行局部修正，以形成待检验量表，经数据收集后通过相关技术方法进一步验证量表的有效性。[①]二是通过相关文献、访谈、专题座谈、开放性问卷等方式提出拟开发量表的初始维度和条目，对收集的数据进行探索性因子分析后形成待检验量表，最后运用同样的技术方法考察量表的结构及其有效性。[②] 而关于雇员视角下的劳动关系满意度，国内外均没有成熟的量表，因此，本书将采用第二种途径对其进行量表开发。

本书的量表编制是在扎根理论编码分析基础上进行的，在劳动关系满意度概念模型的确立过程中，尽量将雇员对其与企业间关系状态感知的抽象描述，转换为贴切、具体的测量题目。随后，邀请两位人力资源管理和劳动关系领域的专家、教授及 3 位企业管理专业的博士研究生，经过反复的比较与斟酌，在确保内容效度的基础上，根据与雇员权益的相关程度，在 47 个题目中最终保留了较为重要的 32 个条目，并尽量保证各项条目语义清晰、用词准确。初始量表的具体情况如表 3.6 所示。

---

① 刘云、石金涛、张文勤：《创新气氛的概念界定与量表验证》，《科学学研究》2009 年第 2 期。Darren C. Treadway, Jacob W. Breland, Garry L. Adams, Allison B. Duke and Laura A. Williams, "The Interactive Effects of Political Skill and Future Time Perspective on Career and Community Networking Behavior", *Social Networks*, No. 2, 2010.

② Jiing-Lih Farh, Chen-Bo Zhong and Dennis W. Organ, "Organizational Citizenship Behavior in the People's Republic of China", *Organization Science*, No. 2, 2004. 于桂兰、孙瑜：《中国情境下企业员工网络建构行为量表开发》，《吉林大学社会科学学报》2015 年第 2 期。

表 3.6　初始量表的维度与测量条目

| 维度 | 测量条目 |
|---|---|
| 劳动报酬 | N1 总体工资水平<br>N2 工资的即时发放<br>N3 工资的涨幅情况<br>N4 总体奖金水平<br>N5 奖金分配的激励性<br>N6 各项福利的获得情况 |
| 劳动负荷 | N7 工作节奏和速度<br>N8 加班状况<br>N9 工作班次安排<br>N10 公平的任务分配<br>N11 工作中感知到的竞争压力<br>N12 工作中感知到的潜在风险 |
| 劳动条件与保障 | N13 劳动合同的签订情况<br>N14 "五险一金"的获得情况<br>N15 休息休假情况<br>N16 工作场所的安全保障措施<br>N17 工作场所的环境舒适度（温度、通风、空间大小等） |
| 雇员成长 | N18 职务的发展前景<br>N19 工作意义<br>N20 晋升机会<br>N21 公司提供的教育和培训<br>N22 工作中能力和素质的提升<br>N23 工作自主性 |
| 劳动争议管理 | N24 公司内部的劳动争议防范与处理渠道<br>N25 劳动争议的处理时间<br>N26 劳动争议的处理结果 |
| 和谐文化建设 | N27 公司对战略、制度、财务等信息的公开程度<br>N28 公司对雇员建议的采纳程度<br>N29 公司为雇员提供的文化娱乐设施<br>N30 公司为雇员在日常生活中提供的便利条件<br>N31 公司为雇员提供的后勤服务<br>N32 公司对雇员表示的慰问与祝福 |

## 二、数据收集与样本描述

本书以上述初始维度作为劳动关系满意度的构成要素，采用 5 点 Likert 量表形式对各项条目加以测量。问卷设计中不仅要求被试者回答年龄、性别、文化程度、岗位类别与职务级别等个人相关信息，还要求其根据实际情况与问项的符合程度，对各项条目从"1"到"5"进行评分。"我国企业劳动关系和谐指数构建与应用研究"（12A JY001）课题组于2014年1月至4月，通过吉林大学文学院、外语学院、马克思主义学院、行政学院、经济学院、生命科学院、化学学院、商学院的8位主管学生工作的领导或辅导员，以及管理学院、应用技术学院、电子学院的3位教授，成功联系了41名亲属是企业雇主或高管的学生，委托其代表课题组联系企业并负责问卷的发放与回收。此次调研共获41家企业数据，本书随机抽取了23家企业进行测试，使用其中11家企业的184份有效雇员问卷进行第一次测试，使用另外12家企业的202份有效雇员问卷进行第二次测试。两次测试共使用问卷386份。测试的样本特征如表3.7所示。

表3.7　样本基本特征

| 变量 | 变量取值 | 第一次测试（样本1） | | 第二次测试（样本2） | |
|---|---|---|---|---|---|
| | | 人数 | 比例 | 人数 | 比例 |
| 性别 | 男 | 101 | 0.549 | 115 | 0.569 |
| | 女 | 83 | 0.451 | 87 | 0.431 |
| 年龄 | 25岁及以下 | 32 | 0.174 | 37 | 0.183 |
| | 25—35岁（含35岁） | 67 | 0.364 | 75 | 0.371 |
| | 35—45岁（含45岁） | 54 | 0.294 | 46 | 0.228 |
| | 45—55岁（含55岁） | 19 | 0.103 | 21 | 0.104 |
| | 55岁及以上 | 12 | 0.065 | 23 | 0.114 |
| 文化程度 | 高中毕业及以下 | 35 | 0.173 | 29 | 0.144 |
| | 专科毕业 | 52 | 0.257 | 65 | 0.322 |
| | 本科毕业 | 77 | 0.381 | 73 | 0.361 |
| | 研究生毕业 | 20 | 0.099 | 35 | 0.173 |
| 职务级别 | 初级 | 93 | 0.505 | 112 | 0.554 |
| | 中级 | 64 | 0.348 | 69 | 0.342 |
| | 高级 | 27 | 0.147 | 21 | 0.104 |
| 岗位类别 | 操作人员 | 7 | 0.038 | 89 | 0.441 |
| | 专业技术人员 | 59 | 0.321 | 35 | 0.173 |
| | 管理人员 | 31 | 0.168 | 24 | 0.119 |
| | 营销人员 | 87 | 0.473 | 54 | 0.267 |

## 三、实证检验

### (一) 探索性因子分析

本书使用 SPSS 19.0 数据分析软件,对样本 1 进行探索性因子分析 (Exploratory Factor Analysis, EFA),以保证测量条目的代表性及劳动关系满意度因子结构的有效性。但在分析前,需要对数据进行 KMO 值判定和巴特利特 (Bartlett's) 球形检验,以确定此组数据能否进行因子分析。经检验后,数据的 KMO 值为 0.832,巴特利特值通过了球形检验 (p<0.001),数据结果符合因子分析的基本条件。然后,本书运用主成分分析和正交旋转的因子提取法,根据特征值大于 1,因子载荷不低于 0.50 且不能同时落在两个维度上为标准,得到了一个具有 6 个维度 21 个题项的因素结构。累计解释了 62.896% 的方差变异。具体分析结果如表 3.8 所示。

表 3.8　劳动关系满意度的探索性因子分析

| 因子名称 | 题项 | 因子载荷 | 方差解释 (%) |
|---|---|---|---|
| 劳动报酬 | N1 总体工资水平<br>N4 总体奖金水平<br>N6 各项福利的获得情况 | 0.660<br>0.809<br>0.752 | 9.426 |
| 劳动负荷 | N7 工作节奏和速度<br>N8 加班状况<br>N10 公平的任务分配<br>N11 工作中感知到的竞争压力 | 0.773<br>0.567<br>0.811<br>0.589 | 11.570 |
| 劳动条件与保障 | N13 劳动合同的签订情况<br>N14 "五险一金" 的获得情况<br>N16 工作场所的安全保障措施<br>N17 工作场所的环境舒适度 | 0.595<br>0.740<br>0.709<br>0.592 | 9.739 |
| 雇员成长 | N19 工作意义<br>N20 晋升机会<br>N21 公司提供的教育和培训<br>N22 工作中能力和素质的提升 | 0.783<br>0.720<br>0.725<br>0.629 | 12.927 |
| 劳动争议管理 | N24 公司内部的劳动争议防范与处理渠道<br>N26 劳动争议的处理结果 | 0.849<br>0.772 | 7.808 |

续表

| 因子名称 | 题项 | 因子载荷 | 方差解释（%） |
|---|---|---|---|
| 和谐文化建设 | N27 公司对战略、制度、财务等信息的公开程度<br>N28 公司对雇员建议的采纳程度<br>N29 公司为雇员提供的文化娱乐设施<br>N30 公司为雇员在日常生活中提供的便利条件 | 0.729<br>0.802<br>0.678<br>0.720 | 11.425 |

（二）验证性因子分析

本书使用 LISREL 8.80 数据分析软件，对样本 2 进行验证性因子分析（Confirmatory Factor Analysis，CFA），以检测新量表的结构效度。6 个潜变量及 21 个观测变量的一阶、二阶因子载荷分别如表 2.7 所示。本书选择卡方（Chi-Square）/自由度（df）、NFI、IFI、GFI、CFI 与 RMSER 这 6 项指标来判断模型的拟合程度。一般认为，若同时满足卡方/自由度的值小于 3，NFI、IFI、GFI、CFI 值均大于 0.9，且 RMSER 值小于 0.08，方可说明测量模型拟合良好。当然，也有学者放宽了判别条件，将卡方/自由度的临界标准定为 4，将 RMSER 的临界标准定为 0.1。[①] 经数据检验后，一阶模型的卡方值为 431.78，自由度为 174，卡方/自由度的值为 2.48，NFI 值为 0.92，IFI 值为 0.95，GFI 值为 0.92，CFI 值为 0.95，RMSER 值为 0.056。各因子载荷 T 值均大于 2，在 P<0.001 水平上显著。数据结果表明一阶模型具有良好的拟合优度。二阶模型的卡方值为 507.3，自由度为 183，卡方/自由度的值为 2.77，NFI 值为 0.91，IFI 值为 0.94，GFI 值为 0.90，CFI 值为 0.94，RMSER 值为 0.064。一阶因子与二阶因子间的标准化载荷系数在 0.55 到 0.80，T 值同样具有较强的统计显著水平。数据结果不仅表明了二阶模型具有良好的拟合优度，同时也说明了本书开发的劳动报酬、劳动负荷、劳动条件与保障、雇员成长、劳动争议管理以及和谐文化建设 6 个因素，均从属于一个更高阶的因素——劳动关系满意度。具体

---

① Hu, Li-tze and Peter M. Bentler, "Fit Indices in Covariance Structure Modeling: Sensitivity to Underparameterized Model Misspecification", *Psychological Methods*, No. 4, 1998. Robert C. MacCallum, Michael W. Browne and Hazuki M. Sugawara, "Power Analysis and Determination of Sample Size for Covariance Structure Modeling", *Psychological Methods*, No. 2, 1996.

分析结果如表 3.9 所示。

表 3.9　劳动关系满意度的验证性因子分析与信度检验

| 因子 | 项目 | 一阶验证性因子分析观测变量载荷 | 二阶验证性因子分析观测变量载荷 | 二阶验证性因子分析潜变量载荷 | 克隆巴赫系数 |
|---|---|---|---|---|---|
| 劳动报酬 | N1 | 0.71 | 0.67 | 0.65 | 0.804 |
| | N4 | 0.65 | 0.67 | | |
| | N6 | 0.65 | 0.68 | | |
| 劳动负荷 | N7 | 0.71 | 0.71 | 0.77 | 0.772 |
| | N8 | 0.68 | 0.67 | | |
| | N10 | 0.68 | 0.69 | | |
| | N11 | 0.66 | 0.65 | | |
| 劳动条件与保障 | N13 | 0.69 | 0.68 | 0.78 | 0.709 |
| | N14 | 0.63 | 0.63 | | |
| | N16 | 0.53 | 0.52 | | |
| | N17 | 0.56 | 0.55 | | |
| 雇员成长 | N19 | 0.71 | 0.72 | 0.58 | 0.786 |
| | N20 | 0.75 | 0.73 | | |
| | N21 | 0.64 | 0.65 | | |
| | N22 | 0.65 | 0.64 | | |
| 劳动争议管理 | N24 | 0.74 | 0.71 | 0.57 | 0.688 |
| | N26 | 0.70 | 0.72 | | |
| 和谐文化建设 | N27 | 0.72 | 0.73 | 0.67 | 0.775 |
| | N28 | 0.54 | 0.52 | | |
| | N29 | 0.65 | 0.67 | | |
| | N30 | 0.57 | 0.55 | | |

（三）信度检验

本书使用 SPSS 19.0 数据分析软件，通过总体样本数据对劳动关系满意度各结构因子进行信度分析，运用克隆巴赫（Cronbach's α）系数法来评估新量表的可靠性。通常来说，克隆巴赫系数越高，量表内部一致性也越高，当克隆巴赫系数大于 0.7 时，即为量表具有良好的信度水平，当克隆巴赫系数小于 0.35 时，表明量表信度水平较低，当克隆巴赫系数介于 0.5

至 0.7 时，表明量表的信度尚可接受。[①] 从表 2.4 中的信度检验结果可以看出，除"劳动争议管理"这一因子的克隆巴赫系数为 0.688 外，其余因子均大于 0.7，说明劳动关系满意度测量模型具有较高的内部一致性。

### 四、研究结果

本书经过探索性因子分析、验证性因子分析以及信度分析等实证研究方法，最终获得了包含 6 个维度 21 个题项的劳动关系满意度测量工具（如表 3.10 所示），为今后变量间关系的研究奠定了定量分析的基础。

表 3.10  劳动关系满意度的最终测量工具

| 维　度 | 题　项 |
| --- | --- |
| 劳动报酬 | 总体工资水平<br>总体奖金水平<br>各项福利的获得情况 |
| 劳动负荷 | 工作节奏和速度<br>加班状况<br>公平的任务分配<br>工作中感知到的竞争压力 |
| 劳动条件与保障 | 劳动合同的签订情况<br>"五险一金"的获得情况<br>工作场所的安全保障措施<br>工作场所的环境舒适度 |
| 雇员成长 | 工作意义<br>晋升机会<br>公司提供的教育和培训<br>工作中能力和素质的提升 |
| 劳动争议管理 | 公司内部的劳动争议防范与处理渠道<br>劳动争议的处理结果 |
| 和谐文化建设 | 公司对战略、制度、财务等信息的公开程度<br>公司对雇员建议的采纳程度<br>公司为雇员提供的文化娱乐设施<br>公司为雇员在日常生活中提供的便利条件 |

① Jum C. Nunnally, *Psychometric Theory* (*2nd Edit.*), McGraw-Hill Humanities, 1978, p. 145.

## 第四节　雇员劳动关系满意度在战略人力资源管理 对工作绩效跨层次影响过程中的中介作用

由于我国正处于社会转型期，劳动力市场结构的变化、人力资源的多样性及劳资冲突日益增多等一系列社会因素，使得人力资源管理承担了构建企业和谐劳动关系的重任，客观上和理论上均需要人力资源管理与劳动关系两个领域的融合性研究。不仅如此，一些研究表明，战略人力资源管理对企业内部的劳动关系产生了显著影响。[①] 劳动关系将有助于雇员工作生活质量的提升和组织绩效的改善。[②] 但与组织绩效相比，其对雇员个体绩效水平的影响应该更为直接。[③] 在这种逻辑脉络下，劳动关系满意度作为雇员视角下劳动关系质量的重要衡量指标，可能与战略人力资源管理及工作绩效均存在一定程度上的理论关联，然而，现有研究对三者关系的探讨仍然相对匮乏。因此，本书在劳动关系满意度的概念模型与测量工具基础上，将进一步开展相应的理论与实证分析，以劳动关系满意度作为劳动关系质量的重要衡量指标，深入探讨其在战略人力资源管理与工作绩效间发挥的跨层次中介作用。

### 一、研究理论与假设

（一）战略人力资源管理对工作绩效的影响

传统的人力资源管理领域信奉的是泰勒主义，在层级官僚制度背景

---

① Oliver E. Williamson, "The Theory of the Firm as Governance Structure: From Choice to Contract", *The Journal of Economic Perspectives*, No. 3, 2002. 卿涛、杨丽君:《战略人力资源管理与组织绩效关系的新框架》,《经济社会体制比较》2009 年第 4 期。

② Morris M. Kleiner, Jonathan S. Leonard and Adam M. Pilarski, "How Industrial Relations Affects Plant Performance: The Case of Commercial Aircraft Manufacturing", *Industrial and Labor Relations Review*, No. 2, 2002. Jody Hoffer Gittell, Andrew Von Nordenflycht and Thomas A. Kochan, "Mutual Gains or Zero Sum? Labor Relations and Firm Performance in the Airline Industry", *Industrial and Labor Relations Review*, No. 2, 2004.

③ 谢玉华、张群艳、王瑞:《企业劳动关系和谐度与员工工作绩效的实证研究》,《湖南大学学报（社会科学版）》2012 年第 1 期。

下，通过简化、专业化和标准化的生产方式，控制雇员的生产行为。但这会导致雇员的心理失败、短视、受挫感、内部冲突等问题，终将无法实现企业的绩效目标。企业的管理方式应当从控制型向自我管理和忠诚管理型发生转变。[1] 此后戴勒瑞（Delery）和多提（Doty）提出了有助于这种转变的 7 项战略人力资源管理实践，分别是利润分享、内部晋升、雇佣安全、广泛培训、雇员参与、工作描述、结果导向的考评。[2] 赖特（Wright）和麦克马汉（McMahan）将战略人力资源管理界定为：组织为实现目标而进行的一系列有计划的人力资源部署和管理活动。[3]

关于战略人力资源管理对雇员工作绩效的积极作用，学者们基本保持了一致的观点，即有效的人力资源管理措施，可以促进雇员产生与组织期望目标一致的行为表现。而其中最具有代表性的，便是阿佩尔鲍姆（Appelbaum）所提出的高绩效工作系统 AMO 理论模型。该理论认为，如果人力资源管理体系能够影响雇员的工作能力（A），激发完成任务的动机（M）并提供合适的工作机会（O），便能提高雇员整体的工作绩效水平。[4] 格斯特（Guest）在提出的高参与过程完整模型中也指出，战略人力资源管理系统有助于加强雇员对组织目标的认同，而这便是充分发挥雇员工作积极性的关键之所在。[5]

国内外的相关实证研究也得出了类似的结论。如休斯里德（Huselid）的研究表明，高绩效工作系统对雇员产出（离职率、生产率）及公司财务

① Richard E. Walton, "From Control to Commitment in the Workplace", *Harvard Business Review*, No. 2, 1985.

② John E. Delery and D. Harold Doty, "Modes of Theorizing in Strategic Human Resource Management: Tests of Universalistic, Contingency, and Configurational Performance Predictions", *Academy of Management Journal*, No. 4, 1996.

③ Patrick M. Wright and Gary C. McMahan, "Theoretical Perspectives for Strategic Human Resource Management", *Journal of Management*, No. 2, 1992.

④ Appelbaum Eileen, *Manufacturing Advantage: Why High-Performance Work Systems Pay off*, Cornell University Press, 2000, p. 233.

⑤ David E. Guest, "Human Resource Management and Performance: A Review and Research Agenda", *International Journal of Human Resource Management*, No. 3, 1997.

绩效存在统计意义上的显著影响，而这类管理措施的投资回报则存在一定的可观测性。[1] 其后，舒勒（Schuler）和杰克逊（Jackson）的研究也支持这个结论。[2] 塔布（Tabiu）和努拉（Nura）系统探讨了人力资源管理对雇员工作绩效的影响，发现招聘、培训、雇员参与、雇员离职4项人力资源管理实践对个体工作绩效均起到了积极的促进作用，而报酬与管理维护两项措施的影响效果却并不显著。[3] 陈志霞、陈传红的调查结果表明，组织支持感在包含参与决策、上级支持、组织公正的支持性人力资源管理与雇员工作绩效间起到了重要的中介作用。[4] 而刘善仕、彭娟等则基于双因素理论，发现相较于保健型人力资源管理实践而言，激励型人力资源管理实践对工作绩效的影响更为显著。[5] 张燕、王辉等在中国情境下，发现保健和激励型人力资源管理措施与组织支持感存在交互作用，并共同影响了雇员的个体绩效，在组织支持的低水平感知下，保健措施的影响效果更为显著，而在高水平感知下，激励措施的影响效果则更为显著。[6] 仲理峰证实了高绩效人力资源实践对雇员的角色内绩效和组织公民行为的直接影响，并进一步检验了胜任特征知觉在其间发挥的中介作用。[7] 此外，还有学者单独探讨了战略人力资源管理对角色外行为，即组织公民行为的影响。研究结果均表明了战略人力资源管理对组织公民行为存在显著的促

---

[1]　Mark A. Huselid, "The Impact of Human Resource Management Practices on Turnover, Productivity, and Corporate Financial Performance", *Academy of Management Journal*, No. 3, 1995.

[2]　Randall S. Schuler and Susan E. Jackson, "Determinants of Human Resource Management Priorities and Implications for Industrial Relations", *Journal of Management*, No. 1, 1989.

[3]　Tabiu Abubakar and Abubakar Allumi Nura, "Assessing the Effects of Human Resource Management (HRM) Practices on Employee Job Performance: A Study of Usmanu Danfodiyo University Sokoto", *Journal of Business Studies Quarterly*, No. 2, 2013.

[4]　陈志霞、陈传红:《组织支持感及支持性人力资源管理对员工工作绩效的影响》,《数理统计与管理》2010年第4期。

[5]　刘善仕、彭娟、段丽娜:《人力资源实践、组织吸引力与工作绩效的关系研究》,《科学学与科学技术管理》2012年第6期。

[6]　张燕、王辉、樊景立:《组织支持对人力资源措施和员工绩效的影响》,《管理科学学报》2008年第2期。

[7]　仲理峰:《高绩效人力资源实践对员工工作绩效的影响》,《管理学报》2013年第7期。

进作用。[1]

虽然战略人力资源管理与工作绩效的关系在学界已经得到了初步的探讨，但在研究层次上仍然存在不足。[2] 休斯里德等指出，战略人力资源管理的跨层次研究可避免单层次研究产生的系统谬误。[3] 基于此，本书战略人力资源管理作为组织层面变量，将工作绩效（包含任务绩效与情境绩效）作为个体层面变量，提出如下假设：

假设1：战略人力资源管理对工作绩效具有显著的跨层次正向影响。

假设1.1：战略人力资源管理对任务绩效具有显著的跨层次正向影响；

假设1.2：战略人力资源管理对情境绩效具有显著的跨层次正向影响。

（二）雇员劳动关系满意度在战略人力资源管理与工作绩效之间的中介作用

1. 战略人力资源管理对雇员劳动关系满意度的影响

人力资源管理与企业劳动关系状态存在某种程度的内在的关联，人力资源管理具有天然的调节劳动关系的内在功能。[4] 虽然和谐劳动关系不是人力资源管理追求的终极目标，但是人力资源管理确实能在一定程度上有效促进劳动关系的和谐与稳定。同时，某种特征的劳动关系也决定了人力资源管理所采取的技术方法和治理手段。唐镰基于战略劳动关系管理思想，认

---

[1]  Li‐Yun Sun, Samuel Aryee and Kenneth S. Law, "High‐Performance Human Resource Practices, Citizenship Behavior, and Organizational Performance: A Relational Perspective", *Academy of Management Journal*, No. 3, 2007. Yaping Gong, Song Chang and Siu‐Yin Cheung, "High Performance Work System and Collective OCB: A Collective Social Exchange Perspective", *Human Resource Management Journal*, No. 2, 2010. Zhang Zhe, Difang Wan and Ming Jia, "Do High‐Performance Human Resource Practices Help Corporate Entrepreneurship? The Mediating Role of Organizational Citizenship Behavior", *The Journal of High Technology Management Research*, No. 2, 2008.

[2]  Peter W. Hom, Anne S. Tsui, Thomas W. Lee, Ping Fu Ping, Joshua B. Wu, Ann Yan Zhang and Li Lan, "Explaining Employment Relationships with Social Exchange and Job Embeddedness", *Journal of Applied Psychology*, No. 2, 2009.

[3]  Mark A. Huselid and Brian E. Becker, "Comment On 'Measurement Error in Research on Human Resources and Firm Performance: How much Error is there and how does It Influence Effectsize Estimates?' by Gerhart, Wright, Mc Mahan, and Snell", *Personnel Psychology*, No. 4, 2000.

[4]  卢福财：《构建基于和谐劳动关系的我国人力资源管理新体系》，《经济管理》2006年第20期。

为企业的人力资源管理实践包含了以下 3 个层面的内容，分别是实施人力资源管理职能、使雇主与雇员达成一致以及间接改善和协调劳动关系。由此可见，人力资源管理对企业内部的劳动关系产生了不可忽视的影响。[①]

国内外诸多学者在一元主义的理论观点下，对两者间关系开展了大量的理论与实证研究。威廉姆森主张采取协调劳资双方利益，促进双方合作的人力资源管理手段，以解决企业内部的劳资冲突问题，这些管理手段包括雇员持股计划、股票期权计划、雇员参与决策方案、浮动工资设计、基于团队的工作方式设计、"质量圈"工作实践、工作生活质量评估、工作—家庭平衡计划、利润分享计划、企业目标管理等，并通过实证研究进一步确定了这些管理措施的有效性。他指出，劳动关系协调的意义关键在于诱导制度的实施以减少组织内部冲突，且能同时兼顾组织效益与雇员权益等相关问题。[②] 莫尔（Mohr）和佐费（Zoghi）的研究发现，质量圈、任务小组、雇员参与、建议与反馈等高绩效人力资源管理措施，促进了雇员与雇主间的积极心理状态，增强了雇员的敬业度与合作度，同时也减少了劳资双方的矛盾与冲突。[③] 卿涛、杨丽君在明确了企业劳动关系的操作定义与内容结构后，经实证研究发现，组织通过人力资源管理实现对雇员的投入，而投入水平是决定劳动关系质量的重要因素，因而人力资源管理实践将直接、正向地影响企业内部的劳动关系状态。[④]

由于本书所构建的劳动关系满意度是雇员视角下对劳动关系质量的关键衡量指标，因此，上述研究为战略人力资源管理对劳动关系满意度的影响提供了间接的理论与实证证据。不仅如此，本书经对访谈文本的具体分析，发现雇员对内部晋升、培训、雇佣保障、雇员参与、激励性报酬等管

---

① 唐鑛：《转型与创新：从人力资源管理到战略劳动关系管理》，《学海》2013 年第 5 期。

② Oliver E. Williamson, "The Theory of the Firm as Governance Structure: From Choice to Contract", *The Journal of Economic Perspectives*, No. 3, 2002.

③ Robert D. Mohr and Cindy Zoghi, "High-Involvement Work Design and Job Satisfaction", *Industrial and Labor Relations Review*, No. 3, 2008.

④ 卿涛、杨丽君：《战略人力资源管理与组织绩效关系的新框架》，《经济社会体制比较》2009 年第 4 期。

理措施的良好感受，将有助于强化其对自身发展、劳动负荷与保障、劳动报酬获得以及和谐文化建设的积极评价，基于此，本书提出如下假设：

假设 2：战略人力资源管理对雇员劳动关系满意度具有显著的跨层次正向影响。

2. 雇员劳动关系满意度对工作绩效的影响

奥尔德弗的 ERG 理论将雇员个体的需求分为 3 个层面，即生存（Existence）需求、关系（Relatedness）需求和成长（Growth）需求，认为雇员的需求层次会在满足递进与受损后退中往返迂回，并可能同时存在两种或两种以上的需要，而管理者的任务就是使用不同层次的激励因素来激发不同雇员的个体行为，以进一步实现组织的绩效目标。[①] ERG 理论为劳动关系满意度与工作绩效间的关系提供了重要的理论依据，即雇员对劳动报酬、劳动负荷、劳动条件与保障等生存层面的需求满足，对劳动争议管理、和谐文化建设等关系层面的需求满足以及雇员成长这一成长层面的需求满足，均可能导致个体绩效水平的显著提高。由此可见，劳动关系满意度应该是雇员工作绩效水平的重要影响来源。

国内外大量实证研究基于一元主义视角，将劳动关系量化为易于获取的客观指标，并深入探讨了其对组织绩效的影响，而这些研究可为劳动关系满意度与工作绩效的关系提供间接的实证证明。卡茨等基于 1970—1979 年美国通用汽车公司 18 个工厂的纵向研究数据，通过时间序列分析发现，管理者与雇员之间的高度信任、积极沟通以及雇员参与决策，将有利于雇员承诺与个体绩效的显著提升，并终将改善组织的生产率与产品质量；而雇员处罚率、抱怨率以及劳资谈判时间的拖延，则更易于形成对抗性的劳动关系以及冲突、不信任的组织氛围，进而造成了对组织绩效的不良影响。[②]格尔—圣菲尔德以美国 25 家大型、工会化的制造工厂作为被试样本，通过

① Clayton P. Alderfer, "An Empirical Test of a New Theory of Human Needs", *Organizational Behavior and Human Performance*, No. 2, 1969.

② Harry C. Katz, Thomas A. Kochan and Kenneth R. Gobeille, "Industrial Relations Performance, Economic Performance, and QWL Programs: An Interplant Analysis", *Industrial and Labor Relations Review*, No. 1, 1983.

冲突频率、问题解决、工作自主、进度反馈等指标用以判别企业内部的劳资关系模式，其研究结果表明，冲突型劳动关系将导致较高的企业成本，较低的劳动生产率与投资回报；而团队协作、雇员参与和雇员自主的合作型劳动关系，则有利于劳资双方追求共同利益目标，进而实现组织的运营绩效。[1] 爱迪生和贝尔菲尔德使用了英国1990年及1998年工作场所雇佣关系调查的纵向研究数据，检验了雇员代表、可变工资及雇员参与对产业关系和组织绩效的影响，并进一步发现了工会地位对组织绩效的显著作用。[2] 克莱纳等在1974—1991年对美国一家大型飞机制造厂的案例研究发现，在劳资关系紧张时期和强硬的工会领导人任职期间，企业生产率均出现了大幅度的降低，且与工资水平、共同治理、工会成员率等结构性因素相比，劳资冲突、工作场所氛围等质量因素对企业绩效的影响更加强烈。[3] 李贵卿、陈维政将四川大学工商管理学院 MBA 学员作为被试对象，发现包含工作条件、就业保障、内部和谐以及雇员参与的合作型劳动关系对企业绩效存在显著的正向影响，但各项维度的影响效果在不同所有制类型的企业间存在差异。[4]

　　由于组织绩效的影响因素是极为复杂的，且本书所构建的劳动关系满意是雇员的主观态度与感受，从而相较于组织绩效而言，劳动关系满意度对雇员个体绩效的影响应该更为直接，而这与谢玉华、张群艳等提出的观点不谋而合。他们在其研究中对劳动关系和谐度与工作绩效的关系予以实证，发现雇员感知到的信心与满意度、工会与雇员参与、劳动合同、劳动权益以及管理层关心等五个方面的劳动关系和谐度，会积极促进雇员个体

①　Joel Cutcher-Gershenfeld, "The Impact on Economic Performance of a Transformation in Workplace Relations", *Industrial and Labor Relations Review*, No. 2, 1991.

②　John T. Addison and Clive R. Belfield, "Updating the Determinants of Firm Performance: Estimation Using the 1998 UK Workplace Employee Relations Survey", *British Journal of Industrial Relations*, No. 3, 2001.

③　Morris M. Kleiner, Jonathan S. Leonard and Adam M. Pilarski, "How Industrial Relations Affects Plant Performance: The Case of Commercial Aircraft Manufacturing", *Industrial and Labor Relations Review*, No. 2, 2002.

④　李贵卿、陈维政：《合作型劳动关系对企业绩效影响的实证研究》，《当代财经》2010年第1期。

的任务绩效和情境绩效。[1] 基于此，本书提出如下假设：

假设 3：雇员劳动关系满意度对工作绩效具有显著正向影响。

假设 3.1：雇员劳动关系满意度对任务绩效具有显著正向影响；

假设 3.2：雇员劳动关系满意度对情境绩效具有显著正向影响。

3. 雇员劳动关系满意度的中介作用

战略人力资源管理与个体绩效的关系研究，多以社会交换理论为基础，其基本假说便是组织与雇员之间各取所需的互惠关系。该理论以功利主义经济学与行为心理学为理论依据，认为社会互动是一种基于付出和回报的交换行为，而各自的利益获得便决定了交换双方的行为博弈，当任何一方未能达到自我目的时，社会交换就会趋向于终止。[2] 因此，互惠原则与公平互动是社会交换理论的基本假设与前提。[3] 人力资源管理实质是为了实现企业对雇员的投入，具体的管理措施能够满足雇员物质、精神层面的各项需求，而需求的获得将有助于强化雇员的积极态度，并通过提高个体绩效水平来作为对企业的回报。由此，在社会交换理论的逻辑观点下，战略人力资源管理、劳动关系满意度、工作绩效三者间的转化机制，便描述了企业付出—雇员获利—雇员回报的社会交换过程。劳动关系满意度可能在战略人力资源管理与工作绩效间发挥了一定的中介作用。

一元主义视角下的劳动关系研究也发现了类似的结论。如拉齐尔（Lazear）在 1994—1995 年对一家美国玻璃制造厂进行了纵向研究，发现由计时工资制向计件工资制转换的过程中，工资制度通过加强劳资双方的合作关系，进而提高了雇员的人均生产效率。[4] 扎卡赖亚斯（Zacharatos）等在普费弗（Pfeffer）的研究基础上，通过广泛培训、工作保障、甄选保

---

① 谢玉华、张群艳、王瑞：《企业劳动关系和谐度与员工工作绩效的实证研究》，《湖南大学学报（社会科学版）》2012 年第 1 期。

② George C. Homans, "Social Behavior as Exchange", *American Journal of Sociology*, No. 6, 1958. Peter M. Blau, "Social Mobility and Interpersonal Relations", *American Sociological Review*, No. 3, 1956.

③ Edward J. Lawler and Shane R. Thye, "Bringing Emotions into Social Exchange Theory", *Annual Review of Sociology*, No. 1, 1999.

④ Edward P. Lazear, "Performance Pay and Productivity", *The American Economic Review*, No. 5, 1996.

留、团队分权决策、缩小等级距离等十项措施表征企业内部的高绩效工作系统，研究结果表明，高绩效工作系统易于增进雇员与管理层之间的友好关系，进而强化雇员的内在动机与合作行为。[①] 基于此，本书提出如下假设：

假设 4：雇员劳动关系满意度在战略人力资源管理与工作绩效之间起到了跨层次中介作用。

假设 4.1：雇员劳动关系满意度在战略人力资源管理与任务绩效之间起到了跨层次中介作用；

假设 4.2：雇员劳动关系满意度在战略人力资源管理与情境绩效之间起到了跨层次中介作用。

根据上述 4 个假设，在控制了性别、年龄、文化程度等个体特征变量与组织规模、成立年限、行业类型等组织特征变量后，形成了本书的理论模型，如图 3.3 所示。

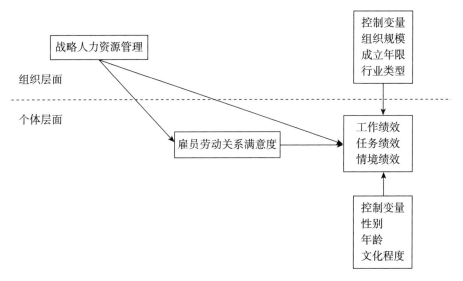

图 3.3　研究模型

① Zacharatos Anthea, Julian Barling and Roderick D. Iverson, "High-Performance Work Systems and Occupational Safety", *Journal of Applied Psychology*, No. 1, 2005. Pfeffer Jeffrey, *The Human Equation: Building Profits by Putting People First*, Harvard Business School Press, 1998, p. 166.

## 二、构念的操作化定义与测量工具

本书共涉及 3 个核心构念：战略人力资源管理、劳动关系满意度、工作绩效，除劳动关系满意度为本书自行构建的概念模型外，其余变量的界定和测量都相对成熟。所以，本书选择在研究中得以广泛应用的，且信度、效度已被证实的成熟工具来测量战略人力资源管理与工作绩效这两个构念。

不仅如此，为了控制语义差别对调研效果的影响，但凡采用西方学者开发的量表，本书均选取了双向翻译法，即直接翻译与回译的结合方式，以确保英文量表在中国情境下的合理应用。在此过程中，首先由 1 名人力资源管理方向的博士研究生，将英文量表译成中文，然后再由 1 名英语专业的讲师将其回译成英文，最后，本书邀请了两位人力资源管理领域的专家、教授以及 3 位企业管理专业的博士研究生，对原英文、中文译文和回译英文进行集体讨论，最终确保了量表的内容效度。

所有量表均采用 Likert 5 点量表形式进行评分，"1"表示不符合，"2"表示比较不符合，"3"表示不确定，"4"表示比较符合，"5"表示符合。在问卷设计过程中，尽量保证语言清晰无误，能被受访者准确理解，且题项长度不宜超过 20 个字。

（一）战略人力资源管理的定义与测量

学术界对战略人力资源管理的概念界定至今未能形成一致的观点。"过程观"认为，战略人力资源管理应为一整合性的系统、过程或模式，是与企业战略相契合的一系列实践活动的组合。"结果观"强调了战略人力资源管理的结果导向，认为对人力资源管理实践的系统实施，有助于持续地形成组织的竞争优势。而本书则基于"综合观"的研究视角，认为对战略人力资源管理的界定应同时兼顾人力资源管理的战略性结果以及系统性过程，故而采用赖特和麦克马汉提出的定义，即战略人力资源管理是为实现组织目标而进行的一系列有计划的人力资源部署和管理活动。[①]

---

① Patrick M. Wright and Gary C. McMahan, "Theoretical Perspectives for Strategic Human Resource Management", *Journal of Management*, No. 2, 1992.

目前，不同学者对战略人力资源管理所包含的实践项目仍然存有争议。本书是在内部雇员开发及雇佣关系协调的视角下探讨战略人力资源管理的影响效果，且考虑到量表在国内研究中的使用频度及其信效度水平。[1]因此，本书将使用戴勒瑞和多提发展的最佳人力资源管理实践量表，并基于研究需要对其进行了少量修订。[2] 具体而言，在"雇佣保障"的维度下，将"只要雇员愿意，雇员就可以留在公司工作"与"对于公司来说，解雇雇员是件很困难的事"两个题项予以删除，添加了"公司会给雇员提供安全、舒适的工作环境"与"公司会为所有的正式雇员缴纳五险一金"两个题项。同时将"结果导向评估"与"利润分享"两个维度进行合并，改名为"激励性报酬"。

（二）工作绩效的定义与测量

博尔曼（Borman）和摩托维德罗（Motowidlo）基于前人的研究成果，首次将工作绩效划分为任务绩效与情境绩效。[3] 随后，摩托维德罗和斯考特（Scotter）对任务绩效和情境绩效进行了详细的界定，认为任务绩效是在例如主管指令、作业标准、工作说明等组织对正式角色的要求下，雇员个体所形成的工作结果，或者说是雇员对组织指定任务的完成程度。而情境绩效是类似于亲社会行为、组织公民行为等角色外行为，是支持组织核心技术运行的一系列社会、组织和心理环境。[4]

关于任务绩效的测量工具，本书采用学术界普遍认可的威廉姆斯（Wil-

---

① 王林、杨东涛、秦伟平：《高绩效人力资源管理系统对新产品成功影响机制研究》，《南开管理评论》2011 年第 4 期。王震、孙健敏：《人力资源管理实践、组织支持感与员工承诺和认同——一项跨层次研究》，《经济管理》2011 年第 4 期。张一弛、李书玲：《高绩效人力资源管理与企业绩效：战略实施能力的中介作用》，《管理世界》2008 年第 4 期。

② John E. Delery and D. Harold Doty, "Modes of Theorizing in Strategic Human Resource Management: Tests of Universalistic, Contingency, and Configurational Performance Predictions", *Academy of Management Journal*, No. 4, 1996.

③ Walter C. Borman and S. M. Motowidlo, *Expanding the Criterion Domain to Include Elements of Contextual Performance*, Personnel Selection in Organizations, San Francisco Jossey-Bass, 1993. p. 71.

④ Stephan J. Motowidlo and James R. Van Scotter, "Evidence That Task Performance should be Distinguished from Contextual Performance", *Journal of Applied Psychology*, No. 4, 1994.

liams) 和安德森 (Anderson) 所开发的7题项任务绩效量表,[1] 但考虑到问卷篇幅,本书参考了惠勒 (Wheeler) 等[2]的处理方法,将其中两个反向题项予以删除,最终保留了5个题项。关于情境绩效的测量工具,本书将采用李 (Lee) 和艾伦 (Allen) 开发的利于组织的7题项组织公民行为量表。[3]

(三) 雇员劳动关系满意度的定义与测量

劳动关系满意度的概念界定与测量工具已在前文中进行了详尽的描述,此处不再赘述。

(四) 控制变量的测量

本书选择性别、年龄、文化程度作为个体层面的控制变量,选择组织规模、成立年限、行业类型作为组织层面的控制变量。本书将年龄、成立年限、组织规模处理为连续变量,将性别、文化程度、行业类型处理为虚拟变量。控制变量的赋值情况如表3.11所示。

表3.11　控制变量赋值

| 变量名称<br>(连续变量) | 变量赋值 | 变量名称<br>(虚拟变量) | 变量赋值 |
|---|---|---|---|
| 年龄 | 25 岁及以下 = 1<br>25—35 岁 (含 35 岁) = 2<br>35—45 岁 (含 45 岁) = 3<br>45—55 岁 (含 55 岁) = 4<br>55 岁及以上 = 5 | 文化程度 | 以高中毕业及以下为参照组<br>E1: 专科毕业 = 1, 其他 = 0<br>E2: 本科毕业 = 1, 其他 = 0<br>E3: 研究生毕业 = 1, 其他 = 0 |
| 成立年限 | 5 年及以下 = 1<br>5—10 年 (含 10 年) = 2<br>10—20 年 (含 20 年) = 3<br>20 年以上 = 4 | 行业类型 | 以国有企业为参照组<br>T1: 私营企业 = 1, 其他 = 0<br>T2: 外资企业 = 1, 其他 = 0<br>T3: 合资企业 = 1, 其他 = 0 |

[1] Larry J. Williams and Stella E. Anderson, "Job Satisfaction and Organizational Commitment as Predictors of Organizational Citizenship and In-Role Behaviors", *Journal of Management*, No. 3, 1991.

[2] Denna L. Wheeler, Matt Vassar and William D. Hale, "A Gender-Based Measurement Invariance Study of the Sociocultural Attitudes toward Appearance Questionnaire", *Body Image*, No. 2, 2011.

[3] Kibeom Lee and Natalie J. Allen, "Organizational Citizenship Behavior and Workplace Deviance: The Role of Affect and Cognitions", *Journal of Applied Psychology*, No. 1, 2002.

续表

| 变量名称<br>（连续变量） | 变量赋值 | 变量名称<br>（虚拟变量） | 变量赋值 |
|---|---|---|---|
| 组织规模 | 组织规模=lg（雇员总数） | 性别 | 以女性为参照组<br>G：男性=1，女性=0 |

## 三、问卷预测试

为了保证问卷的有效性，提高测量质量，本书在正式调研前，在小范围内对初始问卷进行了预调研。初始问卷包含了本书所涉及的所有变量，以长春市某汽车技术研发企业、某食品加工企业和某保险公司的基层雇员为调查对象（这些样本并未包含在正式调研的样本之中），本书自2014年5月3日起，通过自评问卷的方式，在现场进行问卷的发放与回收，于2014年5月21日完成了小样本调研。其间共发放问卷237份，回收221份，有效问卷197份，问卷有效率为89.1%。

本书首先对预测样本进行了人口统计分析，而后，通过小样本数据对本书涉及的各个构念进行信度检验。同时，考虑到本书在量表选择期间对战略人力资源管理的测量做了些微调整，且其作为组织层面的变量，在数据分析中很可能受到正式调研在样本数量上的局限，因而在问卷预测试中本书将单独对战略人力资源管理进行系统的效度检验。

（一）预测样本描述

本书以性别、年龄、职位级别、文化程度、工作年限作为人口统计变量，对预测样本进行描述性统计分析，具体结果如表3.12所示。

表3.12 预测样本的人口统计特征

| 人口统计变量 | 变量取值 | 人数 | 比例（%） | 总数 |
|---|---|---|---|---|
| 性别 | 男 | 102 | 0.518 | 197 |
| | 女 | 95 | 0.482 | |
| 年龄 | 25岁及以下 | 31 | 0.157 | 197 |
| | 25—35岁（含35岁） | 69 | 0.351 | |

续表

| 人口统计变量 | 变量取值 | 人数 | 比例（%） | 总数 |
|---|---|---|---|---|
| 年龄 | 35—45 岁（含 45 岁） | 57 | 0.289 | |
| | 45—55 岁（含 55 岁） | 28 | 0.142 | 197 |
| | 55 岁以上 | 12 | 0.061 | |
| 职务级别 | 初级 | 125 | 0.635 | |
| | 中级 | 51 | 0.258 | 197 |
| | 高级 | 21 | 0.107 | |
| 文化程度 | 高中毕业及以下 | 27 | 0.137 | |
| | 专科毕业 | 45 | 0.228 | |
| | 本科毕业 | 102 | 0.518 | 197 |
| | 研究生毕业 | 23 | 0.117 | |
| 工作年限 | 5 年及以下 | 58 | 0.294 | |
| | 5—10 年（含 10 年） | 94 | 0.477 | |
| | 10—20 年（含 20 年） | 35 | 0.178 | 197 |
| | 20 年以上 | 10 | 0.051 | |

分析结果表明，从预测样本的性别来看，男性为 51.8%，女性为 48.2%，性别比例相差不大；从年龄分布来看，25 岁及以下的为 15.7%，25—45 岁（含 45 岁）的为 64.0%，45 岁以上的为 20.3%，年龄段两端的比例较低；从职务级别来看，初级雇员为 63.5%，中级雇员为 25.8%，高级雇员为 10.7%，整体雇员的职务级别偏低；从文化程度来看，高中毕业及以下的为 13.7%，专科或本科毕业的为 74.6%，研究生毕业的为 11.7%，两端学历的比例较低；从工作年限上看，5 年及以下的为 29.4%，5—10 年（含 10 年）的为 47.7%，10 年以上的为 22.9%，雇员的工作年限普遍偏低。总体上，预测样本的人口统计特征未见异常，适合对其进行后续的信效度分析。

（二）预测样本信度

本书将通过修正后题项总相关系数（Corrected Item-Total Correlation，CITC），对测量量表中的"垃圾题项"加以判别和净化。修正后题项总相关系数是同一潜变量下，每一题项与其他所有题项之和的相关系数。卢纹岱指出，对于修正后题项总相关系数小于 0.3 且剔除后可明显提高克隆巴赫系数的题项应该给予删除。[①] 而农纳利（Nunnally）认为当克隆巴赫系数大于 0.7 表明问卷信度良好，在 0.5—0.7 之间则表明量表信度尚可接受。[②] 因此，本书将采用以上两项基本原则，净化量表以提高问卷的测量质量。

经修正后题项总相关系数及内部一致性分析结果表明，战略人力资源管理的第 3 题"雇员在这个公司工作没有什么发展前途"为反向题项，其修正后题项总相关系数为 -0.145，没有达到标准值，删除该题项后，维度的克隆巴赫系数从 0.608 上升到 0.670，量表的克隆巴赫系数从 0.835 上升到 0.868，信度水平均有明显的改善，应将此题项予以删除。情境绩效第 4 题"在公开场合下，作为组织的代表我会表现得非常自豪"的修正后题项总相关系数为 0.190，没有达到标准值，删除该题项后，维度的克隆巴赫系数从 0.619 上升到 0.804，量表的克隆巴赫系数从 0.759 上升到 0.832，信度水平均有明显的改善，同样予以删除。

在本次预测中，通过修正后题项总相关系数及内部一致性分析，将测量质量较低的题项予以删除后，除内部晋升、雇佣保障、劳动报酬、和谐文化建设的克隆巴赫系数在 0.65—0.70 之间，处于尚可接受的范围之内，其余变量的克隆巴赫系数均在 0.70 以上，且各个题项的修正后题项总相关系数均达到了标准值，说明本书所选择的测量量表信度良好，可据此开展正式调查。

（三）战略人力资源管理的效度分析

依据研究设计，战略人力资源管理作为组织层面变量，其测量项目在正式调研中应由企业内部的人力资源经理进行填答，但考虑到研究成本、时间和精力等多方面原因，人力资源经理作为企业层面的样本来源，其数据的获取恐难支持战略人力资源管理的效度检验，因而，本书在小样本测试过程中，预先对战略人力资源管理进行系统的效度分析。

本书采用结构方程建模技术，借助 LISREL 8.80 数据分析软件，通过验证性因子分析检验战略人力资源管理的效度。在分析过程中，本书分别

---

① 卢纹岱：《SPSS for Windows 统计分析》（第 3 版），电子工业出版社 2006 年版，第 564 页。

② Jum C. Nunnally, *Psychometric Theory*（2<sup>nd</sup> *Edit.*）, McGraw-Hill Humanities, 1978, p. 145.

选择了因子载荷、组合信度（CR）以及平均方差提取量（AVE）作为潜变量的效度评价指标，选取卡方/自由度、NFI、IFI、GFI、CFI 与 RMSER 这 6 项指标来评估整体模型的拟合程度。结果表明，战略人力资源管理各观测变量的因子载荷系数介于 0.50—0.87 之间，T 值均大于 2 且在 P<0.001 水平上显著，组合信度介于 0.72—0.83 之间，平均方差提取量介于 0.40—0.56 之间，虽然部分低于 0.50 的最低标准，但仍然处于可接受的范围之内。整体模型的卡方值为 401.97，自由度为 194，卡方/自由度值为 2.07，NFI 值为 0.90，IFI 值为 0.94，GFI 值为 0.90，CFI 值为 0.94，RMSER 值为 0.057，各项指标均达到了理想状态。整体来看，战略人力资源管理的验证性因子分析结果说明了该测量模型具有可接受的内部拟合度。

## 四、正式调查与分析

（一）样本来源与描述

一些研究认为，组织中的个别高层管理者很可能高估企业实施的战略人力资源管理实践，即单一反映组织测量（Single Response Organizational Surveys，SROS）评测方法必将导致明显的测量误差。[1] 然而休斯里德和贝克尔（Becker）却提了不同观点，认为单一反应组织测量方法可以保证其测量信度，且多层次回归模型的运用，可避免单层次研究产生的系统谬误。[2] 为了避免同源数据所产生的共同方法变异，本书借鉴了他们的做法，共有两类群体参与了本次调研：人力资源经理或人力资源总监负责对战略人力资源管理实践进行评价，而雇员则根据实际情况填写个体感知到的劳动关系满意度以及个体所呈现的工作绩效水平。

---

① Barry Gerhart, Patrick M. Wright, Gary C. Mc Mahan and Scott A. Snell, "Measurement Error in Research on Human Resources and Firm Performance：How much Error is there and how does It Influence Effect Size Estimates?", *Personnel Psychology*, No. 4, 2000. 宋典、袁勇志、张伟炜：《创业导向对员工创新行为影响的跨层次实证研究——以创新氛围和心理授权为中介变量》，《科学学研究》2011 年第 8 期。

② Mark A. Huselid and Brian E. Becker, "Comment on 'Measurement Error in Research on Human Resources and Firm Performance：How much Error is there and how does it Influence Effectsize Estimates?' by Gerhart, Wright, Mc Mahan, and Snell", *Personnel Psychology*, No. 4, 2000.

　　"我国企业劳动关系和谐指数构建与应用研究"（12A JY001）课题组于 2014 年 5 至 10 月，通过长春市人力资源与社会保障局劳动关系处，在长春市朝阳经济开发区随机抽取 40 家企业进行问卷调研；通过长春市朝阳经济开发区人力资源与社会保障局，在该区随机抽取 50 家企业进行问卷调研。两次调研共回收了 88 家企业样本数据，研究通过以下标准进行数据筛选：（1）企业基本信息，尤其是企业名称、行业等信息缺失较为严重；（2）被试者的作答呈现出分明的规律；（3）被试者对正向、反向题项的评价存在前后矛盾；（4）同一企业来源的问卷答案明显重合。经筛选后，本书成功配对了 63 家企业样本，保留了 63 份人力资源经理问卷与 782 份雇员问卷以进行后续的实证检验。企业与雇员的样本特征描述如表 3.13 所示。

表 3.13　企业与雇员样本特征

| 企业特征 | 频数 | 比例（%） | 总数 | 雇员特征 | 频数 | 比例（%） | 总数 |
|---|---|---|---|---|---|---|---|
| 企业规模 | | | 63 | 性别 | | | |
| 100 人以下 | 12 | 0.190 | | 男 | 417 | 0.533 | 782 |
| 101—200 人 | 29 | 0.460 | | 女 | 365 | 0.467 | |
| 201—300 人 | 19 | 0.302 | | 年龄 | | | |
| 300 人以上 | 3 | 0.048 | | "90 后" | 75 | 0.096 | |
| 成立年限 | | | 63 | "80 后" | 459 | 0.587 | |
| 5 年以下 | 25 | 0.397 | | "70 后" | 178 | 0.228 | 782 |
| 5—10 年（含 10 年） | 21 | 0.333 | | "60 后" | 47 | 0.060 | |
| 10—20 年（含 20 年） | 10 | 0.159 | | "50 后" | 23 | 0.029 | |
| 20 年以上 | 7 | 0.111 | | 文化程度 | | | |
| 行业类型 | | | 63 | 高中毕业及以下 | 31 | 0.040 | |
| 传统制造业 | 25 | 0.397 | | 专科毕业 | 89 | 0.114 | 782 |
| 服务业 | 17 | 0.270 | | 本科毕业 | 496 | 0.634 | |
| 高技术产业 | 21 | 0.333 | | 研究生毕业 | 166 | 0.212 | |
| | | | | 岗位类别 | | | |
| | | | | 操作人员 | 196 | 0.251 | |
| | | | | 专业技术人员 | 281 | 0.359 | 782 |
| | | | | 管理人员 | 138 | 0.176 | |
| | | | | 营销人员 | 167 | 0.214 | |

从表 3.13 的企业样本特征可知，在行业类型上，传统制造业、服务业以及高技术产业的比例相当，不存在明显偏离；在成立年限上，10 年及以下的企业合计占总样本的 72%，20 年以上的最少，仅占 11.1%；在企业规模上，雇员总数在 101—200 人的中型企业最多，占总样本的 46%，100 人及以下和 201—300 人的企业次之且数量相当，而 300 人以上的大型企业最少，仅占 4.8%。从雇员样本特征可知，在性别上，男女比例差别不大，但相对而言，男性较多，占总样本的 53.3%；在文化程度上，本科毕业者最多，超过总样本的一半（63.4%），研究生毕业者次之，占总样本的 21.2%，这可能与企业样本分布有关（高技术产业占有了相当比例）；在年龄上，"80 后"占总样本的 58.7%，"80 后"与"70 后"合计占 81.5%，而两端比例较低。总体来看，企业与雇员的样本分布特征未见异常，适合开展后续的数据分析。

（二）信度分析

量表信度水平采用克隆巴赫系数加以衡量。本书使用 SPSS 19.0 软件，对 63 份人力资源经理数据的分析结果显示，战略人力资源管理量表的克隆巴赫系数为 0.817，高于 0.70 的最低标准；对 782 份雇员数据的分析显示，劳动关系满意度、任务绩效与情境绩效的克隆巴赫系数在 0.765—0.874 之间，均达到了 0.70 这一最低标准。信度分析结果表明，所有量表均具有较高水平的内部一致性。

表 3.14　信度分析结果

| 变量 | 题数 | 克隆巴赫系数 |
|---|---|---|
| 战略人力资源管理 | 22 | 0.817 |
| 劳动关系满意度 | 21 | 0.874 |
| 任务绩效 | 5 | 0.821 |
| 情景绩效 | 6 | 0.765 |

（三）效度分析

本书借助 LISREL 8.80 数据分析软件，采用结构方程建模技术对 782

份雇员数据进行验证性因子分析，以进一步判断劳动关系满意度与工作绩效的聚合效度。本书选择了因子载荷、组合信度、平均方差提取量、卡方/自由度、NFI、IFI、GFI、CFI 与 RMSER 这 9 项指标，衡量各潜变量及整体模型的内部拟合程度。劳动关系满意度、工作绩效的验证性因子分析结果分别如表 3.15、表 3.16 所示。

表 3.15 劳动关系满意度的验证性因子分析结果

| 维度 | 题项编号 | 因子载荷 | 测量残差 | 组合信度 | 平均方差提取量 |
|---|---|---|---|---|---|
| 劳动报酬 | LRS1 | 0.68 | 0.53 | 0.70 | 0.44 |
| | LRS2 | 0.64 | 0.59 | | |
| | LRS3 | 0.62 | 0.62 | | |
| 劳动负荷 | LRS5 | 0.67 | 0.60 | 0.81 | 0.52 |
| | LRS6 | 0.63 | 0.74 | | |
| | LRS7 | 0.84 | 0.61 | | |
| | LRS8 | 0.72 | 0.50 | | |
| 劳动条件与保障 | LRS9 | 0.71 | 0.50 | 0.74 | 0.42 |
| | LRS10 | 0.63 | 0.64 | | |
| | LRS11 | 0.66 | 0.57 | | |
| | LRS12 | 0.58 | 0.66 | | |
| 雇员成长 | LRS13 | 0.73 | 0.47 | 0.82 | 0.54 |
| | LRS14 | 0.67 | 0.55 | | |
| | LRS15 | 0.86 | 0.55 | | |
| | LRS16 | 0.66 | 0.56 | | |
| 劳动争议管理 | LRS17 | 0.70 | 0.51 | 0.64 | 0.47 |
| | LRS18 | 0.67 | 0.55 | | |
| 和谐文化建设 | LRS19 | 0.70 | 0.52 | 0.77 | 0.45 |
| | LRS21 | 0.76 | 0.43 | | |
| | LRS22 | 0.62 | 0.62 | | |
| | LRS23 | 0.60 | 0.44 | | |

劳动关系满意度的验证性因子分析结果显示（见表 3.15）：各观测变量的因子载荷系数介于 0.58—0.86 之间，T 值均大于 2 且在 P<0.001 水平上显著，各潜变量的组合信度在 0.64—0.82 之间，平均方差提取量在 0.42—0.54，虽然部分低于 0.50 的最低标准，但仍然处于可接受的范围之

内。整体模型的卡方/自由度、NFI、IFI 等拟合指标也均达到了理想状态（见表 3.17），整体上可判断劳动关系满意度量表具有可接受的聚合效度。

表 3.16   工作绩效的验证性因子分析结果

| 变量 | 题项编号 | 因子载荷 | 测量残差 | 组合信度 | 平均方差提取量 |
|---|---|---|---|---|---|
| 任务绩效 | TP1<br>TP2<br>TP3<br>TP4<br>TP5 | 0.82<br>0.86<br>0.64<br>0.77<br>0.54 | 0.32<br>0.26<br>0.59<br>0.41<br>0.71 | 0.85 | 0.54 |
| 情境绩效 | CP1<br>CP2<br>CP3<br>CP5<br>CP6<br>CP7 | 0.59<br>0.65<br>0.74<br>0.66<br>0.59<br>0.55 | 0.66<br>0.54<br>0.32<br>0.56<br>0.64<br>0.71 | 0.80 | 0.40 |

工作绩效的验证性因子分析结果显示（见表 3.16）：任务绩效各观测变量的因子载荷系数介于 0.54—0.82 之间，T 值均大于 2 且在 P<0.001 水平上显著，潜变量的组合信度为 0.85，平均方差提取量为 0.54；情境绩效各观测变量的因子载荷系数介于 0.55—0.74 之间，T 值均大于 2 且在 P<0.001 水平上显著，潜变量的组合信度值为 0.80，平均方差提取量为 0.40。工作绩效两个子量表的卡方/自由度、NFI、IFI 等模型拟合指标也均达到了理想状态（见表 3.17），整体上可判断出该测量模型具有良好的聚合效度。

表 3.17   测量模型的整体拟合结果

| 变量 | 卡方 | 自由度 | 卡方/自由度 | NFI | IFI | GFI | CFI | RMSEA |
|---|---|---|---|---|---|---|---|---|
| 劳动关系满意度 | 342.27 | 174 | 1.97 | 0.92 | 0.96 | 0.91 | 0.96 | 0.050 |
| 任务绩效 | 13.79 | 5 | 2.76 | 0.99 | 0.99 | 0.99 | 0.98 | 0.073 |
| 情境绩效 | 28.31 | 9 | 3.15 | 0.89 | 0.90 | 0.90 | 0.93 | 0.097 |

（四）假设检验

1. 相关分析

本书使用 SPSS 19.0 软件对变量进行了描述性统计和相关性分析，结果如表 3.18 所示。工作绩效的两个维度呈显著正相关（r = 0.472，p<0.001）；劳动关系满意度与任务绩效及情境绩效呈显著正相关（r = 0.563，p<0.001；r = 0.450，p<0.001）。

表 3.18　变量均值、标准差及变量间相关系数

| | 变量 | 均值 | 标准差 | 1 | 2 |
|---|---|---|---|---|---|
| 个体层面<br>N = 782 | 1. 劳动关系满意度<br>2. 任务绩效<br>3. 情景绩效 | 3.353<br>3.146<br>3.547 | 0.647<br>0.594<br>0.792 | <br>0.563***<br>0.450*** | <br><br>0.472*** |
| 组织层面<br>N = 63 | 战略人力资源管理 | 3.126 | 0.789 | | |

注：* 表示 $p<0.05$；* * 表示 $p<0.01$；* * * 表示 $p<0.001$；N 表示样本量。

2. 战略人力资源管理对工作绩效的主效应检验

本书使用 HLM 6.08 软件，检验假设 1 提出的战略人力资源管理对工作绩效的跨层次影响。为了保证数据结果的严谨性与可靠性，本书在回归分析过程中，控制了性别、年龄、文化程度等个体特征因素及组织规模、成立年限、行业类型等组织特征因素，并分别将性别、文化程度、行业类型三个变量进行了虚拟处理，其中性别以女性为参照组，文化程度以高中及以下为参照组，行业以传统制造业为参照组，各控制变量的赋值在表 3.11 中有详细的描述。

表 3.19　战略人力资源管理对工作绩效影响的跨层次分析

| 变量 | 因变量：任务绩效 | | 因变量：情景绩效 | |
|---|---|---|---|---|
| | 零模型 1 | 方程 1 | 零模型 2 | 方程 2 |
| 截距项 | 3.352***<br>（0.06） | 3.349***<br>（0.05） | 3.387***<br>（0.07） | 3.384***<br>（0.04） |

续表

| 变量 | 因变量：任务绩效 | | 因变量：情景绩效 | |
|---|---|---|---|---|
| | 零模型1 | 方程1 | 零模型2 | 方程2 |
| 个体层面变量 | | | | |
| 男 | 0.097（0.05） | 0.097（0.05） | 0.015（0.07） | 0.015（0.07） |
| 年龄 | −0.007（0.04） | −0.007（0.04） | 0.038（0.04） | 0.038（0.04） |
| 大专 | −0.154（0.15） | −0.154（0.15） | −0.085（0.18） | −0.085（0.18） |
| 本科 | −0.092（0.14） | −0.092（0.14） | −0.094（0.18） | −0.094（0.18） |
| 研究生及以上 | −0.030（0.15） | −0.030（0.15） | −0.092（0.17） | −0.092（0.17） |
| 组织层面变量 | | | | |
| 组织规模 | −0.204（0.36） | −0.225（0.22） | −0.056（0.34） | −0.002（0.19） |
| 成立年限 | 0.069（0.03）* | 0.050*（0.02） | 0.059（0.03） | 0.036（0.02） |
| 服务业 | 0.371（0.14）** | 0.185（0.12） | 0.387（0.14）** | 0.171（0.11） |
| 高技术产业 | 0.167（0.17） | 0.054（0.11） | 0.174（0.17） | 0.044（0.10） |
| 战略人力资源管理 | | 0.456***（0.08） | | 0.527***（0.08） |
| sigma | 0.406 | 0.406 | 0.390 | 0.390 |
| tau | 0.215*** | 0.086*** | 0.231*** | 0.059*** |
| $\Delta R^2$（层−1） | 0.346 | | 0.372 | |
| $\Delta R^2$（层−2） | | 0.600 | | 0.744 |
| 卡方 | 275.30*** | 141.84*** | 302.04*** | 117.20*** |
| 模型离异数 | 983.77 | 947.93 | 971.12 | 918.92 |

　　战略人力资源管理对工作绩效的跨层次影响如表3.19所示。零模型1、零模型2是不包含预测变量的随机效应方差分析，以检验任务绩效与情境绩效的组间差异，而方程1、方程2则为随机回归系数模型，分别用以验证战略人力资源管理对任务绩效和情景绩效的影响。从零模型1的分析结果可以看出，企业的成立年限、行业类型对任务绩效均存在显著的正向影响，组间变异占总方差的34.6%［sigma = 0.406，tau = 0.215，卡方 = 275.30，$p<0.001$，ICC（1）= 0.346］，这表明可运用多层次回归模型验证假设1.1。方程1进一步检验了战略人力资源管理对任务绩效的影响，结果显示，战略人力资源管理对任务绩效具有显著的正向影响（$\beta = 0.456$，

P<0.001），加入战略人力资源管理后，相较于零模型 1 而言，任务绩效的组间方差由 0.215 减少至 0.086，额外解释组间方差的 60.0% [sigma = 0.406，tau = 0.086，卡方 = 141.84，p<0.001，$\Delta R^2$（层-2）= 0.600]，假设 1.1 得以证实。从零模型 2 的分析结果可以看出，行业类型对工作绩效存在显著的正向影响，组间变异占总方差的 37.2% [sigma = 0.390，tau = 0.231，卡方 = 302.04，p<0.001，ICC（1）= 0.372]，这表明可运用多层次回归模型验证假设 1.2。方程 2 进一步检验了战略人力资源管理对情境绩效的影响，结果显示，战略人力资源管理对情境绩效具有显著的正向影响（β = 0.527，P<0.001），加入战略人力资源管理后，相较于零模型 2 而言，情境绩效的组间方差由 0.231 减少至 0.059，额外解释组间方差的 74.4% [sigma = 0.390，tau = 0.059，卡方 = 117.20，p<0.001，$\Delta R^2$（层-2）= 0.744]，假设 1.2 得以证实。

3. 雇员劳动关系满意度的中介效应检验

本书使用 HLM 6.08 软件，分别检验假设 2 提出的战略人力资源管理对劳动关系满意度的跨层次影响，假设 3 提出的劳动关系满意度对工作绩效的影响，假设 4 提出的劳动关系满意度的跨层次中介作用。分析结果如表 3.20 所示。

表 3.20 中，零模型用以检验劳动关系满意度的组间方差，方程 1 用以检验战略人力资源管理对劳动关系满意度的跨层次影响，方程 2、方程 5 分别反映了战略人力资源管理对任务绩效与情境绩效的影响，方程 3、方程 6 分别检验了劳动关系满意度对任务绩效与情境绩效的影响，方程 4、方程 7 则分别检验了劳动关系满意度在战略人力资源管理与任务绩效及情境绩效间的跨层次中介作用。

从零模型的分析结果可以看出，企业的成立年限、行业类型对劳动关系满意度均存在显著的正向影响，组间变异占总方差的 28.8% [sigma = 0.531，tau = 0.215，卡方 = 223.71，p<0.001，ICC（1）= 0.288]，这表明可运用多层次回归模型对假设 5 加以验证。方程 1 进一步检验了战略人力资源管理对劳动关系满意度的影响，结果显示，战略人力资源管理对劳动

表 3.20　雇员劳动关系满意度中介作用的跨层次分析

| 变量 | 因变量：劳动关系满意度 | | | 因变量：任务绩效 | | | 因变量：情境绩效 | |
|---|---|---|---|---|---|---|---|---|
| | 零模型 | 方程 1 | 方程 2 | 方程 3 | 方程 4 | 方程 5 | 方程 6 | 方程 7 |
| 截距项 | 3.358*** (0.07) | 3.354*** (0.05) | 3.349*** (0.05) | 3.353*** (0.05) | 3.350*** (0.04) | 3.384*** (0.04) | 3.388*** (0.05) | 3.387*** (0.04) |
| 个体层面 | | | | | | | | |
| 男性 | | -0.021 (0.08) | 0.097 (0.05) | 0.101 (0.05) | 0.101 (0.07) | 0.015 (0.07) | 0.019 (0.07) | 0.019 (0.07) |
| 年龄 | | 0.003 (0.04) | -0.007 (0.04) | -0.007 (0.04) | -0.007 (0.04) | 0.038 (0.04) | 0.037 (0.04) | 0.037 (0.04) |
| 大专 | | -0.194 (0.19) | -0.154 (0.15) | -0.113 (0.15) | -0.116 (0.15) | -0.085 (0.18) | -0.040 (0.17) | -0.044 (0.17) |
| 本科 | | -0.188 (0.17) | -0.092 (0.14) | -0.052 (0.14) | -0.054 (0.13) | -0.094 (0.18) | -0.051 (0.17) | -0.054 (0.17) |
| 研究生及以上 | | -0.246 (0.19) | -0.030 (0.15) | 0.023 (0.15) | 0.019 (0.15) | -0.092 (0.17) | -0.036 (0.16) | -0.040 (0.16) |
| 劳动关系满意度 | | | | 0.213* (0.09) | 0.198** (0.07) | | 0.239** (0.08) | 0.210** (0.07) |
| 组织层面 | | | | | | | | |
| 组织规模 | -0.026 (0.37) | 0.012 (0.22) | -0.225 (0.22) | -0.200 (0.29) | -0.172 (0.17) | -0.002 (0.19) | -0.034 (0.29) | 0.032 (0.19) |
| 成立年限 | 0.059** (0.03) | 0.039 (0.03) | 0.050* (0.02) | 0.056* (0.03) | 0.041* (0.02) | 0.036 (0.02) | 0.045 (0.03) | 0.000 (0.02) |
| 服务业 | 0.379** (0.14) | 0.187 (0.11) | 0.185 (0.12) | 0.290** (0.11) | 0.147 (0.10) | 0.171 (0.11) | 0.300** (0.11) | 0.162 (0.11) |
| 高技术产业 | 0.149 (0.18) | 0.030 (0.12) | 0.054 (0.11) | 0.135 (0.13) | 0.047 (0.09) | 0.044 (0.10) | 0.141 (0.14) | -0.058 (0.11) |

续表

| 变量 | 因变量：劳动关系满意度 | | 因变量：任务绩效 | | | 因变量：情境绩效 | | |
| --- | --- | --- | --- | --- | --- | --- | --- | --- |
| | 零模型 | 方程 1 | 方程 2 | 方程 3 | 方程 4 | 方程 5 | 方程 6 | 方程 7 |
| 战略人力资源管理 | | 0.470***<br>(0.09) | 0.456***<br>(0.08) | | 0.353***<br>(0.05) | 0.527***<br>(0.08) | | 0.373***<br>(0.06) |
| Sigma | 0.531 | 0.531 | 0.406 | 0.415 | 0.414 | 0.390 | 0.394 | 0.391 |
| Tau | 0.215*** | 0.077*** | 0.086*** | 0.113*** | 0.038** | 0.059*** | 0.125*** | 0.045*** |
| $\Delta R^2$（层-1） | 0.288 | | | | | | | |
| $\Delta R^2$（层-2） | | 0.642 | 0.600 | 0.474 | 0.558 | 0.744 | 0.459 | 0.237 |
| 卡方 | 223.71 | 115.09 | 141.84 | 169.17 | 93.04 | 117.20 | 187.78 | 102.92 |
| 模型离异数 | 1088.89 | 1052.97 | 947.93 | 967.28 | 936.90 | 918.92 | 949.49 | 913.78 |

关系满意度具有显著的正向影响（β=0.470，P<0.001），加入战略人力资源管理后，相较于零模型而言，劳动关系满意度的组间方差由 0.215 减少至 0.077，额外解释组间方差的 64.2%［sigma=0.531，tau=0.077，卡方=115.09，p<0.001，$\Delta R^2$（层-2）=0.642］，假设 2 得以证实。方程 3 检验了劳动关系满意度对任务绩效的影响，结果显示，劳动关系满意度对任务绩效具有显著的正向影响（β=0.213，P<0.05），相较表 3.19 中的零模型 1 而言，任务绩效的组间方差由 0.215 减少至 0.113，额外解释组间方差的 47.4%［sigma=0.415，tau=0.113，卡方=169.17，p<0.001，$\Delta R^2$（层-2）=0.474］，假设 3.1 得以证实。方程 6 检验了劳动关系满意度对情境绩效的影响，结果显示，劳动关系满意度对情境绩效具有显著的正向影响（β=0.239，P<0.01），相较于表 3.19 中的零模型 2 而言，情境绩效的组间方差由 0.231 减少至 0.125，额外解释组间方差的 45.9%［sigma=0.394，tau=0.125，卡方=187.78，p<0.001，$\Delta R^2$（层-2）=0.459］，假设 3.2 得以证实。

由方程 1 及方程 2 可知，战略人力资源管理对劳动关系满意度、任务绩效均存在显著的正向影响，因而对劳动关系满意度是战略人力资源管理与任务绩效中介变量的检验只差最后一个环节。方程 4 的结果显示，同时加入战略人力资源管理与劳动关系满意度后，与方程 2 相比，战略人力资源管理对任务绩效的回归系数由 0.456 减少至 0.353，在 P<0.001 水平上显著，劳动关系满意度对任务绩效的回归系数为 0.198，在 P<0.01 水平上显著，组间方差由 0.086 减少至 0.038，额外解释了组间方差的 55.8%，且显著性水平有所下降［sigma=0.414，tau=0.038，卡方=93.04，p<0.01，$\Delta R^2$（层-2）=0.558］，说明劳动关系满意度在战略人力资源管理与任务绩效之间起到了部分中介作用，假设 4.1 得以证实。

由方程 5 及方程 6 可知，战略人力资源管理对劳动关系满意度、情境绩效均存在显著的正向影响，因而对劳动关系满意度是战略人力资源管理与情境绩效中介变量的检验只差最后一个环节。方程 7 的结果显示，同时加入战略人力资源管理与劳动关系满意度后，与方程 5 相比，战略人力资源管理对情境绩效的回归系数由 0.527 减少至 0.373，在 P<0.001 水平上显著，劳动关系满意度对任务绩效的回归系数为 0.210，在 P<0.01 水平上显著，组间方差由 0.059 减少至 0.045，额外解释了组间方差的 23.7%〔sigma = 0.391，tau = 0.045，卡方 = 102.92，p < 0.001，$\Delta R^2$（层 - 2）= 0.237〕，说明劳动关系满意度在战略人力资源管理与情境绩效之间起到了部分中介作用，假设 4.2 得以证实。

## 五、研究结果讨论

本书通过扎根理论这一质性的研究方法，形成了劳动关系满意度的理论模型与测量工具，并在此基础上构建了以劳动关系满意度为中介变量的跨层次实证模型。本书深入探讨了战略人力资源管理对任务绩效、情境绩效的直接影响，并进一步考察了劳动关系满意度的中介效应。本书对假设 1.1 至假设 4.2 的检验结果如表 3.21 所示。

表 3.21 假设检验结果总结

| 假设 | 内　容 | 结果 |
|---|---|---|
| 假设 1.1 | 战略人力资源管理对任务绩效具有显著的跨层次正向影响 | 支持 |
| 假设 1.2 | 战略人力资源管理对情境绩效具有显著的跨层次正向影响 | 支持 |
| 假设 2 | 战略人力资源管理对劳动关系满意度具有显著的跨层次正向影响 | 支持 |
| 假设 3.1 | 劳动关系满意度对任务绩效具有显著的正向影响 | 支持 |
| 假设 3.2 | 劳动关系满意度对情境绩效具有显著的正向影响 | 支持 |
| 假设 4.1 | 劳动关系满意度在战略人力资源管理与任务绩效之间起到了跨层次中介作用 | 支持 |
| 假设 4.2 | 劳动关系满意度在战略人力资源管理与情境绩效之间起到了跨层次中介作用 | 支持 |

（一）战略人力资源管理对工作绩效的直接影响

本书的数据结果支持了假设 1.1 与假设 1.2，即战略人力资源管理对任务绩效与情境绩效均存在显著的跨层次正向影响。同时，研究还发现，战略人力资源管理对情境绩效的影响系数大于任务绩效，这与陈云云、方芳等、仲理峰的研究结论不谋而合。① 之所以出现这种结果，其可能的原因是，任务绩效作为雇员直接的工作结果或产出，与情境绩效相比，受到了更多因素的干扰，不仅仅包括了组织的管理实践、雇员的态度与认知，就连组织特征、工作特征与个体能力等诸多客观因素也将对其产生了一定的作用。

此外，这一结论也支持了基思（Keith）和博克索尔（Boxall）、格兰特（Grant）和希尔兹（Shields）、竹内（Takeuchi）等学者的观点，他们普遍认为，战略人力资源管理领域的相关研究过度关注了"组织产出"，却忽视了雇员对这些实践的真实反应，因而提出，战略人力资源管理对组织绩效的影响很可能通过雇员的态度与行为得以实现。② 而费理斯（Ferris）等学者早在 1998 年便基于社会情境理论，系统构建了战略人力资源管理对雇员态度、行为影响的理论模型。③ 本书得出的结论则为上述理论框架提供了进一步的实证证明。

格哈特（Gerhart）等、王震等及宋典等学者认为，组织中的个别高层管理者很可能高估企业实施的战略人力资源管理实践，即单一反应组织测量评测方法必将导致明显的测量误差。④ 然而休斯里德和贝克尔却提了不

---

① 陈云云、方芳、张一弛：《高绩效 HRM 与员工绩效的关系：人力资本投资意愿的作用》，《经济科学》2009 年第 5 期。仲理峰：《高绩效人力资源实践对员工工作绩效的影响》，《管理学报》2013 年第 7 期。

② Macky Keith and Peter Boxall, "The Relationship between 'High-Performance Work Practices' and Employee Attitudes: An Investigation of Additive and Interaction Effects", *The International Journal of Human Resource Management*, No. 4, 2007. David Grant and John Shields, "In Search of the Subject: Researching Employee Reactions to Human Resource Management", *Journal of Industrial Relations*, No. 3, 2002. Riki Takeuchi, Gilad Chen and David P. Lepak, "Through the Looking Glass of a Social System: Cross-Level Effects of High-Performance Work Systems on Employees' Attitudes", *Personnel Psychology*, No. 1, 2009.

③ Gerald R. Ferris, Michelle M. Arthur, Howard M. Berkson and David M. KaplanGloria Harrell-CookDwight D. Frink, "Toward a Social Context Theory of the Human Resource Management-Organization Effectiveness Relationship", *Human Resource Management Review*, No. 3, 1998.

④ Barry Gerhart, Patrick M. Wright, Gary C. Mc Mahan and Scott A. Snell, "Measurement Error in Research on Human Resources and Firm Performance: How much Error is there and how does it Influence Effect Size Estimates?", *Personnel Psychology*, No. 4, 2000. 王震、孙健敏：《人力资源管理实践、组织支持感与员工承诺和认同——一项跨层次研究》，《经济管理》2011 年第 4 期。宋典、袁勇志、张伟炜：《创业导向对员工创新行为影响的跨层次实证研究——以创新氛围和心理授权为中介变量》，《科学学研究》2011 年第 8 期。

同观点，认为单一反应组织测量方法可以确保其测量信度，且多层次回归模型的运用，亦可避免单层次研究产生的系统谬误。① 本书对后者提出的建议作出了有效的回应，跨层次回归分析结果能充分证明，单一反应组织测量评估方法可以保证研究的有效性。

再次，研究结果不仅支持了人力资源管理"系统论"，也实现了对工作绩效不同维度的区辨性考量。总体而言，在已有文献中，或有研究仅强调了单一的人力资源管理措施，如奖励决策、雇员培训对工作绩效的影响；② 或有研究仅关注了战略人力资源管理实践对组织公民行为的影响；③ 或有研究将任务绩效与情境绩效一概而论，仅将工作绩效作为一高阶因子，探讨战略人力资源管理对其整体影响；④ 而本书假设 1 的结论正是从现有的研究缺口入手，从实证上分别检验战略人力资源管理系统对任务关系与情境绩效的影响，进一步丰富了相关研究的经验证据。

（二）劳动关系满意度的中介作用

从数据分析结果可知，假设 2 至假设 4.2 均得到了支持，即战略人力资源管理对劳动关系满意度产生了显著的跨层次正向影响，劳动关系满意度对任务绩效与情境绩效均产生了显著的正向影响，而在战略人力资源管理对任务绩效与情境绩效的影响中，劳动关系满意度均发挥了部分跨层次

---

① Mark A. Huselid and Brian E. Becker, "Comment on 'Measurement Error in Research on Human Resources and Firm Performance: How much Error is there and how does It Influence Effectsize Estimates?' by Gerhart, Wright, Mc Mahan, and Snell", *Personnel Psychology*, No. 4, 2000.

② Keith Roberts, "The Proof of HR is in the Profits", *People Management*, No. 3, 1995. Kiker D. Scott and Stephan J. Motowidlo, "Main and Interaction Effects of Task and Contextual Performance on Supervisory Reward Decisions", *Journal of Applied Psychology*, No. 4, 1999.

③ Li-Yun Sun, Samuel Aryee and Kenneth S. Law, "High - Performance Human Resource Practices, Citizenship Behavior, and Organizational Performance: A Relational Perspective", *Academy of Management Journal*, No. 3, 2007. Yaping Gong, Song Chang and Siu-Yin Cheung, "High Performance Work System and Collective OCB: A Collective Social Exchange Perspective", *Human Resource Management Journal*, No. 2, 2010. Zhang Zhe, Difang Wan and Ming Jia, "Do High-Performance Human Resource Practices Help Corporate Entrepreneurship? The Mediating Role of Organizational Citizenship Behavior", *The Journal of High Technology Management Research*, No. 2, 2008.

④ Tabiu Abubakar and Abubakar Allumi Nura, "Assessing the Effects of Human Resource Management (HRM) Practices on Employee Job Performance: A Study of Usmanu Danfodiyo University Sokoto", *Journal of Business Studies Quarterly*, No. 2, 2013.

中介作用。

以往关于劳动关系的评价指标研究，对雇员态度、感受等主观指标的关注尚有不足，因而，孙瑜、渠邕基于劳资博弈的经济学视角，首次界定了劳动关系满意度这一概念，认为劳动关系满意度是雇员在劳动关系运作中对其利益诉求的满足程度，构建了包含工作稳定性与保障、劳动报酬、劳动负荷、组织关系、人际关系、企业成长与个人发展7项一级指标的劳动关系满意度评价指标体系。[①] 虽然，此项研究在劳动关系质量评估上提供了全新的研究视角，但也不可否认，其概念界定与研究方法，均呈现出一定的局限与不足，且劳动关系满意度的前因变量、结果变量尚未得到进一步的探讨。而本书不仅构建了劳动关系满意度的理论模型，还深入考察了其与战略人力资源管理、工作绩效三者间的关系，本书得出的结论将拓展已有劳动关系满意度的相关研究。

同时，研究还发现，劳动关系满意度对情境绩效的影响系数大于任务绩效，可能的原因与前述相同，即任务绩效的影响因素相对复杂，不仅仅包括了组织的管理实践、雇员的态度与认知，就连组织特征、工作特征与个体能力等诸多客观因素也将对其产生一定的作用。

此外，研究结论支持了劳动关系满意度的中介作用，说明战略人力资源管理对工作绩效的积极影响，一部分是通过雇员的劳动关系满意度感知而间接实现的，即当组织有效实施内部晋升、广泛培训、雇佣保障、雇员参与、工作描述、激励性报酬等人力资源管理措施，会显著促进雇员对劳动报酬、劳动负荷、雇员成长、劳动条件与保障、和谐文化建设和劳动争议管理的综合性评价，而这种对组织的积极情绪认知，将有效提升、改善雇员的工作绩效水平。

本章通过对理论模型的分析与检验，对研究问题进行了系统的探讨和回答，并得出以下基本结论：

---

① 孙瑜、渠邕：《员工视角的劳动关系满意度评价指标体系构建》，《社会科学战线》2014年第9期。

（1）劳动关系满意度模型。本章基于扎根理论这一质性的研究方法，构建了符合中国情境的劳动关系满意度理论模型，在扎根理论三级编码分析基础上，形成劳动关系满意度的拟开发量表，通过实证分析方法开发、检验了劳动关系满意度的测量工具。研究结果表明：劳动关系满意度是员工基于自身利益获得、劳动争议管理与谐文化建设的综合性评价，并受到个体差异、组织内外部环境等多方面因素的影响，是关于整个劳动关系运作过程的、企业管理制度可加以协调的员工对企业的情绪认知评价，而评价水平的高低将直接诱导助益或有损于组织的员工应对行为；围绕着劳动关系满意度这一核心范畴，各个主范畴与副范畴有机地关联在一起，形成了一个整合性较强且内容较为丰富的劳动关系满意度理论框架体系，可用于描述包含劳动关系满意度、员工应对行为以及企业发展3个要素在内的劳动关系运作过程；劳动关系满意度与工作满意度在内涵上存在差异，前者尤为强调了劳动合同、社会保险、劳动争议、员工参与、员工安全与健康等劳动关系领域下的员工权益问题，且未涉及后者所包含的企业发展与人际关系要素；基于29份访谈文本，在扎根理论三级编码分析的基础上，形成了劳动关系满意度拟开发量表的初始维度与条目，实证分析结果表明，"劳动报酬""劳动负荷""员工成长""劳动条件与保障""和谐文化建设"与"劳动争议管理"6个因子，可从属于劳动关系满意度这一更高阶因子，6个维度21个题项的劳动关系满意度测量工具具有良好的信、效度水平。

（2）战略人力资源管理对工作绩效具有显著的跨层次正向影响。随着战略人力资源管理理论的蓬勃发展，已有大量的研究表明，有效的战略人力资源管理可提升组织的绩效水平。[①] 而其对个体工作绩效影响的相关研究远不及组织绩效那般丰富，更缺乏对两者关系的跨层次探讨。因此，本

---

① 苏中兴：《转型期中国企业的高绩效人力资源管理系统：一个本土化的实证研究》，《南开管理评论》2010年第4期。James Combs, Liu Yongmei, Angela Hall and David Ketchen, "How much do High-Performance Work Practices Matter? A Meta-Analysis of Their Effects on Organizational Performance", *Personnel Psychology*, No. 3, 2006.

章通过中国组织情境下的实证样本，检验了战略人力资源管理对工作绩效的直接关系。研究结果表明：与陈云云、方芳等、仲理峰的研究结论基本一致，战略人力资源管理对工作绩效的两个维度，即任务绩效和情境绩效，均存在跨层次的显著正向影响。[①] 这表明包含内部晋升、广泛培训、雇佣保障、员工参与、工作描述、激励性报酬的战略人力资源管理实践，不仅提高了员工在正式角色要求下产生的工作结果，同时也强化了支持组织技术核心的角色外行为。此外，有学者认为，组织中个别高层管理者很可能高估企业对战略人力资源管理政策的实施，即单一反应组织测量评测方法必将导致明显的测量误差。[②] 然而，本章的实证检验结果并未支持以上观点，组织层面战略人力资源管理对个体层面工作绩效的影响，仍具有良好的结果效度。

（3）劳动关系满意度在战略人力资源管理与工作绩效关系中起部分跨层次中介作用。研究发现，人力资源管理对劳动关系满意度产生了显著的跨层次正向影响，劳动关系满意度对任务绩效与情境绩效产生了显著的正向影响，而在战略人力资源管理对任务绩效与情境绩效的影响中，劳动关系满意度均发挥了部分跨层次中介作用。具体而言，组织对内部晋升、广泛培训、雇佣保障、员工参与、工作描述、激励性报酬等人力资源管理政策的有效实施，会显著促进员工对劳动报酬、劳动负荷、员工成长、劳动条件与保障、和谐文化建设与劳动争议管理的综合性评价，而这种对组织的积极情绪认知，将进一步提升员工个体的绩效水平。

通过检验战略人力资源管理对工作绩效的跨层次影响及其作用机制，

---

① 陈云云、方芳、张一弛：《高绩效 HRM 与员工绩效的关系：人力资本投资意愿的作用》，《经济科学》2009 年第 5 期。仲理峰：《高绩效人力资源实践对员工工作绩效的影响》，《管理学报》2013 年第 7 期。

② Barry Gerhart, Patrick M. Wright, Gary C. Mc Mahan and Scott A. Snell, "Measurement Error in Research on Human Resources and Firm Performance: How much Error is there and how does It Influence Effect Size Estimates?", *Personnel Psychology*, No. 4, 2000. 宋典、袁勇志、张伟炜：《创业导向对员工创新行为影响的跨层次实证研究——以创新氛围和心理授权为中介变量》，《科学学研究》2011 年第 8 期。王震、孙健敏：《人力资源管理实践、组织支持感与员工承诺和认同——一项跨层次研究》，《经济管理》2011 年第 4 期。

为组织的人力资源管理实践提供的建议与启示如下：

（1）推动有效的人力资源管理措施。外部环境日益复杂使得企业不得不探寻推进组织效能的新途径，而员工个体的工作绩效表现则能有效提升组织整体的绩效水平。因而，组织如欲降低对其长远发展与稳定效能的不利干扰，则需关注哪些有效的人力资源管理措施能够促进员工的个体绩效。研究结果表明，包含内部晋升、广泛培训、雇佣保障、员工参与、工作描述、激励性报酬的人力资源管理措施对任务绩效与情境绩效均存在显著的正向影响。因此，企业可通过采取例如加强员工的职业生涯规划，设立规范的晋升制度，为员工提供教育和培训机会，保障员工的工作环境、条件及其稳定性，支持员工参与企业决策，广纳谏言，对各个工作岗位有明确的职责说明，支付员工激励性报酬等管理手段，以有效提高员工在正式角色要求下产生的工作结果，并进而强化支持组织技术核心的员工角色外行为。

（2）关注劳动关系满意度的传导作用。研究同样发现，在战略人力资源管理对工作绩效的跨层次影响中，员工个体感知的劳动关系满意度也发挥了部分中介作用。因此，企业需要通过一系列的管理办法，促进员工对劳动关系满意度的积极情绪认知与评价，以进一步实现战略人力资源管理向工作绩效的跨层次转化。例如，企业不仅需要提供员工较为满意的劳动报酬、成长和发展机会、劳动条件与保障；同时，企业还应关注员工个体的劳动负荷，比如公平的劳动分配、员工的压力感知、用工时间的长短等。不仅如此，企业亦需加强劳动争议管理与和谐文化建设等相关工作，这将助益于员工与企业间的积极互动。

# 第四章　相对和谐劳动关系指数构建与
# 分析工具设计及应用

　　评价企业劳动关系和谐与否实际是对企业劳动关系状态的判断，这种判断可以基于企业执行相关法律法规的情况，也可以基于企业劳资之间的一些具体事例，还可以基于劳资双方的各自感觉，但这些多数出于片面或者感性的认知。如何综合、科学地对企业劳动关系状态加以测量与分析，既是和谐劳动关系建设工作的需要，也是本书的核心内容之一。

　　在统计和研究设计意义上，指数是针对一组具有代表性的数据点变化的测量值，或者说，是一个集合了多个指标的复合性测量值，它是一个综合统计量。指数在社会科学研究中有着广泛的应用。[①] 而运用指数形式对企业劳动关系状态加以测量，即构建各种类型的和谐劳动关系指数，也已有十年之久。本章将在第二章和第三章基础上，聚焦于企业中雇主与雇员之间的微观视角，界定相对和谐劳动关系概念，设计相对和谐劳动关系指数体系，并设计企业劳动关系状态分布图作为其可视化呈现和直观分析工具。

　　作为综合统计量，和谐劳动关系指数只是对企业劳动关系状态的总体判断，但和谐劳动关系创建工作，不仅需要掌握劳动关系的状态，更需要分析劳动关系状态背后的深层原因，找出和谐劳动关系构建的促进因素或阻碍因素。从政府监管角度看，劳动关系状态与行业、区域、企业雇佣规

---

　　① Earl Babbie, *The Basics of Social Research*, Stamford Cengage Learning, 2013, p. 27. Hawken Angela and Gerardo L. Munck, "Cross-National Indices with Gender-Differentiated Data: What do They Measure? How Valid are They?", *Social Indicators Research*, No. 3, 2013.

模、企业生命周期之间，是否存在某些规律性特征？从企业管理角度看，雇员的劳动关系满意度与雇员的性别、年龄、学历、职务、岗位等属性之间，是否也存在某些规律性特征？在雇员的劳动关系需求中，哪些需求占据主导地位？哪些需求没有得到满足而导致了雇员劳动关系满意度降低？获得这些微观结构特征信息，可以为政府和雇主有针对性地调整劳动关系管理政策，提供准确的数据支持。本章引入两个基础统计模型：路径模型与核密度估计模型来进行具体的分析工具设计。路径模型相关分析工具主要用于揭示雇员劳动关系需求的结构特征，而核密度估计模型则用于劳动关系状态和雇员劳动关系满意度对不同自然属性组别之间的结构特征比较分析。

本章在指数及相关分析工具设计部分，使用课题组采集的全国 129 家企业的总体样本数据，既作为指数与工具设计的示例，同时也是对本书总体样本的分析过程。此外，将对本书数据采集过程中，在南北方两个经济开发区较为集中采集的样本加以比较分析，在进一步验证指数与分析工具有效性的同时，试图寻找我国不同地域之间劳动关系结构性特征的差异及其背后成因。

## 第一节　相对和谐劳动关系指数的设计

第二章的文献研究和后续 29 家企业的访谈表明，已有的和谐劳动关系指数研究没有对企业劳动关系自身特点给予足够的重视。这种重视不足主要表现在两个方面：(1) 主要关注于劳动关系的外部环境、前提及后果，如政策法律法规、劳动环境、劳动条件、劳动合同、劳动关系纠纷等，虽然都与劳动关系密切相关，但并不直接反映劳动关系当事双方（雇主与雇员）各自对劳动关系状态的评价以及双方评价之间的相互关系；(2) 在指数体系中也有某一方或双方对劳动关系的感受，但权重比例过低（一般在10%左右）。基于已有和谐劳动关系指数存在的以上局限性，本书将聚焦于企业劳动关系这一微观经济现象本身，设计与企业劳动关系本身相契合的和谐劳动关系指数体系。

## 一、相对和谐劳动关系概念的提出

通过进一步对文献和访谈内容的梳理以及通过扎根理论的质性方法研究，本书作者认为，劳动关系的微观基础在企业内部，可持续的和谐劳动关系的前提是企业的健康发展，本质是雇佣双方对劳动关系状态满意，即在企业微观劳动关系层面，雇佣双方对劳动关系现状的评价均处于相对满意状态，且两者的劳动关系满意度较为接近，其最优状态是雇佣双方劳动关系满意度相等。基于以上观点，本书提出了相对和谐劳动关系概念。

这里的"相对"，主要体现在雇员个体、企业整体和未来发展 3 个方面：

（一）体现雇员对其自身需求的主观评价

雇员个体对于劳动关系状态的满意度，不是简单地罗列客观条件，比如工资多少、奖金多少、劳动时间多长、有没有"五险一金"、有没有工会、是否签订劳动合同等，而是基于自身特质，相对于自身需求的主观评价。

（二）体现雇佣双方对劳动关系满意程度的相对性

企业整体的劳动关系状态，既不能用雇主或雇员单方面的劳动关系满意度来直接或间接地代表，也不能由两者劳动关系满意度加总来描述（因为某一方满意度畸高可能导致替代效应），而应由雇佣双方对劳动关系满意程度的相对性来决定。

（三）体现未来发展层面的动态性与可持续性理念

随着企业发展和外部环境的变化，雇佣双方对劳动关系相关因素的预期和评价也会变化，只有雇佣双方对企业未来发展的预期和评价能够动态地保持一致性，劳动关系才能实现可持续的和谐，所以相对和谐劳动关系还包含了发展层面的动态性与可持续性理念。

## 二、相对和谐劳动关系指数的框架体系设计

根据相对和谐劳动关系概念，本书作者设计了相对和谐劳动关系指数

的框架体系。这一框架体系不同于已有的指数体系，其独特之处体现在其相对性特征。这种相对性特征主要表现在两个方面：

（一）指标选取采用相对感知形式

选择相对感知形式的指标，是在指数体系中以主观指标为主体，这些主观指标均为雇主与雇员基于企业具体情况和自身特质对劳动关系状态的相对性主观评价，比如雇员方面，一级指标使用企业雇员对生存、关系和发展状态的满意度评价结果，二级指标使用雇员对工作场所安全与健康、劳动报酬、工作稳定性、劳动负荷等的满意度评价结果，而客观指标，比如有没有五险一金、有没有工会、是否签订劳动合同以及劳动合同长短等，不进入指数体系，只作为雇员个人信息采集上来，作为分析企业劳动关系状态的辅助数据使用。

指标选取采用相对感知形式的原因是：（1）劳动关系和谐程度是对劳动关系状态的一种描述与刻画，它会随着时间和企业内外部环境变化而变化，其影响因素多样，且没有一个绝对标准来判断哪些因素在什么时候能够从根本上决定劳动关系的和谐程度，而恰恰是劳动关系双方的相对感知，影响着各自在劳动关系中的现实行为选择和未来行为趋势，因而也对判断劳动关系状态和解决相应问题更有现实意义；（2）企业在地域、行业、阶段、规模、性质等方面都有差异，多数绝对指标缺乏可以比较的基础，采用绝对指标形式就可能错估企业劳动关系状态，而面对同样影响因素的双方，其各自的相对感知，都是依据企业和自身实际情况并参照内外部的可比较因素后得出的评价，因而，选取采用相对感知形式的指标，反而可以大大降低错估的可能性；（3）一些绝对指标，如利润、工资、奖金等，由于雇主和（或）雇员不愿意或难以向调查者提供真实数据，使得据此测算出的劳动关系状态的真实程度会大大降低，以此为依据提出的政策建议，其有效性也自然会下降。

（二）指数的合成方法采用综合指数编制方法中的相对指标形式

所谓相对指标综合指数是指复杂社会经济现象中某一特定研究内容的两个相对指标的对比，或者是两个统计指数的对比。具体到相对和谐劳动关系指数，是指用雇佣双方劳动关系满意度进行对比的形式来体现劳动关系状态的指数合成方法。采用这种指数合成方法，既是相对和谐劳动关系概念的正确表达，也是指标选取采用相对感知形式的自然结果。

## 三、相对和谐劳动关系指数的具体指标选取

依据本书作者开发的企业和谐劳动关系理论模型，在具体指标选取过程中，雇主对雇员的实际投入程度主要取决于雇主劳动关系满意度，而雇主劳动关系满意度取决于两大因素：雇员绩效和企业效益。前者决定了雇主的投入意愿，后者决定了雇主的投入能力。指标选取时，这两个因素都可以用相对感知指标，以雇主对企业效益的评价代替投入能力，以雇主对雇员绩效的评价来代替投入意愿。

雇员作为劳动关系的需求方，其需求相对单纯，较之马斯洛的需求层次理论，奥尔德弗的 ERG（生存、关系和发展）理论能更简洁地表达雇员的需求。[①] 因此，本书通过文献研究获得了与劳动关系需求相关的工作满意度测量题项 105 个，劳动关系评价和测量指标或题项 317 个，共计 422 个题项或指标作为雇员劳动关系满意度度测量题项库（附录一）。然后依据 ERG 理论，本书作者及研究团队中的其他成员使用头脑风暴法，将题项库中与 ERG 有关的测量题项或指标，分别归类到生存需求、关系需求和发展需求类别下，再将每类需求下的题项进行删减、合并和调整，形成了 65 个测量题项，作为雇员调查问卷的题项（附录三）。生存需求包括工业场所安全与健康、工资、奖金等；关系需求包括工作生活支持、上下级和同事关系等；发展需求包括企业前景预期、个人能力提升、职业上升机会等。最后采用德尔菲法，通过电子邮件发放《生存、关系和发展需求对企业劳动关系的影响程度排序表》（附录二），请 10 位企业人力资源经理（或总监）和 10 位高校劳动关系专家对雇员在生存、关系和发展 3 个层面需求对企业劳动关系的影响程度排序，利用简单排序编码法，得出三者间

---

① Alderfer P. Clayton, "An Empirical Test of a New Theory of Human Needs", *Organizational Behavior and Human Performance*, No. 4, 1969.

的权重关系为 44：28：28。

雇主作为劳动关系的供给方，企业效益决定了其投入能力。本书作者及研究团队中的其他成员使用头脑风暴法，反复讨论后决定，用雇主对企业效益的满意度替代雇主投入能力。而雇主对企业效益的满意程度，是一个相对比较的结果。既有纵向的企业历史效益比较，也有横向的行业间和行业内的企业效益比较，这些都可能影响到雇主对企业效益的评价。本书作者及研究团队中的其他成员使用头脑风暴法，反复讨论后发现，雇主的投入意愿不仅取决于雇员绩效，还取决雇主对劳动要素贡献度的感知和判断。雇主对企业内不同生产要素在企业效益中贡献度比较，是影响其投入的一个非常重要的因素，比如资本、技术和劳动 3 个要素中，如果劳动对企业的贡献度偏低，那么雇主对雇员的投入意愿也会下降，因此，劳动要素贡献度是决定雇主投入意愿的重要因素。关于雇主对雇员绩效的评价，依据第三章"企业和谐劳动关系理论模型"构建的结果和综合绩效理论，将雇员态度、雇员能力、雇员行为和雇员实际产出结果（贡献）作为雇员绩效的 4 个维度。于是确定用雇主对"劳动要素贡献度"和"雇员绩效"两个指标的评价，共同代替雇主的投入意愿。最后确定，使用"企业效益""劳动要素贡献度"和"雇员绩效" 3 个指标，来测量雇主劳动关系满意度。因为现有文献中测量雇主劳动关系满意度的题项非常少，无法通过文献检索，像雇员劳动关系满意度那样，先建立起初始题项库，再使用头脑风暴法筛选题项，而是直接使用头脑风暴法，分别提出"企业效益""劳动要素贡献度"和"雇员绩效"的测量题项，然后再筛选和删减题项，最后形成了包括 21 个题项和雇主基本信息、企业基本信息、劳动关系状况基本信息构成的雇主调查问卷（附录四）。

## 四、相对和谐劳动关系指数的计算过程与计算公式

经过反复尝试后，最终确定了相对和谐劳动关系指数计算过程与计算公式。具体指标计算过程分三步，即雇主劳动关系满意度计算、雇员劳动关系满意度计算和相对和谐劳动关系指数计算。

雇主劳动关系满意度计算公式：

$$Sm = (Gm + Pm)/2 \qquad\qquad (4.1)$$

其中，$Sm$ 为雇主劳动关系满意度，$Gm$ 为雇主对企业发展的满意度，$Pm$ 为雇主对雇员绩效的主观评价。

雇员劳动关系满意度计算公式：

$$Se = \frac{1}{n}\Big( \sum_{i=1}^{n} \sum_{j=1}^{3} \Big) Se_{ij}w_j \qquad\qquad (4.2)$$

其中，$Se$ 为雇员劳动关系满意度，$n$ 为该企业有效雇员调查问卷个数，$i$ 为调查样本控制变量，$j$ 为需求层次控制变量，$Se_{ij}$ 为第 $i$ 个样本在第 $j$ 个需求层次上的满意度得分，$w_j$ 为第 $j$ 个需求层次的权重。

相对和谐劳动关系指数计算公式：

$$R = \frac{Se}{Sm} \qquad\qquad (4.3)$$

相对和谐劳动关系指数采用式（4.3）中 3 个数字的联合表达方式，即 $R$（$Sm$，$Se$）的形式。

## 五、相对和谐劳动关系指数的判别标准与步骤

相对和谐劳动关系指数的判别分两步，第一步是对雇佣双方劳动关系满意度进行判别，若双方或任意一方的满意度处于问卷刻度中位数以下，则认定其劳动关系处于不和谐状态；若双方的满意度均处于中位数以上，则需进一步结合调查样本总体，对相对指数进行判别。如果雇员劳动关系满意度、雇主劳动关系满意度和相对和谐劳动关系指数这 3 个指标中有任何一个处于异常状态，即可认定该企业劳动关系处于不和谐状态。

其中，对相对指数的判别过程如下：

由于调查样本的概率分布特征未知，故选用稳健统计学（Robust Statistics）方法，采用顺序统计量异常值检测中的改进 Z 值法，检验标的为调查样本相对和谐劳动关系指数中雇佣双方劳动关系满意度的差值，几何意义而言，即以雇佣双方劳动关系满意度为坐标的点到最优和谐劳动关系状

态线的距离。根据相对和谐劳动关系概念定义，雇佣双方劳动关系满意度相等的点构成的直线就是最优和谐劳动关系状态线，即二维图中从左下到右上的对角线。

设有 $N$ 个调查样本，其中 $i$ 企业的相对和谐劳动关系指数为 $R_i$（$Se_i$，$Sm_i$），其到最优和谐劳动关系状态线的距离记为 $d_i$（$i=1$，$2$，$\cdots$，$N$），依据平面几何特性推导可知，$di=|Se_i-Sm_i|/\sqrt{2}$。

设 $d_M$ 为数值序列 $\{d_i\}$ 的中值，则构造 $d_i$ 到 $d_M$ 的绝对中值距离序列 $\{dd_i\}$ 为：

$$\{dd_i\}=\{|d_1-d_M|,\ |d_2-d_M|,\ \cdots,\ |d_N-d_M|\}\qquad i=1,\ 2,\ \cdots,\ N$$

（4.4）

设 $MAD$ 为序列 $\{dd_i\}$ 的中值，则构造待检验序列 $\{Z_i\}$ 为：

$$Z_i=\frac{0.6745\times dd_i}{MAD}\qquad i=1,\ 2,\ \cdots,\ N\qquad（4.5）$$

根据经验研究，若 $Z_i>3.5$ 则可以认定 $d_i$ 为潜在异常值，即判定 $i$ 企业针对调查样本总体而言其劳动关系处于异常状态。

## 第二节　全国 129 家样本企业相对和谐劳动关系指数计算结果排名与分析

### 一、问卷发放与回收

本书调查问卷总共发放四个批次。第一批是 2013 年 10 月 14 日至 2013 年 10 月 25 日，通过长春市人力资源与社会保障局劳动关系处，在长春市朝阳经济开发区随机抽取 9 家企业进行问卷调研，调研目的在于采集试验数据，以开发、验证相对和谐劳动关系指数分析工具。此次调研共获 691 份有效问卷，其中雇主（副总及以上职位）问卷 29 份，雇员问卷 662 份，企业均为制造类企业，第二产业；第二至第四批次发放问卷的目的在于采集实测数据，丰富分析工具开发，实际测量我国企业劳动关系状态。第二批次是 2014 年 1 月 3 日至 4 月 3 日，通过吉林大学文学院、外语学院、马克思主义学院、行政学院、经济学院、生命科学院、化学学院、商学院的 8 位党委书记或辅导员，以及管理学院、应用技术学院、电子学院的 3 位教授，联系了 41 名亲属是企业雇主或高管的学生，委托其代表课题组联系企业并负责问卷的发放与回收。此次调研共获 41 家企业 1900 份有效问卷，其中第二产业企业 24 家，第三产业企业 17 家，雇主（副总及以上职位）问卷 81 份，雇员问卷 1819 份。第三批是 2014 年 9 月 23 日至 2014 年 10 月 17 日，通过长春市人力资源与社会保障局劳动关系处，在长春市朝阳经济开发区随机抽取 40 家企业进行问卷调研，其中第二产业企业 37 家，第三产业企业 3 家。此次调研共获 3134 份有效问卷，其中雇主（副总及以上职位）问卷 58 份，雇员问卷 3076 份。第四批是 2014 年 5 月 21 日至 6 月 3 日，通过苏州某开发区人力资源与社会保障局，在该区随机抽取 50 家企业进行问卷调研。此次调研共回收 48 家企业 4579 份有效问卷，其中第二产业企业 42 家，第三产业企业 6 家，雇主（副总及以上职位）问卷 89 份，雇员问卷 4490 份。

## 二、样本特征描述性说明

除去第一批次的试验性采集样本，本书最终分析样本总数为 129 家企业，9613 份有效问卷，其中雇主（副总及以上职位）问卷 228 份，雇员问卷 9385 份。

样本企业特征：从地域分布看，样本企业来自吉林、江苏、山西、河北、重庆、黑龙江、湖北、山东、辽宁、北京、天津、浙江、广东、海南、内蒙古、江西、新疆 17 个省、自治区、直辖市，主要集中于我国中东部工业发达地区；从行业分布看，第二产业企业占 80%，第三产业占 20%，主要集中于制造业，涵盖石油勘探、煤炭采掘、木制品加工、建筑材料、工程建设、食品加工、纺织服装、造纸、冶金、化工、机械设备制造、机电设备制造、模具、电子、汽车零部件、新能源、医疗器械、家电、精密机械、酒店管理、医药、房地产、通信、互联网、金融、安防设备、零售等细分行业领域；从设立年限看，在已知的 125 家中，5 年以下的占 12.8%，6—10 年的占 26.4%，11—15 年的占 32.8%，16—20 年的占 9.6%，20 年以上企业占 18.4%。从雇佣规模看，在已知的 125 家中，100 人以下企业占 24.8%，100—500 人企业占 19.2%，500—1000 人企业占 18.4%，1000—3000 人企业占 22.4%，3000—5000 人企业占 5.6%，5000 人以上企业占 9.6%。

样本雇员特征：从性别属性看，男雇员占 55.88%，略多于女雇员；从年龄分布看，"80 后"成为雇员的主力军，占样本总数的 54.86%，"90 后"和"70 后"都在 20%左右；从文化程度看，本专科毕业生达到雇员总数的一半多（51.73%），同时高中及以下雇员比例为（44.33%）；从岗位类别看，操作工人占调查样本总数一半（49.70%），技术人员和管理人员总计占 45.22%，而营销人员所占比例极低（3.84%）；从职务级别看，初级占 63.04%，中级占 26.23%，高级占 5.04%，基本反映了企业的雇员结构。

### 三、相对和谐劳动关系指数计算结果与排名

针对本书在全国范围采集的 129 家企业总体样本数据，使用本书开发的相对和谐劳动关系指数计算公式，对样本企业的劳动关系状态（相对和谐劳动关系指数）计算结果与排名如表 4.1 所示。

### 四、企业劳动关系状态总体判断及典型样本个案分析

从样本总体看，雇主劳动关系满意度中值为 4.125，雇员劳动关系满意度中值为 3.8448，均处于问卷刻度中值以上；相对和谐劳动关系指数中值为 0.9426，对应检验 Z 值为 0.6745，远小于异常值判别标准 3.5。可以判断，样本总体的劳动关系处于和谐状态，但雇主劳动关系满意度明显高于雇员劳动关系满意度。

细查总体指标分布，雇主劳动关系满意度最小值为 2.5，已处于问卷刻度中值的临界点，雇员劳动关系满意度最小值为 2.2955，已处于问卷刻

表4.1 129家企业总样本劳动关系状态排名

| 公司代码 | 地域 | 产业代码 | 设立年限 | 雇用规模 | 雇主发展 | 绩效满意 | 雇主总满 | 生存需求 | 关系需求 | 发展需求 | 雇员总需 | 相对指数 | 和谐距离 | 绝对中距 | 修正Z值 |
|---|---|---|---|---|---|---|---|---|---|---|---|---|---|---|---|
| BJ-BJ-FJ | 北京市 | 3 | 3 | 2 | 4.00 | 3.33 | 3.67 | 3.62 | 3.88 | 3.51 | 3.66 | 1.00 | 0.00 | 0.24 | 1.17 |
| JL-CC-KD | 吉林长春 | 2 | 2 | 1 | 3.25 | 3.83 | 3.54 | 3.47 | 3.93 | 3.31 | 3.56 | 1.00 | 0.01 | 0.23 | 1.15 |
| JS-NU-DJ | 江苏省 | 2 | 3 | 3 | 3.00 | 3.00 | 3.00 | 2.90 | 3.25 | 2.86 | 2.98 | 0.99 | 0.01 | 0.23 | 1.14 |
| SX-LF-JB | 山西省 | 2 | 3 | 5 | 4.00 | 4.33 | 4.17 | 4.10 | 4.27 | 4.07 | 4.14 | 0.99 | 0.02 | 0.22 | 1.11 |
| ZJ-NU-MJ | 浙江省 | 3 | 5 | 0 | 3.50 | 4.00 | 3.75 | 3.84 | 3.94 | 3.31 | 3.72 | 0.99 | 0.02 | 0.22 | 1.09 |
| JS-SZ-BD | 江苏苏州 | 2 | 5 | 6 | 3.50 | 4.33 | 3.92 | 3.91 | 4.06 | 3.67 | 3.88 | 0.99 | 0.02 | 0.22 | 1.08 |
| JS-SZ-MB | 江苏苏州 | 2 | 1 | 4 | 4.00 | 4.00 | 4.00 | 3.94 | 4.16 | 3.80 | 3.96 | 0.99 | 0.03 | 0.21 | 1.07 |
| JL-CC-DE | 吉林长春 | 2 | 1 | 1 | 5.00 | 4.67 | 4.83 | 4.88 | 4.88 | 4.87 | 4.88 | 1.01 | 0.03 | 0.21 | 1.04 |
| SX-NU-YJ | 山西省 | 2 | 2 | 2 | 3.75 | 4.00 | 3.88 | 3.80 | 4.15 | 3.87 | 3.92 | 1.01 | 0.03 | 0.21 | 1.04 |
| JS-SZ-WC | 江苏苏州 | 3 | 4 | 6 | 3.50 | 4.00 | 3.75 | 3.69 | 3.91 | 3.53 | 3.70 | 0.99 | 0.03 | 0.21 | 1.03 |
| LN-NU-SB | 辽宁省 | 2 | 3 | 2 | 4.25 | 4.50 | 4.38 | 4.32 | 4.46 | 4.21 | 4.33 | 0.99 | 0.03 | 0.21 | 1.03 |
| JL-CC-JT | 吉林长春 | 2 | 2 | 2 | 4.00 | 3.67 | 3.83 | 3.86 | 3.98 | 3.82 | 3.88 | 1.01 | 0.03 | 0.21 | 1.02 |
| JL-CC-SY | 吉林长春 | 2 | 2 | 2 | 4.00 | 4.00 | 4.00 | 3.74 | 4.20 | 4.01 | 3.95 | 0.99 | 0.04 | 0.20 | 1.01 |
| JS-SZ-TH | 江苏苏州 | 2 | 3 | 4 | 4.25 | 4.67 | 4.46 | 4.32 | 4.57 | 4.36 | 4.40 | 0.99 | 0.04 | 0.20 | 0.98 |
| GD-NU-KE | 广东省 | 3 | 2 | 1 | 5.00 | 3.00 | 4.00 | 3.84 | 4.17 | 3.86 | 3.94 | 0.98 | 0.04 | 0.20 | 0.98 |
| SX-SZ-TC | 山西省 | 2 | 3 | 2 | 4.75 | 4.17 | 4.46 | 4.38 | 4.39 | 4.41 | 4.39 | 0.98 | 0.05 | 0.19 | 0.95 |
| JL-CC-JL | 吉林长春 | 2 | 3 | 1 | 4.00 | 5.00 | 4.50 | 4.66 | 4.58 | 4.46 | 4.58 | 1.02 | 0.06 | 0.18 | 0.91 |

续表

| 公司代码 | 地域 | 产业代码 | 设立年限 | 雇用规模 | 雇主发展 | 绩效满意 | 雇主总满 | 生存需求 | 关系需求 | 发展需求 | 雇员总需 | 相对指数 | 和谐距离 | 绝对中距 | 修正Z值 |
|---|---|---|---|---|---|---|---|---|---|---|---|---|---|---|---|
| HB-NU-MS | 湖北省 | 3 | 2 | 1 | 3.50 | 3.33 | 3.42 | 3.68 | 3.40 | 3.32 | 3.50 | 1.02 | 0.06 | 0.18 | 0.90 |
| LN-DL-NU | 辽宁省 | 3 | 3 | 3 | 3.50 | 4.00 | 3.75 | 3.94 | 3.75 | 3.75 | 3.83 | 1.02 | 0.06 | 0.18 | 0.90 |
| CQ-CQ-ES | 重庆市 | 2 | 5 | 4 | 4.38 | 4.17 | 4.27 | 4.08 | 4.34 | 4.20 | 4.18 | 0.98 | 0.06 | 0.18 | 0.89 |
| GD-NU-EY | 广东省 | 3 | 1 | 1 | 4.00 | 3.67 | 3.83 | 3.83 | 4.05 | 3.93 | 3.92 | 1.02 | 0.06 | 0.18 | 0.88 |
| JL-CC-BA | 吉林长春 | 2 | 2 | 1 | 4.00 | 4.67 | 4.33 | 4.31 | 4.20 | 4.19 | 4.24 | 0.98 | 0.06 | 0.18 | 0.88 |
| JS-SZ-JJ | 江苏苏州 | 2 | 5 | 4 | 4.50 | 4.67 | 4.58 | 4.54 | 4.56 | 4.32 | 4.48 | 0.98 | 0.07 | 0.17 | 0.84 |
| JL-CC-LF | 吉林长春 | 2 | 3 | 0 | 4.00 | 5.00 | 4.50 | 4.65 | 4.50 | 4.63 | 4.60 | 1.02 | 0.07 | 0.17 | 0.84 |
| BJ-BJ-SW | 北京市 | 3 | 3 | 2 | 4.00 | 3.83 | 3.92 | 4.09 | 4.10 | 3.85 | 4.03 | 1.03 | 0.08 | 0.16 | 0.80 |
| JS-SZ-RD | 江苏省 | 2 | 3 | 4 | 4.00 | 4.00 | 4.00 | 4.02 | 3.86 | 3.58 | 3.85 | 0.96 | 0.10 | 0.14 | 0.68 |
| SD-NU-ME | 山东省 | 2 | 5 | 4 | 4.17 | 4.11 | 4.14 | 3.84 | 4.21 | 4.00 | 3.99 | 0.96 | 0.10 | 0.14 | 0.67 |
| HN-NU-SS | 海南省 | 3 | 1 | 2 | 3.75 | 4.00 | 3.88 | 3.94 | 4.20 | 4.00 | 4.03 | 1.04 | 0.11 | 0.13 | 0.65 |
| JL-CC-YK | 吉林长春 | 3 | 1 | 1 | 3.00 | 4.33 | 3.67 | 3.73 | 3.97 | 3.84 | 3.82 | 1.04 | 0.11 | 0.13 | 0.64 |
| JS-SZ-FX | 江苏苏州 | 2 | 3 | 3 | 4.00 | 4.67 | 4.33 | 4.19 | 4.13 | 4.17 | 4.16 | 0.96 | 0.12 | 0.12 | 0.60 |
| JL-CC-DH | 吉林长春 | 2 | 3 | 1 | 3.75 | 3.83 | 3.79 | 3.97 | 3.99 | 3.96 | 3.97 | 1.05 | 0.13 | 0.11 | 0.56 |
| JL-CC-HF | 吉林长春 | 2 | 2 | 2 | 3.75 | 3.50 | 3.63 | 3.37 | 3.54 | 3.44 | 3.44 | 0.95 | 0.13 | 0.11 | 0.53 |
| JL-SZ-WG | 江苏苏州 | 2 | 2 | 3 | 4.50 | 4.00 | 4.25 | 4.09 | 4.13 | 3.94 | 4.06 | 0.96 | 0.13 | 0.11 | 0.52 |
| JL-SZ-SW | 吉林长春 | 2 | 2 | 2 | 4.00 | 4.00 | 4.00 | 3.57 | 3.96 | 4.03 | 3.81 | 0.95 | 0.14 | 0.11 | 0.52 |

续表

| 公司代码 | 地域 | 产业代码 | 设立年限 | 雇佣规模 | 雇主发展 | 绩效满意 | 雇主总满 | 生存需求 | 关系需求 | 发展需求 | 雇员总需 | 相对指数 | 和谐距离 | 绝对中距 | 修正Z值 |
|---|---|---|---|---|---|---|---|---|---|---|---|---|---|---|---|
| JS-SZ-BS | 江苏苏州 | 2 | 5 | 5 | 4.00 | 4.00 | 4.00 | 4.22 | 4.27 | 4.07 | 4.19 | 1.05 | 0.14 | 0.11 | 0.52 |
| JL-CC-JC | 吉林长春 | 2 | 4 | 1 | 4.00 | 4.00 | 4.00 | 3.68 | 3.92 | 3.90 | 3.81 | 0.95 | 0.14 | 0.10 | 0.51 |
| SD-NU-JX | 山东省 | 3 | 1 | 1 | 4.00 | 3.67 | 3.83 | 3.60 | 3.75 | 3.58 | 3.64 | 0.95 | 0.14 | 0.10 | 0.51 |
| NM-NU-BL | 内蒙古 | 2 | 3 | 2 | 5.00 | 5.00 | 5.00 | 4.71 | 5.00 | 4.73 | 4.80 | 0.96 | 0.14 | 0.10 | 0.49 |
| JS-SZ-TY | 江苏苏州 | 2 | 3 | 4 | 2.50 | 3.67 | 3.08 | 3.32 | 3.59 | 2.93 | 3.29 | 1.07 | 0.15 | 0.09 | 0.47 |
| JL-CC-BC | 吉林长春 | 2 | 2 | 1 | 4.00 | 4.00 | 4.00 | 4.30 | 4.18 | 4.09 | 4.21 | 1.05 | 0.15 | 0.09 | 0.46 |
| HL-NU-XH | 黑龙江省 | 2 | 2 | 2 | 4.25 | 3.83 | 4.04 | 3.86 | 3.94 | 3.69 | 3.83 | 0.95 | 0.15 | 0.09 | 0.46 |
| JL-CC-TB | 吉林长春 | 2 | 1 | 3 | 3.50 | 3.00 | 3.25 | 3.29 | 3.77 | 3.42 | 3.46 | 1.07 | 0.15 | 0.09 | 0.44 |
| JL-CC-HY | 吉林长春 | 2 | 3 | 1 | 4.00 | 4.00 | 4.00 | 4.18 | 4.33 | 4.16 | 4.22 | 1.05 | 0.15 | 0.09 | 0.43 |
| LN-NU-SQ | 辽宁省 | 2 | 5 | 3 | 4.00 | 4.50 | 4.25 | 4.00 | 4.14 | 3.94 | 4.02 | 0.95 | 0.16 | 0.08 | 0.40 |
| JS-SZ-YL | 江苏苏州 | 2 | 2 | 3 | 5.00 | 4.67 | 4.83 | 4.58 | 4.58 | 4.64 | 4.60 | 0.95 | 0.16 | 0.08 | 0.38 |
| JS-SZ-DJ | 江苏苏州 | 2 | 1 | 4 | 4.50 | 4.00 | 4.25 | 3.95 | 4.19 | 3.93 | 4.01 | 0.94 | 0.17 | 0.07 | 0.36 |
| JS-SZ-XF | 江苏苏州 | 2 | 2 | 4 | 4.00 | 4.33 | 4.17 | 3.93 | 4.01 | 3.83 | 3.93 | 0.94 | 0.17 | 0.07 | 0.35 |
| JL-CC-XY | 吉林长春 | 3 | 1 | 1 | 3.00 | 4.17 | 3.58 | 2.98 | 3.76 | 3.50 | 3.34 | 0.93 | 0.17 | 0.07 | 0.35 |
| JL-CC-SH | 吉林长春 | 2 | 5 | 1 | 5.00 | 5.00 | 5.00 | 4.67 | 4.73 | 4.91 | 4.75 | 0.95 | 0.17 | 0.07 | 0.33 |
| ZJ-NU-MQ | 浙江省 | 2 | 3 | 1 | 4.00 | 5.00 | 4.50 | 4.23 | 4.30 | 4.23 | 4.25 | 0.94 | 0.18 | 0.06 | 0.32 |
| JS-SZ-NW | 江苏苏州 | 2 | 2 | 3 | 3.75 | 3.67 | 3.71 | 3.41 | 3.78 | 3.20 | 3.45 | 0.93 | 0.18 | 0.06 | 0.30 |

续表

| 公司代码 | 地域 | 产业代码 | 设立年限 | 雇佣规模 | 雇主发展 | 绩效满意 | 雇主总满 | 生存需求 | 关系需求 | 发展需求 | 雇员总需 | 相对指数 | 和谐距离 | 绝对中距 | 修正Z值 |
|---|---|---|---|---|---|---|---|---|---|---|---|---|---|---|---|
| JL-NU-BN | 吉林省 | 3 | 2 | 1 | 3.50 | 4.00 | 3.75 | 4.15 | 4.06 | 3.74 | 4.01 | 1.07 | 0.18 | 0.06 | 0.28 |
| ZJ-NU-MS | 浙江省 | 2 | 5 | 6 | 3.97 | 4.29 | 4.13 | 3.78 | 4.07 | 3.77 | 3.86 | 0.93 | 0.19 | 0.05 | 0.24 |
| JS-SZ-DY | 江苏苏州 | 2 | 0 | 4 | 4.25 | 4.83 | 4.54 | 4.29 | 4.28 | 4.22 | 4.27 | 0.94 | 0.19 | 0.05 | 0.23 |
| LN-NU-MS | 辽宁省 | 3 | 1 | 1 | 4.00 | 4.00 | 4.00 | 3.64 | 4.09 | 3.46 | 3.72 | 0.93 | 0.20 | 0.04 | 0.20 |
| JS-SZ-XX | 江苏苏州 | 2 | 0 | 3 | 2.00 | 3.00 | 2.50 | 2.34 | 3.49 | 2.78 | 2.78 | 1.11 | 0.20 | 0.04 | 0.19 |
| JS-SZ-SE | 江苏苏州 | 2 | 3 | 3 | 3.75 | 4.17 | 3.96 | 3.70 | 3.84 | 3.42 | 3.66 | 0.93 | 0.21 | 0.03 | 0.15 |
| CQ-CQ-YF | 重庆市 | 2 | 1 | 2 | 3.75 | 4.00 | 3.88 | 3.44 | 3.92 | 3.44 | 3.58 | 0.92 | 0.21 | 0.03 | 0.14 |
| JL-CC-JM | 吉林长春 | 2 | 2 | 1 | 4.00 | 5.00 | 4.50 | 4.71 | 4.97 | 4.78 | 4.80 | 1.07 | 0.21 | 0.03 | 0.14 |
| HB-NU-XD | 河北省 | 2 | 5 | 3 | 4.50 | 5.00 | 4.75 | 3.91 | 4.89 | 4.83 | 4.44 | 0.93 | 0.22 | 0.02 | 0.10 |
| JL-CC-TX | 吉林长春 | 2 | 4 | 2 | 4.25 | 4.67 | 4.46 | 4.77 | 4.84 | 4.75 | 4.78 | 1.07 | 0.23 | 0.01 | 0.06 |
| SX-NU-YM | 山西省 | 2 | 5 | 5 | 1.75 | 3.50 | 2.63 | 2.27 | 2.45 | 2.18 | 2.30 | 0.87 | 0.23 | 0.01 | 0.04 |
| JL-CC-FZ | 吉林长春 | 2 | 2 | 1 | 4.00 | 3.67 | 3.83 | 4.12 | 4.24 | 4.17 | 4.17 | 1.09 | 0.24 | 0.00 | 0.02 |
| JL-CC-JW | 吉林长春 | 3 | 2 | 1 | 4.00 | 3.83 | 3.92 | 4.13 | 4.48 | 4.22 | 4.26 | 1.09 | 0.24 | 0.00 | 0.01 |
| JS-SZ-ZC | 江苏苏州 | 2 | 2 | 4 | 4.00 | 4.00 | 4.00 | 3.53 | 4.01 | 3.52 | 3.66 | 0.92 | 0.24 | 0.00 | 0.00 |
| JS-SZ-KT | 江苏苏州 | 2 | 2 | 3 | 3.75 | 4.50 | 4.13 | 3.57 | 4.20 | 3.70 | 3.78 | 0.92 | 0.24 | 0.00 | 0.00 |
| HB-NU-SY | 湖北省 | 2 | 5 | 3 | 3.25 | 4.67 | 3.96 | 3.33 | 3.99 | 3.69 | 3.61 | 0.91 | 0.24 | 0.00 | 0.01 |
| JS-NU-MR | 江苏省 | 2 | 2 | 5 | 3.50 | 4.67 | 4.08 | 3.68 | 3.91 | 3.64 | 3.73 | 0.91 | 0.25 | 0.01 | 0.03 |

续表

| 公司代码 | 地域 | 产业代码 | 设立年限 | 雇用规模 | 雇主发展 | 绩效满意 | 雇主总满 | 生存需求 | 关系需求 | 发展需求 | 雇员总需 | 相对指数 | 和谐距离 | 绝对中距 | 修正Z值 |
|---|---|---|---|---|---|---|---|---|---|---|---|---|---|---|---|
| JX-NU-SL | 江西省 | 2 | 1 | 6 | 3.25 | 3.67 | 3.46 | 2.99 | 3.46 | 2.92 | 3.10 | 0.90 | 0.25 | 0.01 | 0.06 |
| JL-NU-MW | 吉林省 | 3 | 1 | 4 | 5.00 | 5.00 | 5.00 | 4.62 | 4.78 | 4.53 | 4.64 | 0.93 | 0.25 | 0.01 | 0.07 |
| SX-XZ-HM | 山西省 | 3 | 5 | 3 | 3.50 | 4.17 | 3.83 | 3.40 | 3.57 | 3.49 | 3.47 | 0.91 | 0.25 | 0.01 | 0.07 |
| JS-NU-SA | 江苏省 | 2 | 3 | 2 | 4.25 | 4.67 | 4.46 | 4.08 | 4.15 | 3.98 | 4.07 | 0.91 | 0.27 | 0.03 | 0.15 |
| JS-SZ-MD | 苏州 | 2 | 2 | 4 | 4.50 | 4.17 | 4.33 | 3.83 | 4.16 | 3.86 | 3.93 | 0.91 | 0.28 | 0.04 | 0.22 |
| HL-NU-MY | 黑龙江省 | 2 | 2 | 2 | 3.75 | 2.83 | 3.29 | 3.57 | 4.04 | 3.57 | 3.70 | 1.13 | 0.29 | 0.05 | 0.25 |
| JS-SZ-ZY | 江苏苏州 | 2 | 3 | 5 | 3.75 | 4.33 | 4.04 | 3.42 | 3.99 | 3.59 | 3.63 | 0.90 | 0.29 | 0.05 | 0.26 |
| HB-NU-JW | 河北省 | 2 | 5 | 3 | 4.50 | 4.00 | 4.25 | 4.68 | 4.70 | 4.64 | 4.67 | 1.10 | 0.30 | 0.06 | 0.29 |
| JS-SZ-JL | 江苏苏州 | 3 | 5 | 4 | 3.50 | 4.17 | 3.83 | 3.31 | 3.68 | 3.29 | 3.41 | 0.89 | 0.30 | 0.06 | 0.29 |
| JL-CC-AS | 吉林长春 | 2 | 2 | 1 | 4.00 | 4.00 | 4.00 | 4.51 | 4.43 | 4.33 | 4.44 | 1.11 | 0.31 | 0.07 | 0.35 |
| JL-CC-FS | 吉林长春 | 2 | 4 | 3 | 4.50 | 5.00 | 4.75 | 4.33 | 4.33 | 4.25 | 4.31 | 0.91 | 0.31 | 0.07 | 0.35 |
| JL-CC-YL | 吉林长春 | 2 | 3 | 3 | 4.50 | 4.00 | 4.25 | 3.76 | 3.90 | 3.78 | 3.81 | 0.90 | 0.31 | 0.07 | 0.37 |
| JS-ZJ-LZ | 江苏苏州 | 3 | 3 | 3 | 4.00 | 4.50 | 4.25 | 3.69 | 4.06 | 3.74 | 3.80 | 0.90 | 0.31 | 0.07 | 0.37 |
| LN-AS-AG | 辽宁省 | 2 | 5 | 3 | 3.25 | 4.67 | 3.96 | 3.31 | 3.66 | 3.68 | 3.51 | 0.89 | 0.32 | 0.08 | 0.38 |
| TJ-TJ-ZD | 天津市 | 3 | 2 | 1 | 4.50 | 4.33 | 4.42 | 4.90 | 4.70 | 5.00 | 4.87 | 1.10 | 0.32 | 0.08 | 0.41 |
| JS-SZ-CW | 江苏苏州 | 2 | 5 | 4 | 4.00 | 4.67 | 4.33 | 4.00 | 3.95 | 3.56 | 3.86 | 0.89 | 0.33 | 0.09 | 0.45 |
| JS-SZ-QC | 江苏苏州 | 2 | 2 | 4 | 4.50 | 4.00 | 4.25 | 3.76 | 3.94 | 3.65 | 3.78 | 0.89 | 0.33 | 0.09 | 0.46 |

续表

| 公司代码 | 地域 | 产业代码 | 设立年限 | 雇用规模 | 雇主发展 | 绩效满意 | 雇主总满 | 生存需求 | 关系需求 | 发展需求 | 雇员总需 | 相对指数 | 和谐距离 | 绝对中距 | 修正Z值 |
|---|---|---|---|---|---|---|---|---|---|---|---|---|---|---|---|
| TJ-TJ-ML | 天津市 | 2 | 5 | 6 | 4.00 | 4.33 | 4.17 | 3.47 | 4.19 | 3.55 | 3.69 | 0.89 | 0.33 | 0.09 | 0.46 |
| JL-CC-ZS | 吉林长春 | 2 | 5 | 1 | 5.00 | 5.00 | 5.00 | 4.55 | 4.51 | 4.41 | 4.50 | 0.90 | 0.35 | 0.11 | 0.56 |
| JL-CC-KW | 吉林长春 | 2 | 3 | 1 | 4.50 | 5.00 | 4.75 | 4.26 | 4.26 | 4.22 | 4.25 | 0.89 | 0.36 | 0.12 | 0.57 |
| SX-LF-LH | 山西省 | 2 | 3 | 6 | 2.00 | 4.50 | 3.25 | 3.52 | 4.10 | 3.81 | 3.77 | 1.16 | 0.36 | 0.12 | 0.62 |
| JS-SZ-XS | 江苏苏州 | 2 | 5 | 4 | 4.25 | 3.50 | 3.88 | 3.17 | 3.76 | 3.23 | 3.35 | 0.86 | 0.37 | 0.13 | 0.64 |
| GD-NU-SS | 广东省 | 3 | 2 | 2 | 4.25 | 4.33 | 4.29 | 3.66 | 4.19 | 3.52 | 3.77 | 0.88 | 0.37 | 0.13 | 0.64 |
| NU-NU-DJ | 缺失 | 2 | 3 | 4 | 4.00 | 4.00 | 4.00 | 3.46 | 3.60 | 3.34 | 3.47 | 0.87 | 0.38 | 0.14 | 0.68 |
| JS-SZ-XJ | 江苏苏州 | 2 | 4 | 6 | 4.00 | 4.67 | 4.33 | 3.62 | 4.13 | 3.66 | 3.78 | 0.87 | 0.39 | 0.15 | 0.76 |
| JL-CC-ZH | 吉林长春 | 2 | 4 | 2 | 5.00 | 4.67 | 4.83 | 4.25 | 4.22 | 4.25 | 4.24 | 0.88 | 0.42 | 0.18 | 0.89 |
| JL-CC-KS | 吉林长春 | 2 | 1 | 1 | 4.00 | 4.33 | 4.17 | 3.34 | 3.89 | 3.62 | 3.57 | 0.86 | 0.42 | 0.18 | 0.89 |
| JL-CC-YY | 吉林长春 | 2 | 3 | 1 | 3.00 | 4.00 | 3.50 | 4.00 | 4.33 | 4.03 | 4.10 | 1.17 | 0.42 | 0.18 | 0.91 |
| JL-CC-OK | 吉林长春 | 2 | 1 | 1 | 5.00 | 5.00 | 5.00 | 3.98 | 4.70 | 4.69 | 4.38 | 0.88 | 0.44 | 0.20 | 0.98 |
| JS-SZ-JT | 江苏苏州 | 2 | 3 | 4 | 4.00 | 4.17 | 4.08 | 3.39 | 3.73 | 3.28 | 3.46 | 0.85 | 0.44 | 0.20 | 1.01 |
| JL-CC-FY | 吉林长春 | 2 | 3 | 2 | 4.50 | 4.17 | 4.33 | 3.49 | 3.97 | 3.70 | 3.68 | 0.85 | 0.46 | 0.22 | 1.09 |
| JS-SZ-JH | 江苏苏州 | 2 | 4 | 0 | 5.00 | 5.00 | 5.00 | 4.31 | 4.34 | 4.41 | 4.35 | 0.87 | 0.46 | 0.22 | 1.10 |
| JS-SZ-HH | 江苏苏州 | 2 | 3 | 3 | 3.75 | 4.50 | 4.13 | 3.63 | 3.60 | 3.06 | 3.46 | 0.84 | 0.47 | 0.23 | 1.14 |
| JS-SZ-SY | 江苏苏州 | 2 | 3 | 4 | 5.00 | 5.00 | 5.00 | 4.31 | 4.40 | 4.29 | 4.33 | 0.87 | 0.47 | 0.23 | 1.16 |

续表

| 公司代码 | 地域 | 产业代码 | 设立年限 | 雇佣规模 | 雇主发展 | 绩效满意 | 雇主总满 | 生存需求 | 关系需求 | 发展需求 | 雇员总需 | 相对指数 | 和谐距离 | 绝对中距 | 修正Z值 |
|---|---|---|---|---|---|---|---|---|---|---|---|---|---|---|---|
| JS-SZ-SX | 江苏苏州 | 2 | 4 | 6 | 4.63 | 5.00 | 4.81 | 4.12 | 4.23 | 4.09 | 4.14 | 0.86 | 0.48 | 0.23 | 1.16 |
| JS-SZ-JD | 江苏苏州 | 2 | 3 | 5 | 4.25 | 3.83 | 4.04 | 3.15 | 3.70 | 3.38 | 3.37 | 0.83 | 0.48 | 0.24 | 1.17 |
| JL-CC-XX | 吉林长春 | 2 | 0 | 0 | 4.00 | 4.00 | 4.00 | 4.75 | 4.74 | 4.62 | 4.71 | 1.18 | 0.50 | 0.26 | 1.30 |
| JL-CC-NZ | 吉林长春 | 2 | 2 | 1 | 3.00 | 5.00 | 4.00 | 4.64 | 4.73 | 4.80 | 4.71 | 1.18 | 0.50 | 0.26 | 1.30 |
| JS-SZ-CC | 江苏苏州 | 2 | 2 | 4 | 4.50 | 4.33 | 4.42 | 3.70 | 3.86 | 3.53 | 3.70 | 0.84 | 0.51 | 0.27 | 1.33 |
| JL-CC-CR | 吉林长春 | 2 | 5 | 2 | 4.50 | 4.67 | 4.58 | 3.85 | 3.91 | 3.78 | 3.84 | 0.84 | 0.52 | 0.28 | 1.40 |
| SD-NU-JX | 山东省 | 3 | 5 | 6 | 3.50 | 4.50 | 4.00 | 3.05 | 3.49 | 3.36 | 3.26 | 0.82 | 0.52 | 0.28 | 1.40 |
| SX-NU-JH | 山西省 | 2 | 2 | 4 | 4.50 | 4.83 | 4.67 | 3.86 | 4.17 | 3.75 | 3.92 | 0.84 | 0.53 | 0.29 | 1.43 |
| JL-CC-DT | 吉林长春 | 2 | 3 | 1 | 5.00 | 5.00 | 5.00 | 4.20 | 4.38 | 4.19 | 4.25 | 0.85 | 0.53 | 0.29 | 1.45 |
| JS-SZ-GD | 江苏苏州 | 2 | 4 | 4 | 4.50 | 4.67 | 4.58 | 3.85 | 3.98 | 3.61 | 3.82 | 0.83 | 0.54 | 0.30 | 1.49 |
| JL-CC-RJ | 吉林长春 | 2 | 1 | 1 | 4.00 | 4.00 | 4.00 | 3.14 | 3.61 | 3.01 | 3.23 | 0.81 | 0.54 | 0.30 | 1.50 |
| JS-SZ-WN | 江苏苏州 | 3 | 0 | 4 | 3.00 | 3.50 | 3.25 | 4.05 | 4.20 | 3.84 | 4.03 | 1.24 | 0.55 | 0.31 | 1.56 |
| JS-SZ-BS | 江苏苏州 | 2 | 3 | 6 | 5.00 | 4.00 | 4.50 | 3.53 | 3.94 | 3.57 | 3.66 | 0.81 | 0.60 | 0.36 | 1.76 |
| JL-CC-HZ | 吉林长春 | 2 | 3 | 2 | 3.50 | 4.00 | 3.75 | 2.72 | 3.34 | 2.76 | 2.90 | 0.77 | 0.60 | 0.36 | 1.77 |
| JS-SZ-JL | 江苏苏州 | 2 | 3 | 6 | 2.25 | 4.00 | 3.13 | 3.97 | 4.15 | 4.12 | 4.06 | 1.30 | 0.66 | 0.42 | 2.11 |
| JS-SZ-TK | 江苏苏州 | 2 | 3 | 4 | 4.75 | 4.00 | 4.38 | 3.35 | 3.75 | 3.21 | 3.42 | 0.78 | 0.67 | 0.43 | 2.14 |
| CQ-CQ-QC | 重庆市 | 2 | 5 | 4 | 4.75 | 4.67 | 4.71 | 3.71 | 3.95 | 3.50 | 3.72 | 0.79 | 0.70 | 0.46 | 2.28 |

续表

| 公司代码 | 地域 | 产业代码 | 设立年限 | 雇佣规模 | 雇主发展 | 绩效满意 | 雇主总满 | 生存需求 | 关系需求 | 发展需求 | 雇员总需 | 相对指数 | 和谐距离 | 绝对中距 | 修正Z值 |
|---|---|---|---|---|---|---|---|---|---|---|---|---|---|---|---|
| JL-CC-JC | 吉林长春 | 2 | 2 | 3 | 4.00 | 4.17 | 4.08 | 2.81 | 3.56 | 3.06 | 3.09 | 0.76 | 0.70 | 0.46 | 2.30 |
| JL-CC-FF | 吉林长春 | 2 | 2 | 2 | 4.50 | 4.00 | 4.25 | 3.17 | 3.31 | 3.23 | 3.23 | 0.76 | 0.72 | 0.48 | 2.39 |
| JS-SZ-KP | 江苏苏州 | 3 | 4 | 5 | 4.50 | 4.00 | 4.25 | 2.95 | 3.79 | 3.09 | 3.23 | 0.76 | 0.72 | 0.48 | 2.40 |
| LN-NU-MB | 辽宁省 | 3 | 3 | 2 | 5.00 | 4.67 | 4.83 | 3.52 | 4.25 | 3.80 | 3.80 | 0.79 | 0.73 | 0.49 | 2.43 |
| JL-CC-XN | 吉林长春 | 2 | 3 | 2 | 4.75 | 4.83 | 4.79 | 3.50 | 3.86 | 3.58 | 3.62 | 0.76 | 0.83 | 0.59 | 2.91 |
| JS-SZ-SX | 江苏省 | 2 | 4 | 6 | 5.00 | 5.00 | 5.00 | 3.75 | 3.96 | 3.67 | 3.79 | 0.76 | 0.86 | 0.62 | 3.06 |
| JS-SZ-XM | 江苏苏州 | 2 | 4 | 3 | 5.00 | 5.00 | 5.00 | 3.66 | 4.06 | 3.71 | 3.79 | 0.76 | 0.86 | 0.62 | 3.07 |
| JS-SZ-ZX | 江苏苏州 | 2 | 3 | 4 | 4.75 | 4.67 | 4.71 | 3.17 | 3.79 | 3.34 | 3.39 | 0.72 | 0.93 | 0.69 | 3.43 |
| JS-SZ-SK | 江苏苏州 | 3 | 3 | 3 | 5.00 | 4.67 | 4.83 | 3.16 | 3.61 | 3.12 | 3.27 | 0.68 | 1.10 | 0.86 | 4.28 |
| JS-SZ-MJ | 江苏苏州 | 2 | 3 | 4 | 5.00 | 5.00 | 5.00 | 2.95 | 3.19 | 2.74 | 2.96 | 0.59 | 1.44 | 1.20 | 5.96 |

注：（1）为不泄露样本企业的信息，本书作者对样本企业名称进行了编码处理，编码前两位为企业所在省份，中间两位为所在城市，后两位为企业名称。

（2）产业代码："2"代表第二产业；"3"代表第3产业。

（3）企业设立年限代码："0"代表未知；"1"代表5年以下；"2"代表6—10年；"3"代表11—15年；"4"代表16—20年；"5"代表20年以上。

（4）雇佣规模代码："0"代表未知；"1"代表100人以下；"2"代表100—500人；"3"代表500—1000人；"4"代表1000—3000人；"5"代表3000—5000人；"6"代表5000人以上。

（5）表中缩略语指代的含义：①雇主发展：代表雇主对企业发展状态的满意度；②绩效满意：代表雇主对雇员绩效的满意度；③雇主总满：代表雇主对劳动关系的总体的总的满意度；④生存需求：代表雇员对发展需求需求满意度的满意度；⑤关系需求：代表雇员对关系需求的满意度；⑥发展需求：代表雇员对发展状态的满意度；⑦雇员总需：代表雇员对以上三类需求的总体满意度；⑧相对指数：代表雇员劳动关系满意度与雇主劳动关系满意度的比值；⑨和谐距离：代表本企业现有劳动关系状态到最优和谐状态的几何距离；⑩绝对中距：代表样本企业和谐距离中值的绝对值；⑪修正Z值：代表依据修正Z值法计算出的样本企业与样本总体和谐距离中值的差值的绝对值，代表判断本企业Z值。

度中值以下，相对和谐劳动关系指数最大值为 1.3008，检验 Z 值最大值为 5.9634，已明显超出异常值判别标准 3.5，说明个别企业的劳动关系存在问题。

总体判断之外，处于测量值两端的企业值得重点关注，针对异常值（劳动关系处于相对不和谐状态）企业和最优值（最接近和谐劳动关系）企业的分析，可以提供一些十分有益的启示。针对典型样本进行个案分析，可以看到本次调查样本中一些企业的劳动关系特点，也可以从一个侧面说明相对和谐劳动关系指数在真实反映劳动关系状态方面有一定的长处，同时也会对指数未来改进的路径有所指引。下面对总体样本测量结果中的异常值和最优值企业，结合查找到的网络相关信息，加以个案分析。

（一）异常值分析

本次调查样本总体中出现异常值的有五家企业，其中三家为电子产业生产销售型企业，公司代码分别为 JS-SZ-ZX（日资）、JS-SZ-SK（芬兰）、JS-SZ-MJ（美资）；一家为玻璃制造销售型企业，日资，公司代码 JS-SZ-XX；一家为化工化肥类企业，国资，公司代码 SX-NU-YM。前面四家处于经济发达地区的一个著名开发区内，后一家处于一个资源类省份的二线城市。由于本书采集数据过程为委托调查，对于公司的相关具体信息只能通过网络查询，获得的信息有限且详略情况不尽相同，下面仅根据网络信息试分析如下：

1. 三家电子类企业的异常值分析

三家电子类企业情况大体相同，均为外资在内地开发区设厂，且从相对和谐劳动关系指数判别角度出发，第一步判别均不存在问题，即雇主、雇员各维度测量值均处于调查问卷中值以上，其实都处于 3 以上。问题出现在判别的第二步，也就是说，雇主、雇员的劳动关系满意度之间差距过大，从而导致相对和谐劳动关系指数判别显示异常，即企业劳动关系状态存在一定问题。细查网络信息，以其中的 JS-SZ-MJ 公司为例，JS-SZ-MJ 公司为世界五百强企业，从某网站调查信息得知，其薪酬水平甚至比行业平均水平高出 95%，雇员好评率达到 63%，但由于参与样本过少，且多为技术、管理岗位，姑且存疑；在另一就业者间互相帮助介绍企业信息和反映问题的网站中得知，"企业比较难进，发展势头良好"，"薪资待遇中上"等意见印证了本次调查问卷中雇主方对企业发展、雇员绩效等方面完全满意的回答；但同时，也有曾在该企业工作或正在该企业工作的雇员反映，"公司的管理流程比较复杂""上升空间小"，且提出建议"能给雇员多加点福利，饭菜质量不行""多听取基层雇员意见，加强职业规划"，以此观之，从基础的内部服务细节到最终的雇员发展预期看，也都存在诸多有待改进之处。从这三个异常值企业可以看到相对和谐劳动关系指数的一个特点，就是不仅需要关注雇佣双方各自的满意程度，同时要看他们的一致性预期和满意度状态的比较，如果按照此前很多省份执行的和谐劳动关系指数体系测评的话，其基本劳动政策执行、工作环境以及薪酬待遇等均较为良好，就应该属于一个优良企业，但这种测评没有揭示出企业内部存在的劳动关系细节问题。

2. 一家玻璃制造业企业的异常值分析

该玻璃制造业企业为日资企业，其异常出现在相对和谐劳动关系指数判别的第一步，而且在雇佣双方的满意度中都出现了低于调查问卷刻度中值的情况，雇主方企业发展预期为2，雇员的生存需求满意度为2.3393，发展满意度为2.7818。JS-SZ-XX公司也是世界五百强企业，细查网络相关信息，信息量较少。从某网站调查信息得知，其雇员收入水平较同行业低20%。另一个网站，有过往雇员表示，"工作环境噪音大、有污染"等，说明基层雇员工作环境有一定问题，但这些信息也不足以解释如此低的双方劳动关系满意度。其后，查阅行业信息得知，"我国玻璃制造行业在2012年产能跃居世界首位，达到8.6亿重箱""行业集中度低，结构性产能过剩，同质化竞争加剧，价格波动频繁""中国刚性生产与周期性需求的矛盾不可调和"。整个行业的产能过剩及自2008年以来的世界经济危机带来的需求下滑可能是企业劳动关系状态异常的根本来源。

3. 一家化工化肥类制造企业的异常值分析

该化工化肥类制造企业，其异常也是出现在相对和谐劳动关系指数判别的第一步，而且也是雇佣双方的满意度中都出现了低于调查问卷刻度中值的情况，雇主方企业发展预期为 1.75，雇员的生存需求满意度为 2.2714，关系需求满意度为 2.446，发展满意度为 2.1827。SX-NU-YM 公司设立于 1998 年，最初是私营企业，在快速发展后遭遇外部市场变化而迅速走到破产边缘，其后被一家大中型地方国企收购。从现实情况看，某网站其职工提供信息为"劳动法规定的加班工资是平时工资的三倍，以前想都不敢想，现在都已经是平时工资的两倍了""劳动法规定的'三险一金'，已经缴了三险了，一金还不知道在哪里了""以前下班加班是白加的，现在公司还给出点钱，每小时 3 元加班费，虽然少，但总比没有强"等，说明在国企入主之后，劳动关系相关法律法规的落实有所进步，但劳动关系这种双方不满的状态原因到底出在哪里呢？答案依然是外部大环境！从一网络信息得知："工资水平一般，以前不错，现在不行了。不是某某（入主的国企）问题，是国际大环境的问题，我国化肥产量供大于求，这是主要根源。"再次说明了外部环境对企业劳动关系影响的重要性。

（二）最优值分析

最优值是指在一次性调查样本中，根据相对和谐劳动关系指数的判别条件，雇佣双方劳动关系满意度均处于问卷刻度中值以上，且双方劳动关系满意度最为接近，即在劳动关系状态分布图中，最接近最优和谐劳动关系状态线的企业。

在本次调查样本总体中，其劳动关系状态与最优相对和谐劳动关系状态差距在 0.01 之内的有三家企业，一家为互联网软件开发企业，私企，公司代码 BJ-BJ-FJ；一家为技术装备制造销售类企业，中外合资，公司代码 JL-CC-KD；一家为汽车配件生产企业，日台合资，公司代码 JS-NU-DJ。第一家企业位于北京，第二家企业位于东北某省份的省会城市，第三家企业位于经济发达地区的一个著名开发区内。由于本书采集数据过程为委托调查，恰巧此三家均不是课题组深度访谈对象，对于公司的相关具体信息只能通过网络查询，获得的信息有限且详略情况不尽相同，下面仅根据网络信息试分析如下：

1. 一家互联网软件开发企业的最优值分析

从企业劳动关系状态到劳动关系最优和谐状态线的距离看，该企业为 0.004，其对应的相对劳动关系和谐指数也非常接近于 1，为 0.998364。从雇主、雇员各维度数据看，在整体样本中均处于中游位置，雇主劳动关系满意度为 3.667，雇员劳动关系满意度为 3.6607，各维度数据分布基本平均，只有雇主对企业发展的评价为 4。通过网络查询，这是一家位于北京市的互联网软件开发企业，据其公司网站介绍，其主营为针对全程供应链上不同伙伴（包括制造商、分销商、物流服务商、零售商和消费者）提供完整的全程流通随需解决方案，是该领域解决方案和云计算服务的主流供应商之一。公司主页中提供的合作伙伴包括王府井百货、国美电器、浦发银行、招商银行等知名上市企业，在一篇对其创始人访谈的网络文章中，还提到更多的知名企业合作伙伴，包括中粮可口可乐、华润集团、首旅集团、西单商场、双安商场、国泰百货、燕莎友谊商城等公司所在地知名企业。公司属中关村高新技术企业，多年来也取得了很多荣誉，从公司主页中列出的获得奖项和相关资格可以看出，公司虽然在全国尚未达到耳熟能详的程度，但在其专业领域内的确处于名列前茅的地位。通过其他网络信息查询，从薪酬水平而言，在三个网站查找到相关信息，一个网站给出的信息为薪酬水平偏低，而另两个网站从北京的工资水平而言属于中等偏上，综合而论，这可能是雇员满意度绝对数值处于中等偏上水平的原因之一；与此同时，在某网站查找到的对公司评价的标签（由其就职雇员填写）来看，"'五险一金'、标准工作时间、双休、年假、年终奖、公费培训、餐补、交通补贴"等，可以看出该公司还是尽其所能地为雇员提供相关福利的。在查找信息中，无意中看到一家与之同行业企业的雇员发言，一语道破"这个行业太残酷了"。随着"互联网+"模式的快速发展，公司作为技术方案提供商，也应该分享到了行业的成长，这应该是公司现有较为良好劳动关系状态的外部条件；同时，在信息技术领域，由于公司还没有实现模块化软件推广的跨越，尚处于项目个案解决的阶段，所以，雇佣双方的预期和满足程度都处于中游状态也是可以理解的。

2. 一家技术装备制造销售类企业的最优值分析

从企业劳动关系状态到劳动关系最优和谐状态线的距离看，该企业为
0.01，其对应的相对劳动关系和谐指数也非常接近于1，为1.003868。从
雇主、雇员各维度数据看，在整体样本中均处于中游位置，雇主劳动关系
满意度为3.5417，雇员劳动关系满意度为3.5554，各维度数据分布基本平
均，均处于3—4之间。通过网络查询，这是一家位于东北某省份的省会城
市的技术装备制造销售类企业，据其公司网站介绍，其主营为专业生产行
走类机械行业所需的非标设备、工夹量具、装配输送线、工位器具等，属
于汽车行业的周边配套企业。公司主页中提供的合作伙伴包括一汽—大众
汽车有限公司、一汽丰田（长春）发动机有限公司、哈尔滨东安汽车动力
股份有限公司、中国长春曼胡默尔富奥滤清器有限公司、采埃孚富奥底盘
技术（长春）有限公司、蒂森克虏伯鞍钢中瑞（长春）激光拼焊板有限公
司、大连华克·吉莱特汽车消声器有限公司、长春佛吉亚排气系统有限公
司、长春科德宝·宝翎滤清器有限公司、格拉默车辆内饰（长春）有限公
司、芜湖永达科技有限公司等行业内的整车及零部件企业，公司2006年通
过ISO9001质量体系认证。由于企业地处经济欠发达地区且规模不是很大，
相关网络信息较少，从可获得的其他网络信息来看，某网站据称是一位该
公司的商务合作者对其点评为"我只想说公司到现在还没倒闭真是个奇
迹"，不知该条信息的真实性如何，但与雇主3.25的企业发展预期有某种
程度的符合，由于对行业不甚了解，暂时存疑。从某征信网站相关信息
看，该企业曾获得行政奖励，为2012年该省地税上报纳税信用等级评定A
级企业，另有一项合同纠纷诉讼，公司为被告方，但最终结果是原告主动
撤诉。在网络上没有查询到其雇员发表的相关信息，从其招聘信息的薪酬
范围看，在该地处于中等水平，这也许是雇员满意度绝对数值处于中等偏
上水平的原因之一。综合而言，由于近些年中国汽车市场仍处于稳定增长
行业，该企业作为周边配套企业，劳动关系的外部环境尚可，且所处区域
人情味较为浓厚（该企业雇员劳动关系满意度中关系需求维度为3.9282，
是3个维度中的最高值），雇佣双方相互理解可能是达成良好劳动关系的

重要基础。

3. 一家汽车配件生产企业的最优值分析

从企业劳动关系状态到劳动关系最优和谐状态线的距离看，该企业为0.01，其对应的相对劳动关系和谐指数也非常接近于1，为0.9948。从雇主、雇员各维度数据看，在整体样本中均处于中游偏下水平，雇主劳动关系满意度为3，雇员劳动关系满意度为2.9844，各维度数据分布基本平均，均处于2.8—3之间。通过网络查询，这是一家位于经济发达地区的一个著名开发区内的汽车配件生产企业，其日本母公司是世界汽车零部件百强企业之一，总部设在日本的川崎市，主要产品是汽车制动系统和减振系统，产品提供给丰田、日产、铃木、富士重工、福特、克莱斯勒、奔驰等汽车公司。其在中国与一汽集团于1998年成立合资公司，产品提供给一汽集团的红旗、捷达，一汽丰田的威驰、夏利2000和考斯特等。通过百度搜索，没有找到该公司的正式主页，具体相关信息也极少，对于这种规模的企业而言略显意外。在某网站找到一位据称该公司雇员发表的意见如下："对于公司部长和部长级别以上的领导工作态度很认真。但是部长以下的有一些领导不行，尤其是领班实在太差劲，夜班打牌睡觉性质相当恶劣，和雇员说话态度差，干活总是报着糊弄的态度，素质不高。夏天车间温度太高，不过还好有降温的冷饮。工资还可以，比一般的工厂高，休息也多，但是干活比较累，适合22岁以上的男子。公司CEO管理有点松弛。"值得注意的是，在相关信息搜索中，出现了两条公司的负面新闻：一是2013年6月，由于雇员饮水管道接驳错误导致饮用水重金属超标引起罢工，二是2015年3月25日，公司发生火灾但未造成人员伤亡。综合而言，这可能是造成雇员劳动关系满意度不高的重要原因。由这个"最优值"分析引发了本书作者对相对和谐劳动关系指数体系相关问题的思考，在未来的整体指数判断，尤其是最优值选取方面，可能应该相应提高绝对数值标准，比如将原有的第一步判别标准由问卷刻度中值2.5提高到3。

## 第三节　相对和谐劳动关系指数辅助分析 工具设计与应用

相对和谐劳动关系指数采用 3 个数据的联合表达方式，且判断过程也分为两个步骤，虽然在表达企业整体劳动关系状态方面具有一定优势，但对于其直接使用者，无论是监管部门还是企业雇主方而言，都略显繁琐。针对和谐劳动关系指数的实用性研究目的，且考虑，一方面为了直观地展示指数及各种分析结果；另一方面也是为了不使指数沦为简单的排名工具，而真正起到促进和谐劳动关系建立和改善的作用，本书作者在劳动关系状态呈现、雇员劳动关系满意度的结构特征分析以及各种自然属性对企业劳动关系状态、雇员劳动关系满意度影响 3 个方面分别设计了相关的辅助分析工具，并结合数据可视化技术，设计了图形化方案。

工具设计示例使用了课题组在吉林、江苏、山西、河北、重庆、黑龙江、湖北、山东、辽宁、北京、天津、浙江、广东、海南、内蒙古、江西、新疆共 17 个省、自治区、直辖市 129 家企业中采集的 228 份雇主（副总及以上职位）有效问卷和 9385 份雇员有效问卷样本数据。

### 一、企业劳动关系状态分布图设计与应用

劳动关系状态分布图的设计目的在于对一次性调查样本总体的直观化展示以及对调查样本总体状态、分布特征、劳动关系改善路径的初步分析。

（一）企业劳动关系状态分布图的设计原理

如相对和谐劳动关系指数的判别部分所言，如将雇佣双方的劳动关系满意度看作两个数值坐标的话，则每一个调查样本企业的劳动关系状态可以视为两维度平面上的一个点，横纵轴分别为雇佣双方的问卷刻度，那么，就可以将一次性调查样本总体的劳动关系状态集中展示在一个二维平面图中。

　　为了更好地区分劳动关系状态的合理性和调查样本总体分布特征，本书作者在图形中添加了3类辅助线：一是调查问卷刻度的网格线，这样可以更为清晰地观察每一个点（雇佣双方劳动关系满意度）在绝对量上大致所处的水平；二是最优和谐劳动关系状态线，即根据相对和谐劳动关系概念定义，雇佣双方劳动关系满意度相等的那条线，即从左下原点出发到右上角的对角线，这样可以更为清晰地观察调查样本总体和每个企业劳动关系状态在相对量上大致所处的水平；三是根据改进 Z 值大于 3.5 的判别标准，反推出来的上下两条警戒线，是两条分布于最优和谐劳动关系状态线两侧，与之平行的短直线，其起点位于问卷刻度中值以上，这样，一方面可以更为清晰地观察调查样本中是否有企业的劳动关系处于异常状态，另一方面警戒线和最优和谐劳动关系状态线构成了一个参照系，可以更为清晰地观察调查样本的分布特征。此外，结合相关的经济学、管理学知识以及企业的具体信息，可以对单个样本企业或样本企业整体的劳动关系改进路径进行初步的分析。[①]

　　（二）　企业劳动关系状态分布图示例

　　本书作者以本书的 129 家被调查企业样本总体的劳动关系分布状态为例，对劳动关系状态图的辅助分析作用进行展示和说明。

　　横轴为雇主劳动关系满意度 $Sm$，纵轴为雇员劳动关系满意度 $Se$，其计算过程分别如式 4.1 与式 4.2 所示，左下至右上的对角线为最优和谐状态线，与之平行的上下两条虚线是根据判别条件推导出的警戒线。观察图中点的分布状态及其与辅助线之间的关系，大体可得出如下直观判断：（1）从总体状态而言，绝大多数点位于问卷刻度中值以上、警戒线以内，说明 129 家调查样本企业的总体劳动关系状态尚属正常，处于可以接受的水平。（2）从分布特征而言，整个调查样本点集的重心显然偏向右下，即处于最优和谐劳动关系状态线右下侧，说明从样本总体而言，雇主劳动关系满意度要优于雇员劳动关系满意度，这种总体状态与"强资本、弱劳

　　① 渠邑、于桂兰：《相对和谐劳动关系指数体系探索性研究》，《中国人力资源开发》2014 年第 15 期。

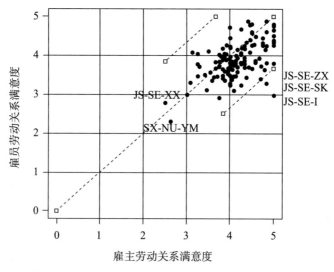

**图 4.1 本书 129 家企业样本总体的劳动关系状态分布图**

动"的劳动关系现状暗合。(3) 从劳动关系改进路径而言,位于对角线上方的企业,雇员劳动关系满意度更高。虽然劳动关系现状形成原因各不相同,但受劳动力市场竞争和激励与绩效关系的影响,其劳动关系改进路径只能选择向右上方移动,即提高对雇员的投入力度,增加激励强度,从而提升企业整体效益,使雇主与雇员产生一致性的企业良好预期。在改进过程中,政府监管部门不仅要做好各项劳动关系政策的落实工作,还要发挥政府的整体服务功能,不仅积极为这些样本企业发展提供服务,更要与政府其他部门联动,为企业创造良好发展环境,才能促进企业和谐劳动关系的可持续改善。而位于对角线下方的企业,雇主劳动关系满意度更高,在劳动关系改善方面拥有更多的企业资源和投入潜力,雇主可以通过适当地提高雇员薪酬、工作条件等激励措施,进一步提高劳动关系和谐程度,进而在提高雇员绩效的同时提升企业整体效益,从而达到双赢。在改进过程中,政府监管部门需要监督各项劳动关系政策法规的落实,督促和帮助企业逐步建立完善劳动关系相关组织、制度,同时帮助企业研究技术升级改造和增加雇员技能培训的可能性,从提高劳动要素贡献率角度提高雇员在劳动关系中的议价能力。

## 二、雇员劳动关系需求结构特征分析工具设计与应用

劳动关系状态分布图初步解决了企业劳动关系状态的可视化呈现及辅助分析问题，虽然具有一定的劳动关系改进路径选择指导性功能，但还仅限于样本总体的一般性特征，对样本总体中的各维度属性特征及其相互关系并没有触及，这对企业及相关政府管理部门有针对性地促进和谐劳动关系建设显然是不够的。

在劳动关系双方中，雇主对劳动关系的满意程度直接决定了其满足雇员需求的实际投入程度。所以，从需求满足角度看，雇主在现实劳动关系中显然处于主导地位，是决定劳动关系供求均衡的供给方，而雇员则是处于从属地位的需求方，那么，如何有针对性地满足企业雇员的合理需求就成为雇主、政府管理部门相关决策的重要辅助信息，所以，本书需要研究如何分解和展示企业雇员劳动关系满意度的结构性特征，而雇员劳动关系满意度路径分析正可以满足这种现实应用的需求。

（一）工具选择及原理

路径模型是 20 世纪 60 年代后期出现的一种验证性方法，其基本思想是根据想象、已有假说或已有经验，事先构造一个模型，先画路径图并写出关系，然后根据这个模型收集数据，再用该模型来拟合。在顾客满意度分析方面，路径模型的应用最为成功。从模型应用思路和应用对象角度看，将路径模型应用到雇员劳动关系需求结构特征分析中，也是比较契合的。

雇员作为劳动关系的需求方，其需求相对单纯，相对和谐劳动关系指数体系根据奥尔德弗的 ERG 理论，将雇员劳动关系需求归类到生存需求、关系需求和发展需求 3 个一级指标；然后，通过对 37 个相关测量工具的总结归类，形成了 9 个二级指标；在二级指标之下是调查问卷的具体题项。具体指标体系如图 4.2 所示：

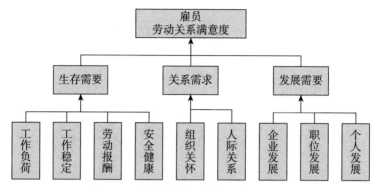

图 4.2　雇员劳动关系满意度结构示意图

从变量性质看，一级和二级指标显然具有潜变量性质。在具有包含潜变量的社会科学研究中，较常使用的是结构方程模型与路径模型。由于结构方程的前提假设过于严苛，需符合内生变量正态分布假设和联合多元正态分布性假设，而通过偏最小二乘方法（Partial Least Squares，PLS）估计的路径模型，并不需要数据的多元正态性假定，因此，本书作者选择了偏最小二乘路径模型（PLS-PM）的技术路径，进行雇员劳动关系需求结构特征分析工具设计。

路径模型分内外两个模型，因应于本研究内容，简化层次，略图示意如下：

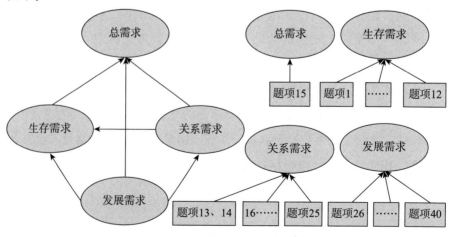

图 4.3　雇员劳动关系满意度路径模型的内外部模型示意图

图 4.3 的左图为路径模型（内部模型）；右图为测量模型（外部模型）。

设定 $n$ 个测量显变量为 $x_1$，$x_2$，$\cdots$，$x_n$。外生隐变量用 $\xi$ 表示（代表发展需求），内生隐变量用 $\eta_1$，$\eta_2$，$\eta_3$ 表示（依次代表关系需求、生存需求和总体满意度），则结构方程等价于带有误差项的方程：

$$\begin{pmatrix} \xi \\ \eta_1 \\ \eta_2 \\ \eta_3 \end{pmatrix} = \begin{pmatrix} 0 & 0 & 0 \\ \beta_{21} & 0 & 0 \\ \beta_{31} & \beta_{32} & 0 \\ \beta_{41} & \beta_{42} & \beta_{43} \end{pmatrix} \begin{pmatrix} 0 \\ 0 \\ 0 \\ 0 \end{pmatrix} \begin{pmatrix} \xi \\ \eta_1 \\ \eta_2 \\ \eta_3 \end{pmatrix} + \begin{pmatrix} 1 \\ 0 \\ 0 \\ 0 \end{pmatrix} \xi + \begin{pmatrix} 0 \\ \varepsilon_1 \\ \varepsilon_2 \\ \varepsilon_3 \end{pmatrix} \tag{4.6}$$

矩阵表达式为：

$$\eta = \beta\eta + \Gamma\xi + \varepsilon \tag{4.7}$$

右图测量模型的矩阵表达式为：

$$X_\eta = \Lambda_\eta \eta + \delta_\eta \tag{4.8}$$

其中 $\delta_\eta$ 为误差项。

针对反映型（Reflective）隐变量，采用两步法和重复指标法（Repeated Indicators）的偏最小二乘法计算步骤如下：

首先用迭代的方法得到隐变量 $\xi$ 和 $\eta$ 的表达式：

$$\hat{\xi}_j = \sum \widetilde{\omega}_{jh} x_{jh} \tag{4.9}$$

它们是显变量 $x$（具体题项的观测值）通过 $\omega$ 加权的线性组合。其次用通常的最小二乘法得到内部模型关系的系数 $\beta$ 的估计值，从而得到隐变量之间的度量；然后使用通常的最小二乘法得到外部模型关系的系数 $\lambda$ 的估计值，即隐变量与显变量之间的关系；最后得到各种指数。

R 语言中的 plspm 程序包采用了 PLS—PM 经典论文提出的路径模型偏最小二乘估计算法，在定义多阶路径模型和测量模型的基础上，可以利用偏最小二乘法对多阶路径模型进行求解。① 由于偏最小二乘回归在建模的

① M Tenenhaus, V. E. Vinzi, Y. M. Chatelinc, C. Laurob, "PLS Path Modeling", *Computational Statistics & Data Analysis*, No. 1, 2005.

同时实现了数据结构的简化，因此可以在二维图上对多维数据进行展示，有很好的可视化效果，有利于设计实用性的图形化展示和直观分析。

（二）工具分析示例

根据以上工具设计，针对本书采集的全国 129 家企业、9385 份雇员有效问卷样本数据，对雇员劳动关系的需求结构特征进行分析。

首先，对测量模型的有效性进行检验。在指标维度归属检验中（Unidimensionality of the Indicators），所有隐变量块（Block）的克隆巴赫检验的 α 值（内部一致性信度系数）最小为 0.798，耿龙—戈德斯坦（Dillon-Goldstein）检验的 ρ 值（复合信度系数）最小为 0.885，均大于判别标准 0.7；指标相关矩阵第一特征最小为 2.30，远大于判别标准 1，且远远大于第二特征值。在载荷与公因子方差检验中，载荷最小值为 0.699，公因子方差最小值为 0.488，基本符合判别标准 0.7 和 0.5；在交叉载荷检验中，测量指标所隶属的隐变量所在列的值均大于其他隐变量列的值。整体测量模型通过检验。

其次，对路径模型的检验与评价，路径模型的内生隐变量决定系数 $R^2$ 为 0.473，它表明内生隐变量有多大程度可以用独立隐变量进行解释，针对其结果，可以分为三个档次，即：低解释度：$R^2 < 0.30$（也有定义为 $R^2 < 0.20$）；中等解释程度：$0.30 < R^2 < 0.60$（也有定义为 $0.20 < R^2 < 0.50$）；高解释程度：$R^2 > 0.60$（也有定义为 $R^2 > 0.50$），比照判别标准，本模型具有中等解释能力；模型拟合度 *GoF* 为 0.7262，它是衡量包括测量模型和结构模型在内的模型质量的一个伪拟合度指标，计算的是平均归属度和平均 $R^2$ 的几何平均值，在 PLS-PM 模型中的接受标准为 0.7，本模型符合要求，从而整体路径模型通过检验。

从最后的估计结果看，前面所添加的 3 个影响并不明显，发展需求对关系需求的直接效应为 0.0008，间接效应为 0；对生存需求的直接效应为 0.0001，间接效应为 8.07e-07。关系需求对生存需求的直接效应为 0.001；间接效应为 0。

最后，129 家企业样本的员工劳动关系需求结构二阶路径模型参数估计如图 4.4 所示。

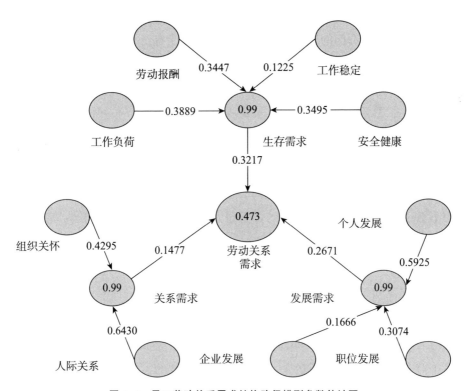

图 4.4　员工劳动关系需求结构路径模型参数估计图

路径模型工具可以对样本企业员工的劳动关系需求进行结构特征分析，政府监管部门和企业可以根据其中的结构性特征，有针对性地开展劳动关系调整工作。以图 4.4 为例，从图中大致可以发现以下 4 个结构性特征：

1. 生存需求在员工劳动关系需求中处于主导地位

在员工劳动关系需求的 3 个二级指标中，生存需求、关系需求和发展需求的系数分别为 0.3217、0.1477 和 0.2671。可见，我国现阶段构建和谐劳动关系，无论企业层面还是政府监管层面，最根本的着力点仍然在于如何提高劳动者（员工）生存需求的满足程度。

2. 员工对工作稳定性的需求非常低

在生存需求的 4 个维度中，工作负荷、安全健康、劳动报酬和工作稳定性的需求系数分别为 0.3889、0.3495、0.3447 和 0.1225，对工作稳定性的需求程度最低。之所以出现种种情况，结合课题组在 29 家企业进行的访谈和与政府相关部门的座谈，本书作者认为可能有三个原因：第一，随着中国市场化进程的推进，劳动力市场的双向选择成为常态，员工对工作稳定性的需求远比预期的要低；第二，调查样本多来自中下层员工，以农民工群体为主，流动性较高是这个群体特征之一；第三，大多数企业给中下层员工提供的劳动报酬和劳动条件偏低，员工试图通过不断地转换企业和工作，寻求更高的收入和更好的劳动条件。依据这一特征，政府监管部门就可以把工作重点放在劳动者的工作负荷、安全健康和劳动报酬监管上，而不必过分关注劳动合同期限的长短以及劳动力的高流动性问题；雇主如果希望留住员工，降低因高流动率带来的效率损失，就要降低员工的工作负荷、改善生产条件，提高劳动报酬。

3. 员工对组织关怀的需求程度比较高

在关系需求的两个维度中，员工对组织关怀的需求系数为 0.4295，虽然与人际关系需求系数 0.6430 相比小一些，但依然占有较高的比重，说明员工对企业各级组织提供的关心帮助有较高程度的需求。结合样本特征和中国文化特点，本书作者认为这种情况出现的可能原因是：第一，农民工作为当前产业工人主体的劳动力结构特征，决定了组织关怀的重要性。在本次调研的 129 家企业中，处于第二产业的企业占 80%，主要集中于制造业，涵盖石油勘探、煤炭采掘、木制品加工、建筑材料、工程建设、食品加工、纺织服装、造纸、冶金、化工、机械设备制造、机电设备制造、模具、电子、汽车零部件、新能源、医疗器械、家电、精密机械等细分领域；在 9385 份员工有效样本中，操作工人占 49.70%；初级岗位占 63.04%。从以上产业分布和员工岗位类别与层级推断，农民工占非常高的比重。他们背井离乡、远离家人亲朋、跨区域工作和流动的处境，决定了对组织关怀帮助和温暖有着特殊的需求；第二，中国文化传统历来重视"家"文化，员工也常常把组织当成一个大家庭。农民工来源于中国传统文化氛围更为浓厚的乡村，以农民工为主体的员工队伍对"家"文化的需求自然也更强烈一些。基于以上结构性特征，监管部门和企业都需要在生活安全保障和企业文化建设上增加投入，可以通过为员工建立互助保险、提供食堂和班车、增加文化娱乐设施、关心员工个人和家庭生活等手段，来增强员工的归属感、认同感，从而提高员工的整体劳动关系满意度。

4. 员工对个人发展的需求非常高

在发展需求中，员工对个人发展、职位发展（晋升阶梯）和企业发展的需求系数分别为 0.5925、0.3074 和 0.1666。可见个人发展需求占据了一半以上比例。在 9385 份有效员工样本中，"80 后" 占 54.86%，"90 后"占 20% 左右；本专科毕业生占 51.73%，高中及以下占 44.33%。结合前面分析的农民工是产业大军主体和工作稳定性需求很低等特征，可以推断：在工作负荷较重、安全健康相关的劳动条件较差、劳动报酬偏低的情况下，学历偏低且以农民工为主的劳动大军，只能利用自己还年轻这一天然优势，通过降低对工作稳定性的需求，用提高流动性这一无奈之举来寻求更好的工作机会；但能否真正获得更好的工作，则取决于自己的可雇佣性高低；而培训开发等个人发展需求的满足，恰恰可以提高自己的可雇佣性。基于数据的这个推断有如下启示：在企业层面，员工的低工作稳定性需求和高个人发展需求之间，构成了一对无法解决的结构性矛盾：雇主没有激励为高流动性的员工提供更多培训去满足他们对个人发展的高需求。基于数据的这个推测和启示，与企业现实是非常吻合的。在这种情况下，加强对员工的培训，就不仅有助于满足员工对个人发展的需求，也有助于在更高层次上满足产业升级对高素质产业工人的需求。因此，通过培训将一支高流动性的产业大军造就成高素质的产业工人，就带有一定程度的公共物品性质，这个任务只能主要由政府承担起来。

## 三、劳动关系状态自然属性结构特征分析工具设计与应用

相对和谐劳动关系指数、劳动关系状态分布图和雇员劳动关系满意度路径模型这三种工具，可以用来展示和分析主观指标所反映的企业劳动关系状态及其改善路径，但雇佣双方的客观信息与劳动关系和谐程度是否有

关系，以上两种辅助分析工具没有涉及。

在本书的调查中，除针对雇佣双方对劳动关系满意程度的主观信息收集之外，还对雇佣双方的一些自然属性信息加以收集，如雇主方的行业、雇佣规模、存续年限；雇员方的性别、年龄、文化程度、岗位类别、职务级别等。探索、发现各种自然属性对劳动关系的影响，或曰不同自然属性组别间劳动关系相关指标的差异，一方面，帮助政府管理部门掌握区域内劳动关系的自然属性特征，也帮助雇主掌握企业内劳动关系的自然属性特征；另一方面，根据这些自然属性特征及相关自然属性的变动信息，可以大致推断所辖区域内或雇主自己的企业内劳动关系状态的变化趋势。这就是设计核密度比较图的初衷。

（一）工具选择及原理

核密度估计（Kernel Density Estimation）是用于估计随机变量概率密度函数的一种非参数方法，它不利用有关数据分布的先验知识，对数据分布不附加任何假定，是一种从数据样本本身出发研究数据分布特征的有效方法，因而，在统计学理论和应用领域均受到高度的重视。核密度图则是依据核密度估计原理，直观性的数据探索性分析工具，核密度图根据样本总体特征，将其可能的拟合分布状态展示于二维图中，横轴为样本的取值范围，纵轴为每个取值点对应的出现频次值，同时利用数据平滑技术，拟合出分布曲线。核密度图不仅可以用于单一变量的核密度探索性分析，也可以针对某一特定因子的不同取值，比较分析组间差异，通过将不同分组的核密度估计值叠加在一张核密度图中，可以通过观察不同组别的分布形状、重叠程度、峰值点位置等，非常直观地比较结果变量的跨组分布特征。

针对一组单变量样本 $x = (x_1, \cdots, x_n)^T$ 的核密度估计有：

$$\hat{f}_h(x) = \frac{1}{n} \sum_{i=1}^{n} K_h(x - x_i) = \frac{1}{nh} \sum_{i=1}^{n} K\left(\frac{x - x_i}{h}\right) \tag{4.10}$$

其中 $K(\cdot)$ 是均值为 0，总和为 1 的非负核函数，$h$ 则是平滑参数，或叫窗宽、带宽，也是核密度估计方法的最重要参数，平滑参数的选择不当可能造成对核密度估计的欠平滑（Under Smoothed）或过平滑（Over Smoothed），一般而言，采用综合最小均方误差的准则来选择适当的平滑参数，即：

$$MISE(h) = E\int[\hat{f}_h(x) - f(x)]^2\,dx \qquad (4.11)$$

其中，$\hat{f}h(x)$ 为在样本点 $x$ 处选择平滑参数 $h$ 的拟合核函数估计值。正态优化参数一般为：

$$h = \left(\frac{4}{3n}\right)^{1/5}\sigma \qquad (4.12)$$

其中，$n$ 为区域内样本个数，而 $\sigma$ 为样本点的标准差。考虑到分布的非正态性可能和估计结果的稳健性（Robustness），标准差可以用样本点的稳健统计量平均绝对偏差表示，即：

$$\sigma = median\{|y_i - \bar{\mu}|\}/0.6745 \qquad (4.13)$$

其中，$\bar{\mu}$ 为区域内样本中值。

R 语言中的 sm 程序包即采用以上提出的核密度估计方法，在定义结果变量和组别因子后，可以很好地生成结果变量对自然属性分组的核密度比较图。[①]

（二）工具分析示例

核密度分析工具主要应用在劳动关系状态相关数据对各项自然属性的组别比较方面，它不仅可以应用在企业间的结构特征分析上，也可以应用于雇员的结构特征分析。结合本次采集的数据结构，企业方面有和谐距离（相对和谐劳动关系指数）针对企业设立年限、产业属性、雇佣规模等自然属性的核密度分析；雇员方面有劳动关系满意度（需求结构）针对性别、年龄、文化程度、岗位类别和职位级别等自然属性的核密度分析。下面以本书采集的全国 129 家企业总体样本数据加以分析、示例。

---

① Kafadar Karen, "Applied Smoothing Techniques for Data Analysis: The Kernel Approach with S-Plus Illustrations", *Journal of the American Statistical Association*, No. 447, 1997.

1. 雇主方面的相对和谐劳动关系指数（和谐距离）分企业设立年限的核密度分析

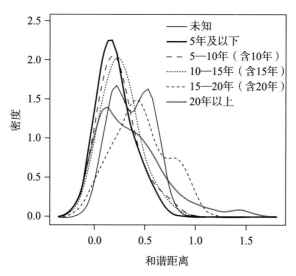

图4.5　和谐距离不同设立年限核密度比较图

　　和谐距离是指在劳动关系状态分布图中，每个点（企业劳动关系状态）到最优和谐状态线的直线距离，距离越短意味着企业的劳动关系状态越好，即在图4.5中横轴数值越小意味着企业的劳动关系状态越好。依照右上角图例解读，除未知设立年限的双峰分布外，5年及以下、5—10年（含10年）和20年以上3个组别的核密度估计曲线几乎重叠，20年以上组别的峰值点只是稍稍错后，可以理解为3个组别的劳动关系状态基本一致。而10—15年（含15年）的组别虽然峰值点与前述3个组别接近，但其分布范围明显有向右侧发散的特征，15—20年（含20年）组别的峰值点更是严重靠右，且右侧有一个台阶状的二次分布特征。这说明在企业生命周期中，11—20年之间的企业在劳动关系状态上开始出现分化的迹象，而15—20年（含20年）可能是企业劳动关系的一个重要阶段。从企业发展的生命周期和相对和谐劳动关系的定义而言，企业到了这个时期，可能面临着升级、转型乃至二次创业的过程，走过去，外部环境保持或好转的话，企业劳动关系能够维持或趋向好转，否则可能开始分化，乃至恶化。所以，无论从经济发展、促进就业还是构建和谐劳动关系而言，政府管理部门（不仅是人力资源和社会保障部门）应该对管辖区域范围内 10—20年（含 20 年）的企业在加强监管的同时，帮助其进行技术改造、产业升级，力促其保持经营活力。

2. 雇主方面的相对和谐劳动关系指数（和谐距离）分产业类别的核密度分析

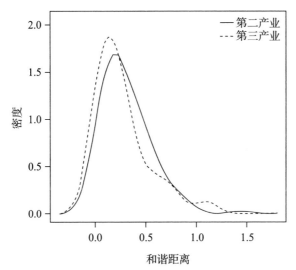

图 4.6　和谐距离不同产业类别核密度比较图

从核密度图比较看，在本次调查样本中，第二、第三产业的和谐距离分布比较一致，第三产业的峰值点较第二产业稍左（稍小）且稍高（分布较为集中），即第三产业的劳动关系状态稍好于第二产业，但从总体分布特征而言，产业分类对劳动关系状态的影响并不明显。

3. 雇主方面的相对和谐劳动关系指数（和谐距离）分企业雇佣规模的核密度分析

从核密度图比较看，在本次调查样本中，不同雇佣规模的企业，在分布曲线形状上大体一致，区别主要体现在峰值点位置与高度上。以峰值点位置而言，500 人及以下的两组几乎完全相同，501—3000 之间的三组几乎

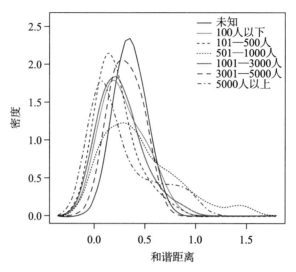

**图 4.7    和谐距离不同雇佣规模核密度比较图**

完全相同，而 5000 人以上的组别最靠右（和谐距离最远），即劳动关系状态最为堪忧；从峰值点高度而言，100 人以下与 501—1000 人组别较为接近，101—500 人居中，而 1000 人以上的三个组别较为接近也更低（分布的更为分散），即劳动关系状态分化较大。

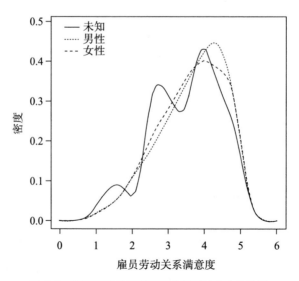

**图 4.8    雇员劳动关系满意度分性别核密度比较图**

4. 雇员方面的劳动关系满意度分性别核密度分析

从核密度图比较看，在本次调查样本中，男女雇员在分布形状上比较类似，而男性的峰值点较女性偏右（满意度更高）且较高（分布较为集中），显示男性雇员总体而言较女性的劳动关系满意度为高。

5. 雇员方面的劳动关系满意度分年龄核密度分析

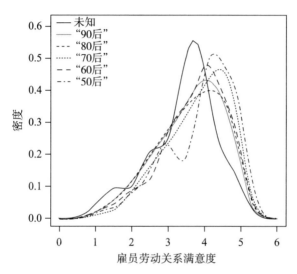

**图4.9 雇员劳动关系满意度分年龄核密度比较图**

从核密度图比较看，在本次调查样本中，除"50后"年龄段外，其他4个年龄段的分布形状基本类似，而"80后""90后"高度类似，且峰值点几乎重合，"90后"略高，显示出新的产业工人对未来尚抱有良好的期望。从峰值点位置看，"70后"最靠右，这可能与其多年工作积累多数已达到一定职级有关。"50后"虽然只占调查样本的极小部分，但其分布特征显示出两极分化特征，这可能与职业生涯已极为短暂而目前成就的两极分化相对应。

6. 雇员方面的劳动关系满意度分文化程度核密度分析

从核密度图比较看，在本次调查样本中，文化程度四个分组的分布形状几乎完全相同，且均无明显的峰值点。这可能与进入企业后，无论是晋升、薪酬、奖励、人际关系以及未来发展等逐步与文化程度关系减弱有

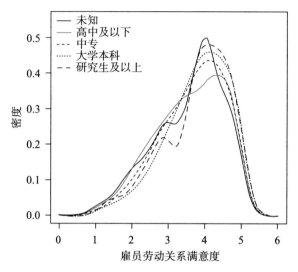

**图 4.10 雇员劳动关系满意度分文化程度核密度比较图**

关，正如在教育中对学生所言，学历只是一块敲门砖。

7. 雇员方面的劳动关系满意度分岗位类别核密度分析

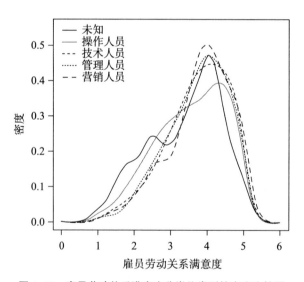

**图 4.11 雇员劳动关系满意度分岗位类别核密度比较图**

从核密度图比较看，在本次调查样本中，除操作人员外，专业技术人员、管理人员与营销人员的分布形状比较类似，峰值点也几乎重合，高度而言，营销高于管理高于专业技术人员，而峰值点的位置在 4 左右，一定程度上显示出这三类人员在劳动关系中需求与满足的心理评价渐趋理性的特征。而操作人员作为企业雇员中的大多数，其分布形状较为分散，作为峰值点位置在四个组别中最靠右，但也最低，对应的就是左侧分布比较蔓延平均，显示出作为企业底层雇员劳动关系满意度的多样性。

8. 雇员方面的劳动关系满意度分职务级别核密度分析

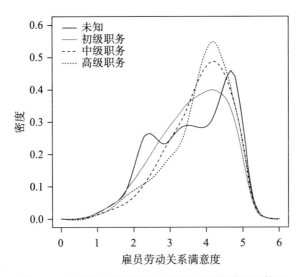

图 4.12　雇员劳动关系满意度分职务级别核密度比较图

从核密度图比较看，在本次调查样本中，职位级别三个组别的分布形状几乎相同，峰值点几乎相同，从高度上看，高级高于中级高于初级；从分布的范围看，也基本是这种排列顺序，即高级职务的分布最为集中。这种现象可以从雇主和雇员两方面得到解释，与已有知识和常识中的判断是符合的。从雇主角度而言，在职务晋升时一定会选择与企业价值观即雇主理念趋向一致的雇员，这类似于企业文化形成模型中根据创始人理念而对新晋人员建立甄选标准的过程，那么，随着职位级别的升高，劳动关系满意度愈加趋向集中和提高就是一个很自然的结果；从雇员而言，在企业中更高的职位以为更好的工作环境、更好的薪酬、掌握更多的资源、赢得更多的机会，那么，职位级别越高劳动关系满意度当然随之提高且趋同。

## 第四节　长春和苏州 88 家样本企业劳动关系状态与结构特征比较

本书使用课题组第三、第四两批次分别在南北（苏州和长春）两个经济开发区 88 家企业的 114 份雇主有效问卷和 7566 份雇员有效问卷所获得的数据，应用上述辅助分析工具，进行比较研究，以期探寻两个不同地域间劳动关系状态及其相关因素的差异。

### 一、数据描述

（一）问卷发放与回收

2014 年 9 月 23 日至 10 月 17 日，通过长春市人力资源与社会保障局劳动关系处，在长春市朝阳经济开发区随机抽取 40 家企业进行问卷调查，其中第二产业 37 家，第三产业 3 家。此次调研共回收 3134 份有效问卷，其中雇主（副总及以上职位）问卷 58 份，雇员问卷 3076 份。

2014 年 5 月 21 日至 6 月 3 日，通过苏州某开发区人力资源与社会保障局，在该区随机抽取 50 家企业进行问卷调研。此次调研共回收 48 家企业 4579 份有效问卷，其中第二产业 42 家，第三产业 6 家，雇主（副总及以上职位）问卷 89 份，雇员问卷 4490 份。

（二）两地样本企业特征比较

1. 两地基本情况比较

长春朝阳经济开发区位于长春市的西南部。2002 年 11 月 29 日，被国家发改委和省政府正式批准命名为省级开发区。开发区毗邻中国第一汽车集团公司、长春西新经济开发区和长春高新技术产业开发区。区内聚集了一大批以汽车零部件加工为主体的工业企业，形成了规模企业集群，具有鲜明的产业特色。

苏州某开发区历史悠久，在全国及省内各项开发区排名中多年居于前列乃至榜首。

2. 两地样本企业特征比较

从行业分布看，位于长春朝阳开发区的样本企业中，第二产业企业占92.5%，第三产业占7.5%，细分行业多集中于汽车制造相关配套产业，从汽车机械零部件、电池、玻璃、内饰、喷涂，到相关的基础工具、模具设计、制造，特种车辆改装等；苏州某开发区本次调查样本企业中，第二产业企业87.5%，第三产业占12.5%，细分行业包括汽车及零部件、机械、机电、电子、光电、精密仪器、食品加工、软件、零售、物流等，分布更为广泛。

从雇佣规模看，长春朝阳开发区本次调查样本企业规模比较小。1000人以上企业没有，100人以下企业占57.5%，100—500人企业占25%，500—1000人企业仅占12.5%，另外两家雇佣规模未知；而苏州某开发区本次调查样本企业规模较大，500人以下企业没有，而1000—3000人企业占50%，3000人以上企业占22.92%，体现了国家级开发区企业规模的优势。

从设立年限看，长春朝阳开发区本次调查样本企业中，5—15年企业占一半以上（62.5%），15年以上的占37.5%；苏州某开发区本次调查样本企业中，5—15年企业同样占一半以上（61.41%），15年以上企业占29.17%，两者并无太大差别。

3. 两地样本雇员特征比较

从性别属性看，长春朝阳开发区本次调查样本企业中，男雇员占51.79%，另有12.13%未知性别信息；苏州某开发区本次调查样本企业中，男雇员占50.65%，略多于女雇员。

从年龄分布看，长春朝阳开发区本次调查样本企业中，"70后""80后"仍是雇员的主力军，占样本总数的79%，"90后"只占16.38%；而苏州某开发区本次调查样本企业中，"80后""90后"占85.79%，"70后"只占12.54%，比较而言，体现了东北地区劳动力老化的现实。

从文化程度看，长春朝阳开发区本次调查样本企业中，高中及以下占57.67%，而本专科毕业生占37.74%，研究生及以上仅占0.94%；苏州某开发区本次调查样本企业中，本专科毕业生占雇员总数的一半多（58.53%），高中及以下雇员比例为38.78%，比较而言，也看到了经济发达地区的人才相对优势。

从岗位类别看，长春朝阳开发区本次调查样本企业中，操作工人占三分之二强（67.36%），技术人员和管理人员合计占29.85%；苏州某开发区本次调查样本企业中，技术人员和管理人员合计占54.1%，操作工人占42.38%，联系前述的雇佣规模可知，由雇佣规模和管理架构导致的岗位设置梯度在两个开发区的岗位类别调查样本中也有所体现。

从职务级别看，长春朝阳开发区本次调查样本企业中，初级占64.73%，中级占24.12%，高级占3.97%，另外7.18%未知；苏州某开发区本次调查样本企业中，初级占63.9%，中级占26.33%，高级占5.17%，另外4.61%未知，从职位级别的结构而言基本符合企业管理架构常态，两地差别并不明显。

综上所述，从本书较大规模集中采集的南北两个开发区的样本数据特征比较而言，在行业分布、雇佣规模、企业规模以及雇员的年龄结构、文化程度结构特征等方面，差异巨大，如果采用客观数据体系，很难进行比较，而使用本书开发的基于雇佣双方感知的相对和谐劳动关系指数体系，则能较好地解决了两地企业劳动关系状态的比较问题。

## 二、两地企业相对和谐劳动关系指数计算结果与排名及比较分析

针对两地样本数据，使用和谐劳动关系指数公式，两地企业的劳动关系状态（相对和谐劳动关系指数）的计算结果与排名分别如表4.2和表4.3所示。

从两地样本总体看，雇主劳动关系满意度中值，苏州为4.25，长春为4.04，雇员劳动关系满意度中值，苏州为3.7813，长春为4.1342，均处于问卷刻度中值以上；相对和谐劳动关系指数中值，苏州为0.9022，长春为0.9657，对应检验Z值均为0.6745，远小于异常值判别标准3.5。可以判

表4.2　长春朝阳经济开发区样本企业劳动关系状态排名

| 企业代码 | 雇主发展 | 绩效满意 | 雇主总满 | 生存需求 | 关系需求 | 发展需求 | 雇员总需 | 相对指数 | 和谐距离 | 绝对中距 | 修正Z值 |
|---|---|---|---|---|---|---|---|---|---|---|---|
| JL-CC-KD | 3.25 | 3.8333 | 3.5417 | 3.4725 | 3.9282 | 3.3128 | 3.5554 | 1.003868 | 0.009687 | 0.228395 | 0.903998 |
| JL-CC-DE | 5 | 4.6667 | 4.8333 | 4.8776 | 4.8762 | 4.873 | 4.8759 | 1.008814 | 0.030123 | 0.20796 | 0.823114 |
| JL-CC-JT | 4 | 3.6667 | 3.8333 | 3.8625 | 3.9794 | 3.8168 | 3.8824 | 1.012809 | 0.034719 | 0.203364 | 0.804922 |
| JL-CC-SY | 4 | 4 | 4 | 3.7436 | 4.2 | 4.0119 | 3.9465 | 0.986625 | 0.03783 | 0.200253 | 0.792607 |
| JL-CC-JL | 4 | 5 | 4.5 | 4.6582 | 4.5762 | 4.4587 | 4.5794 | 1.017644 | 0.056144 | 0.181939 | 0.72012 |
| JL-CC-BA | 4 | 4.6667 | 4.3333 | 4.3052 | 4.2 | 4.1879 | 4.2429 | 0.979138 | 0.063922 | 0.17416 | 0.689333 |
| JL-CC-LF | 4 | 5 | 4.5 | 4.6465 | 4.4991 | 4.6313 | 4.601 | 1.022444 | 0.071418 | 0.166665 | 0.659667 |
| JL-CC-YK | 3 | 4.3333 | 3.6667 | 3.7262 | 3.9667 | 3.837 | 3.8246 | 1.043063 | 0.111652 | 0.126431 | 0.500417 |
| JL-CC-DH | 3.75 | 3.8333 | 3.7917 | 3.9676 | 3.9907 | 3.9574 | 3.9712 | 1.04734 | 0.126926 | 0.111157 | 0.439964 |
| JL-CC-HF | 3.75 | 3.5 | 3.625 | 3.3679 | 3.5389 | 3.4389 | 3.4356 | 0.947752 | 0.133926 | 0.104157 | 0.412257 |
| JL-SZ-SW | 4 | 4 | 4 | 3.5732 | 3.9575 | 4.03 | 3.8087 | 0.952175 | 0.13527 | 0.102813 | 0.406939 |
| JL-CC-JC | 4 | 4 | 4 | 3.6786 | 3.9179 | 3.8952 | 3.8062 | 0.95155 | 0.137037 | 0.101046 | 0.399942 |
| JL-CC-BC | 4 | 4 | 4 | 4.3006 | 4.1813 | 4.0889 | 4.2079 | 1.051975 | 0.147007 | 0.091075 | 0.36048 |
| JL-CC-TB | 3.5 | 3 | 3.25 | 3.2943 | 3.7747 | 3.4189 | 3.4637 | 1.065754 | 0.151109 | 0.086974 | 0.344247 |
| JL-CC-HY | 4 | 4 | 4 | 4.1822 | 4.3306 | 4.1578 | 4.2169 | 1.054225 | 0.153371 | 0.084711 | 0.335291 |
| JL-CC-XY | 3 | 4.1667 | 3.5833 | 2.9796 | 3.7571 | 3.5024 | 3.3437 | 0.933134 | 0.169423 | 0.06866 | 0.271759 |
| JL-CC-SH | 5 | 5 | 5 | 4.6703 | 4.7308 | 4.9103 | 4.7544 | 0.95088 | 0.173665 | 0.064417 | 0.254967 |
| JL-CC-JM | 4 | 5 | 4.5 | 4.7071 | 4.97 | 4.78 | 4.8011 | 1.066911 | 0.21291 | 0.025173 | 0.099636 |

续表

| 企业代码 | 雇主发展 | 绩效满意 | 雇主总满 | 生存需求 | 关系需求 | 发展需求 | 雇员总需 | 相对指数 | 和谐距离 | 绝对中距 | 修正Z值 |
|---|---|---|---|---|---|---|---|---|---|---|---|
| JL-CC-TX | 4.25 | 4.6667 | 4.4583 | 4.7657 | 4.837 | 4.7467 | 4.7803 | 1.072225 | 0.227688 | 0.010394 | 0.041142 |
| JL-CC-FZ | 4 | 3.6667 | 3.8333 | 4.1191 | 4.2429 | 4.1714 | 4.1684 | 1.087418 | 0.236951 | 0.001131 | 0.004478 |
| JL-CC-JW | 4 | 3.8333 | 3.9167 | 4.1297 | 4.4842 | 4.2228 | 4.255 | 1.086374 | 0.239214 | 0.001131 | 0.004478 |
| JL-CC-AS | 4 | 4 | 4 | 4.5114 | 4.434 | 4.332 | 4.4395 | 1.109875 | 0.310773 | 0.072691 | 0.287712 |
| JL-CC-FS | 4.5 | 5 | 4.75 | 4.332 | 4.3322 | 4.2535 | 4.3101 | 0.907389 | 0.311056 | 0.072973 | 0.288832 |
| JL-CC-YL | 4.5 | 4 | 4.25 | 3.7591 | 3.9018 | 3.7813 | 3.8053 | 0.895365 | 0.31445 | 0.076368 | 0.302266 |
| JL-CC-ZS | 5 | 5 | 5 | 4.5476 | 4.5143 | 4.4127 | 4.5005 | 0.9001 | 0.3532 | 0.115117 | 0.455637 |
| JL-CC-KW | 4.5 | 5 | 4.75 | 4.2586 | 4.2586 | 4.2184 | 4.2473 | 0.894168 | 0.355463 | 0.11738 | 0.464593 |
| JL-CC-ZH | 5 | 4.6667 | 4.8333 | 4.2466 | 4.2226 | 4.2456 | 4.2396 | 0.877165 | 0.419809 | 0.181726 | 0.71928 |
| JL-CC-KS | 4 | 4.3333 | 4.1667 | 3.3385 | 3.8913 | 3.6203 | 3.5722 | 0.857321 | 0.420375 | 0.182292 | 0.721519 |
| JL-CC-YY | 3 | 4 | 3.5 | 4 | 4.3286 | 4.0286 | 4.1 | 1.171429 | 0.424264 | 0.186181 | 0.736912 |
| JL-CC-OK | 5 | 5 | 5 | 3.977 | 4.7036 | 4.6928 | 4.3809 | 0.87618 | 0.43777 | 0.199687 | 0.790368 |
| JL-CC-FY | 4.5 | 4.1667 | 4.3333 | 3.4935 | 3.9686 | 3.6963 | 3.6833 | 0.849999 | 0.459619 | 0.221537 | 0.87685 |
| JL-CC-XX | 4 | 4 | 4 | 4.7528 | 4.7385 | 4.6154 | 4.7103 | 1.177575 | 0.502258 | 0.264175 | 1.045615 |
| JL-CC-NZ | 3 | 5 | 4 | 4.6429 | 4.7296 | 4.7975 | 4.7105 | 1.177625 | 0.502399 | 0.264317 | 1.046175 |
| JL-CC-CR | 4.5 | 4.6667 | 4.5833 | 3.8458 | 3.9056 | 3.7826 | 3.8448 | 0.838872 | 0.522198 | 0.284116 | 1.12454 |
| JL-CC-DT | 5 | 5 | 5 | 4.195 | 4.3825 | 4.1936 | 4.2471 | 0.84942 | 0.532381 | 0.294298 | 1.164842 |
| JL-CC-RJ | 4 | 4 | 4 | 3.1367 | 3.6087 | 3.0058 | 3.2322 | 0.80805 | 0.542917 | 0.304834 | 1.206543 |

续表

| 企业代码 | 雇主发展 | 绩效满意 | 雇主总满 | 生存需求 | 关系需求 | 发展需求 | 雇员总需 | 相对指数 | 和谐距离 | 绝对中距 | 修正Z值 |
|---|---|---|---|---|---|---|---|---|---|---|---|
| JL-CC-HZ | 3.5 | 4 | 3.75 | 2.7157 | 3.3444 | 2.7616 | 2.9046 | 0.77456 | 0.597788 | 0.359705 | 1.423727 |
| JL-CC-JC | 4 | 4.1667 | 4.0833 | 2.8105 | 3.5551 | 3.0572 | 3.0881 | 0.756276 | 0.703713 | 0.46563 | 1.84298 |
| JL-CC-FF | 4.5 | 4 | 4.25 | 3.1719 | 3.3147 | 3.2307 | 3.2283 | 0.7596 | 0.722451 | 0.484368 | 1.917147 |
| JL-CC-XN | 4.75 | 4.8333 | 4.7917 | 3.4992 | 3.8624 | 3.5757 | 3.6223 | 0.755953 | 0.826891 | 0.588808 | 2.330523 |

注：（1）为不泄露样本企业的信息，本书作者对样本企业名称进行了编码处理，编码前两位为企业所在省份，中间两位为所在城市，后两位为企业名称。

（2）产业代码："2"代表第二产业；"3"代表第三产业。

（3）企业设立年限代码："0"代表未知；"1"代表5年以下；"2"代表6—10年；"3"代表11—15年；"4"代表16—20年；"5"代表20年以上。

（4）雇佣规模代码："0"代表未知；"1"代表100人以下；"2"代表100—500人；"3"代表501—1000人；"4"代表1001—3000人；"5"代表3001—5000人；"6"代表5000人以上。

（5）表中缩略语指代含义：①雇主发展：代表雇主对企业发展状态的满意度；②绩效满意：代表雇主对雇员绩效的满意度；③雇主总满：代表雇主对关系的总体的满意度；④生存需求：代表雇员对生存需求的满意度；⑤关系需求：代表雇员对关系需求的满意度；⑥发展需求：代表雇员对发展需求的满意度；⑦雇员总需：代表雇员对以上三类需求的总体满意度；⑧相对指数：代表雇主满意度与雇员劳动关系满意度的比值；⑨和谐距离：代表样本企业现有劳动关系状态到最优和谐状态的几何距离；⑩绝对中距：代表样本企业与样本总体和谐距离中值的差值的绝对值；⑪修正Z值：代表依据修正Z值法计算出的样本企业判断Z值。

表4.3　苏州某开发区样本企业劳动关系状态排名

| 企业代码 | 雇主发展 | 绩效满意 | 雇主总满 | 生存需求 | 关系需求 | 发展需求 | 雇员总需 | 相对指数 | 和谐距离 | 绝对中距 | 修正Z值 |
|---|---|---|---|---|---|---|---|---|---|---|---|
| JS-NU-DJ | 3 | 3 | 3 | 2.8961 | 3.2455 | 2.8621 | 2.9844 | 0.9948 | 0.011031 | 0.296066 | 1.193631 |
| JS-SZ-BD | 3.5 | 4.3333 | 3.9167 | 3.9094 | 4.0598 | 3.6694 | 3.8843 | 0.991728 | 0.02291 | 0.284186 | 1.145738 |
| JS-SZ-MB | 4 | 4 | 4 | 3.9425 | 4.1559 | 3.8043 | 3.9635 | 0.990875 | 0.025809 | 0.281287 | 1.134049 |
| JS-SZ-WC | 3.5 | 4 | 3.75 | 3.6897 | 3.9052 | 3.5257 | 3.7041 | 0.98776 | 0.032456 | 0.27464 | 1.107252 |
| JS-SZ-TH | 4.25 | 4.6667 | 4.4583 | 4.3152 | 4.5711 | 4.3567 | 4.3985 | 0.986587 | 0.042285 | 0.264811 | 1.067626 |
| JS-SZ-JJ | 4.5 | 4.6667 | 4.5833 | 4.539 | 4.5605 | 4.3186 | 4.4833 | 0.978182 | 0.070711 | 0.236386 | 0.953023 |
| JS-SZ-RD | 4 | 4 | 4 | 4.0192 | 3.8598 | 3.5845 | 3.8528 | 0.9632 | 0.104086 | 0.20301 | 0.818466 |
| JS-SZ-FX | 4 | 4.6667 | 4.3333 | 4.1852 | 4.1253 | 4.1678 | 4.1636 | 0.960838 | 0.119996 | 0.1871 | 0.754322 |
| JL-SZ-WG | 4.5 | 4 | 4.25 | 4.0867 | 4.1337 | 3.9416 | 4.0592 | 0.955106 | 0.134916 | 0.172181 | 0.694171 |
| JS-SZ-BS | 4 | 4 | 4 | 4.2221 | 4.2659 | 4.0689 | 4.1915 | 1.047875 | 0.135411 | 0.171686 | 0.692175 |
| JS-SZ-TY | 2.5 | 3.6667 | 3.0833 | 3.3226 | 3.5945 | 2.9311 | 3.2891 | 1.066747 | 0.145523 | 0.161574 | 0.651408 |
| JS-SZ-YL | 5 | 4.6667 | 4.8333 | 4.5846 | 4.5847 | 4.6449 | 4.6015 | 0.952041 | 0.163907 | 0.143189 | 0.577288 |
| JS-SZ-DJ | 4.5 | 4 | 4.25 | 3.9544 | 4.1897 | 3.9299 | 4.0134 | 0.944329 | 0.167301 | 0.139795 | 0.563604 |
| JS-SZ-XF | 4 | 4.3333 | 4.1667 | 3.9325 | 4.0141 | 3.8333 | 3.9276 | 0.942616 | 0.169069 | 0.138027 | 0.556477 |
| JS-SZ-NW | 3.75 | 3.6667 | 3.7083 | 3.407 | 3.7782 | 3.2021 | 3.4536 | 0.931316 | 0.1801 | 0.126996 | 0.512004 |
| JS-SZ-DY | 4.25 | 4.8333 | 4.5417 | 4.2918 | 4.2775 | 4.2216 | 4.2681 | 0.939758 | 0.193464 | 0.113632 | 0.458124 |
| JS-SZ-XX | 2 | 3 | 2.5 | 2.3393 | 3.4869 | 2.7818 | 2.7845 | 1.1138 | 0.201172 | 0.105925 | 0.42705 |
| JS-SZ-SE | 3.75 | 4.1667 | 3.9583 | 3.7037 | 3.8383 | 3.4191 | 3.6617 | 0.925069 | 0.209728 | 0.097369 | 0.392556 |
| JS-SZ-ZC | 4 | 4 | 4 | 3.5286 | 4.0086 | 3.5181 | 3.66 | 0.915 | 0.240416 | 0.06668 | 0.268831 |

续表

| 企业代码 | 雇主发展 | 绩效满意 | 雇主总满 | 生存需求 | 关系需求 | 发展需求 | 雇员总需 | 相对指数 | 和谐距离 | 绝对中距 | 修正Z值 |
|---|---|---|---|---|---|---|---|---|---|---|---|
| JS-SZ-KT | 3.75 | 4.5 | 4.125 | 3.5748 | 4.2012 | 3.6965 | 3.7842 | 0.917382 | 0.240982 | 0.066114 | 0.26655 |
| JS-NU-MR | 3.5 | 4.6667 | 4.0833 | 3.6802 | 3.9114 | 3.6402 | 3.7337 | 0.914383 | 0.247205 | 0.059892 | 0.241463 |
| JS-NU-SA | 4.5 | 4.1667 | 4.3333 | 3.8261 | 4.1635 | 3.8635 | 3.931 | 0.907161 | 0.284469 | 0.022627 | 0.091226 |
| JS-SZ-MD | 3.75 | 4.3333 | 4.0417 | 3.4201 | 3.986 | 3.5921 | 3.6267 | 0.89732 | 0.293449 | 0.013647 | 0.05502 |
| JS-SZ-ZY | 3.5 | 4.1667 | 3.8333 | 3.3134 | 3.6827 | 3.2884 | 3.4098 | 0.889521 | 0.29946 | 0.007637 | 0.030789 |
| JS-SZ-JL | 4 | 4.5 | 4.25 | 3.6875 | 4.0557 | 3.7386 | 3.8049 | 0.895271 | 0.314733 | 0.007637 | 0.030789 |
| JS-ZJ-LZ | 4 | 4.6667 | 4.3333 | 3.9985 | 3.9549 | 3.562 | 3.864 | 0.891699 | 0.331845 | 0.024749 | 0.099778 |
| JS-SZ-CW | 4.5 | 4 | 4.25 | 3.756 | 3.9375 | 3.6542 | 3.7783 | 0.889012 | 0.333542 | 0.026446 | 0.10662 |
| JS-SZ-QC | 4.25 | 3.5 | 3.875 | 3.1669 | 3.7607 | 3.233 | 3.3517 | 0.864955 | 0.370029 | 0.062933 | 0.253721 |
| JS-SZ-XS | 4 | 4 | 4 | 3.4614 | 3.5989 | 3.3433 | 3.4668 | 0.8667 | 0.377029 | 0.069933 | 0.281944 |
| JS-SZ-XJ | 4 | 4.6667 | 4.3333 | 3.6237 | 4.1344 | 3.6566 | 3.7759 | 0.871368 | 0.394141 | 0.087045 | 0.350934 |
| JS-SZ-JT | 4 | 4.1667 | 4.0833 | 3.3944 | 3.7298 | 3.2787 | 3.4559 | 0.84635 | 0.443639 | 0.136542 | 0.55049 |
| JS-SZ-JH | 5 | 5 | 5 | 4.3076 | 4.3412 | 4.4125 | 4.3464 | 0.86928 | 0.462165 | 0.155069 | 0.625181 |
| JS-SZ-HH | 3.75 | 4.5 | 4.125 | 3.6254 | 3.5968 | 3.0638 | 3.4602 | 0.838836 | 0.470085 | 0.162988 | 0.65711 |
| JS-SZ-SY | 5 | 5 | 5 | 4.3076 | 4.4021 | 4.2932 | 4.33 | 0.866 | 0.473762 | 0.166665 | 0.671934 |
| JS-SZ-SX | 4.625 | 5 | 4.8125 | 4.1185 | 4.2303 | 4.0861 | 4.1407 | 0.860405 | 0.475034 | 0.167938 | 0.677066 |
| JS-SZ-JD | 4.25 | 3.8333 | 4.0417 | 3.1491 | 3.7011 | 3.3804 | 3.3684 | 0.833412 | 0.476095 | 0.168999 | 0.681342 |
| JS-SZ-CC | 4.5 | 4.3333 | 4.4167 | 3.6989 | 3.8581 | 3.5341 | 3.6973 | 0.837118 | 0.508693 | 0.201596 | 0.812764 |
| JS-SZ-GD | 4.5 | 4.6667 | 4.5833 | 3.8482 | 3.9781 | 3.6118 | 3.8184 | 0.833112 | 0.540866 | 0.23377 | 0.942475 |

续表

| 企业代码 | 雇主发展 | 绩效满意 | 雇主总满 | 生存需求 | 关系需求 | 发展需求 | 雇员总需 | 相对指数 | 和谐距离 | 绝对中距 | 修正Z值 |
|---|---|---|---|---|---|---|---|---|---|---|---|
| JS-SZ-WN | 3 | 3.5 | 3.25 | 4.049 | 4.1971 | 3.8448 | 4.0333 | 1.241015 | 0.553877 | 0.24678 | 0.99493 |
| JS-SZ-BS | 5 | 4 | 4.5 | 3.5312 | 3.9448 | 3.5701 | 3.6579 | 0.812867 | 0.595455 | 0.288358 | 1.162557 |
| JS-SZ-JL | 2.25 | 4 | 3.125 | 3.9709 | 4.1531 | 4.1243 | 4.0649 | 1.300768 | 0.66461 | 0.357513 | 1.441366 |
| JS-SZ-TK | 4.75 | 4 | 4.375 | 3.3488 | 3.7521 | 3.2149 | 3.4242 | 0.782674 | 0.672317 | 0.365221 | 1.47244 |
| JS-SZ-KP | 4.5 | 4 | 4.25 | 2.9524 | 3.7875 | 3.0924 | 3.2254 | 0.758918 | 0.724502 | 0.417405 | 1.682829 |
| JS-SZ-SX | 5 | 5 | 5 | 3.7516 | 3.9589 | 3.6733 | 3.7877 | 0.75754 | 0.857226 | 0.550129 | 2.217925 |
| JS-SZ-XM | 5 | 5 | 5 | 3.6576 | 4.0608 | 3.7127 | 3.7859 | 0.75718 | 0.858498 | 0.551402 | 2.223056 |
| JS-SZ-ZX | 4.7083 | 4.6667 | 4.7083 | 3.1703 | 3.793 | 3.3357 | 3.3909 | 0.720196 | 0.931542 | 0.624446 | 2.517544 |
| JS-SZ-SK | 5 | 4.6667 | 4.8333 | 3.1624 | 3.6074 | 3.1151 | 3.2737 | 0.677322 | 1.102804 | 0.795707 | 3.208009 |
| JS-SZ-MJ | 5 | 5 | 5 | 2.9507 | 3.1929 | 2.7444 | 2.9607 | 0.59214 | 1.442003 | 1.134906 | 4.575539 |

注：（1）为不泄露样本企业名称，本书作者对样本企业名称进行了编码处理，中间两位为企业所在城市，后两位为企业名称。

（2）产业代码："2"代表第二产业；"3"代表第三产业。

（3）企业设立年限代码："0"代表未知；"1"代表5年以下；"2"代表6—10年；"3"代表11—15年；"4"代表16—20年；"5"代表20年以上。

（4）雇佣规模代码："0"代表未知；"1"代表100人以下；"2"代表100—500人；"3"代表501—1000人；"4"代表1001—3000人；"5"代表3001—5000人；"6"代表5000人以上。

（5）表中缩略语指代的含义：①雇主发展：代表雇主对企业发展状态的满意度；②绩效满意：代表雇主对雇员绩效的满意度；③雇主总满：代表雇主对劳动关系现状的总体的满意度；④生存需求：代表雇员对生存需求的满意度；⑤关系需求：代表雇员对关系需求的满意度；⑥发展需求：代表雇员对发展需求的满意度；⑦雇员总需：代表雇员对以上三类需求的总体满意度；⑧相对指数：代表样本企业现有劳动关系状态到最优和谐状态的几何距离；⑨和谐距离：代表样本企业劳动关系总体和谐距离中值的差值；⑩绝对中距：代表和谐距离中值的绝对值；⑪修正Z值：代表依据修正Z值法计算出的样本企业判断Z值。

断，两地劳动关系总体而言均处于相对和谐状态，但雇佣双方对劳动关系感知却存在明显差异，苏州数据显示雇主劳动关系满意度要远高于雇员，而长春数据则显示雇员劳动关系满意度要略高于雇主。

细查总体指标分布，雇主劳动关系满意度最小值，苏州为2.5，已处于问卷刻度中值的临界点，长春为3.25；雇员劳动关系满意度最小值，苏州为2.7845，接近问卷刻度中值，长春为2.9046，也只处于稍好的水平；相对和谐劳动关系指数最大值，苏州为1.3008，检验Z值最大值为4.5755，已明显超出异常值判别标准3.5，说明个别企业的劳动关系存在问题，长春为1.1776，检验Z值最大值为2.3305，尚未超出异常值判别标准3.5。

## 三、两地企业劳动关系状态分布图及比较分析

总体判断而言，依据相对和谐劳动关系指数体系的判别标准，长春朝阳开发区的总体劳动关系状态要优于苏州某开发区，其主要依据不在于是否发生了劳资纠纷的某些具体事件，而在于相比较而言，长春朝阳开发区本次样本企业的雇佣双方对劳动关系的感知更趋于一致，通过两地劳动关系状态分布图的比较也可以更为直观地看到。

从两地劳动关系状态分布图看，围绕劳动关系最优和谐状态线，长春朝阳经济开发区样本企业的雇员满意度较高。长春的数据较苏州的数据偏上，且雇主与雇员满意程度较为平衡（数据分布较为平均），而苏州某开发区样本企业的雇主满意度比雇员满意度高很多（数据整体重心偏下），是一种群体现象。这种现象，在工具设计部分的全国129家总体样本数据图形中也可以看到。在总体数据的劳动关系状态分布图中，苏州有三家企业（JS-SZ-ZX、JS-SZ-SK、JS-SZ-MJ）因为雇主与雇员满意度失衡过大（雇主满意度远远高于雇员满意度）而出现在预警线（下方红线）以外，而在苏州数据的劳动关系状态分布图上只有一家企业（JS-SZ-MJ）由于相同原因而出现在预警线以外。由于相对和谐劳动关系指数是一种基于数据样本的方法，从总体样本与苏州样本的两个劳动关系状态分布图的比较

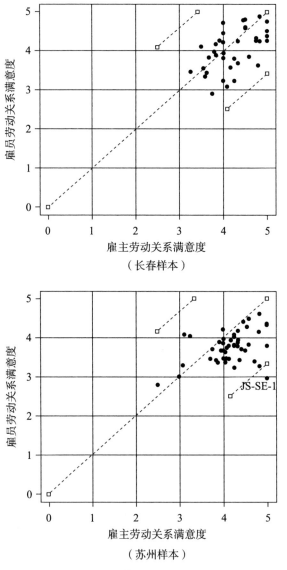

图 4.13　长春、苏州劳动关系状态分布图

可知，在苏州数据中，雇主与雇员劳动关系满意度失衡的现象更为突出一些。当然，从另一个角度讲，苏州的相关企业雇主对自身企业发展前景和本企业雇员的绩效评价充满信心，说明企业处于良好的发展阶段，也就更有能力和可支配资源去提高雇员的劳动关系满意度，而且开发区又具备相

应的劳资政协商制度，想要改善这种失衡状态，其余地也应该较大，其关键在于雇主方是否肯于投入。

从雇主与雇员双方各自的满意度（横纵轴对应的数值）分布看，两地雇员的满意度基本均处于3以上，只有苏州的一家企业的雇员满意度逼近刻度中值，而两地的雇主满意度也基本处于3以上，同样苏州一家企业的雇主满意度逼近刻度中值，但苏州某开发区样本企业的雇主满意度基本集中在3.5—4.5，这表明，雇主的劳动关系满意度比较集中，而长春的则相应分布较为分散，这可能与苏州某开发区作为国内经济发达地区，企业的总体发展态势更为良好有关。

## 四、两地雇员劳动关系需求结构特征比较分析

根据雇员劳动关系需求结构特征分析工具设计，分别针对长春、苏州两个经济开发区的采样数据，使用R语言plspm程序包，计算结果如下：

首先对测量模型和路径模型的有效性进行检验。

表4.4 长春、苏州两地开发区样本测量模型、路径模型检验参数表

| | 检验项 | 长春样本 | 苏州样本 | 检验标准 | 是否通过 |
|---|---|---|---|---|---|
| 测量模型 | C. alpha | Min 0.869 | Min 0.779 | ? >0.7 | √，√ |
| | DG. rho | Min 0.887 | Min 0.858 | ? >0.7 | √，√ |
| | eig. 1st | Min 2.22 | Min 2.36 | ? >>1 | √，√ |
| | loading | Min 0.761 | Min 0.701 | ? >0.7 | √，√ |
| | Communalities | Min 0.579 | Min 0.491 | ? >0.49 | √，√ |
| | Cross loadings | | | 大于其他列 | √，√ |
| 路径模型 | $R^2$ | 0.548 | 0.431 | 0.2, 0.5 | √，√ |
| | GoF | 0.7535 | 0.7239 | ? >0.7 | √，√ |

从表4.4检验参数可知，两地检验模型和路径模型均通过检验，具体两地雇员劳动关系需求结构二阶路径模型参数估计如图4.14所示。

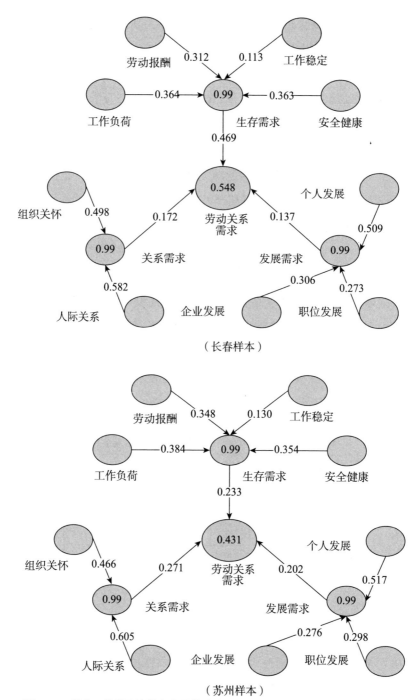

（长春样本）

（苏州样本）

图 4.14　长春、苏州两地样本雇员劳动关系需求结构路径模型参数估计比较图

从二级指标比较而言，两地雇员劳动关系需求结构有一定差异。长春样本的3个需求维度系数分别为：生存需求0.469，关系需求0.172，发展需求0.137；苏州样本的3个需求维度系数分别为：生存需求0.233，关系需求0.271，发展需求0.202。在二级指标的重要性排序上，长春样本为生存需求>关系需求>发展需求，而苏州样本则是关系需求>生存需求>发展需求；在二级指标的重要性绝对数值上，长春样本的生存需求重要性（0.469）要远大于苏州样本（0.233），而在关系（0.172）和发展需求（0.137）上则明显小于苏州样本（0.271，0.202），说明两地雇员的劳动关系需求不仅在整体结构上存在一定差异，在具体的需求比重上也存在较大差异。这可能与两地雇员的来源和经济发展水平不同有关，无论从企业访谈，还是相关新闻报道获知，制造业密集的经济发达地区，雇员来自全国乃至全球，在生产性企业中，很多低级职位雇员多以老乡关系引进，人际关系对雇员劳动关系满意度产生全方位的影响，所以在苏州样本中关系需求优先于生存需求的结构特征有其内在的合理性。经济相对落后地区薪资水平较低，使得雇员更关注于生存需求，与之相对，经济发达地区劳动力市场相对透明，同等企业、职位薪资差异不大，雇员心里预期更趋于一致，生存需求关注度相对较低，但这并不意味着不关心生存需求。经济发达地区雇员背井离乡出来打工，应该抱有更大的勇气和期望，发展需求更高也是合理的现象。

从三级指标比较而言，在生存需求维度，长春和苏州两地雇员不仅同构且各因素重要性相差无几。在生存需求的4个维度中，工作稳定性需求出乎意料的低（0.113，0.130），而对安全健康和工作负荷的关注出乎意料的高（0.363，0.354；0.364，0.384），对劳动报酬的需求（0.312，0.348）低于安全健康和工作负荷。这可能从一个侧面说明，企业现有薪酬制度和薪酬结构的不合理性对工作负荷与安全健康有直接或间接的影响，在制造业企业尤其如此。很多企业采用底薪加计件（绩效）工资的薪酬结构，底薪往往接近当地最低工资水平，雇员收入的很大一部分来自计件（绩效）工资，而计件（绩效）工资往往依赖于加班加点地拼命工作。

在这种薪酬结构下，虽然有法定工作时间的约束，但是否超时工作取决于企业生产经营状况。如果企业处于正常生产经营期间，劳资双方都会默契地违反劳动法的规定，通过加班加点，劳资双方各得其所，雇员收入也相对有保障；而一旦企业生产经营萎缩，不再需要加班加点，就会导致计件（绩效）工资降低，雇员整体收入减少，劳动关系就可能迅速趋向恶化。这证明：劳动报酬结构的不合理，使计件（绩效）工资对雇员的报酬水平有重要影响，为了增加计件（绩效）工资，雇员不得不加班加点儿，这不仅提高了劳动负荷，也为安全健康埋下了隐患。这种情况下，政府只有提高最低工资标准或影响劳动报酬结构中各部分的比例，才能减轻劳动者的工作负荷，降低安全健康风险。

在关系需求维度，苏州样本的人际需求比长春样本更高（0.605，0.582），而长春样本的组织关怀需求比苏州更高（0.498，0.466），这可能是在二级指标解释中提到的雇员来源不同造成的。

在发展维度中，苏州样本的职位发展与个人发展需求较长春样本重要性更高（0.298，0.517；0.273，0.509），而企业发展需求则较长春样本更低（0.276，0.306）。个人发展指标差异的原因应该与二级指标解释具有相似之处；而职位发展需求重要性的差异应该来自于企业规模，正如数据描述部分所见，苏州样本的企业规模较大，而较大的企业必然具有更完整的管理体系和职位层级，个人更有可能沿着晋升阶梯向上发展；企业发展需求的差异，一方面可能来自于二级指标解释中经济发达地区劳动力市场相对透明而带来的流动性较大，雇员就业选择更多关注于具体的收入和工作条件而非企业；另一方面也可能来自于调查样本多为制造业企业，而其实行的接近最低工资水平的底薪加计件（绩效）工资的薪酬制度，使雇员感受不到自身实际收益与企业发展的紧密联系。这也从一个侧面说明，创建和谐劳动关系的一个最大障碍，就是企业和雇员并没有形成利益共同体，雇员没有共享企业发展成果。

## 五、两地企业与雇员劳动关系状态自然属性结构特征比较分析

核密度分析工具主要应用在劳动关系状态相关数据对各项自然属性的

组别比较方面，它不仅可以应用在工具设计部分的企业间的结构特征分析上，也可以应用于雇员的结构特征分析。结合本次采集的数据结构，企业方面有和谐距离（相对和谐劳动关系指数）针对企业设立年限、产业属性、雇佣规模等自然属性的核密度分析；雇员方面有劳动关系满意度（需求结构）针对性别、年龄、文化程度、岗位类别和职位级别等自然属性的核密度分析。在一些自然属性方面，两地样本的组别结构差异并不显著，如雇员方面的性别、职位级别因素；有些只是由于两地经济发展水平不同而导致的组别数量级间的差异，但整体结构特征类似，如企业方面的设立年限因素；有些则存在较大差异。下面选择企业方面的雇佣规模因素和雇员方面的岗位类别因素加以较为详细地分析举例，其他因素对比在后面列示及简单分析。

（一）企业雇佣规模对劳动关系状态的影响分析

雇佣规模一方面代表了企业规模，另一方面则通过组织架构的特性影响到劳动关系的各个方面。从长春、苏州的和谐距离分雇佣规模的核密度比较图看，雇佣规模对两地企业的劳动关系状态影响存在较大差异。在长春样本中，100人及以下企业的劳动关系最为和谐，这可能与朝阳开发区作为省级开发区，企业规模相对较小，而小型企业中，劳动关系相对简单有关；苏州样本则是1000—5000人企业的一部分，100人以下企业和1001—3000人的企业相差无几，而3001—5000人的另一部分和101—500人的分布都出现了类似双峰的特征，说明在苏州样本中，雇佣规模处于这两个区间的企业在劳动关系状态上出现了分化现象。而在长春样本中相似的分布特征出现在101—500人和501—1000人的组别，这也从一个侧面显示了两地企业在总体规模的差距。雇佣规模在一定程度上代表了企业规模，进而代表了企业所处的发展阶段，而从100人向500人规模发展，3000人向5000人规模以上发展，可能是企业规模发展中的两个台阶。从企业角度而言，可能意味着其管理理念、制度、流程的蜕变阶段，蜕变成功与否将对其原有的劳动关系状态产生直接影响；从样本总体而言，就表现为这一阶段企业的劳动关系状态分化的情况。

正如分析工具设计部分的举例分析中所言，政府部门应该在总结本地区雇佣规模对劳动关系状态影响的规律的基础上，一方面加强处于蜕变期企业的相关劳动关系状态的监测；另一方面则应综合多个政府相关部门之力，力促其顺利度过蜕变期，这不仅有助于构建和谐劳动关系，解决就业

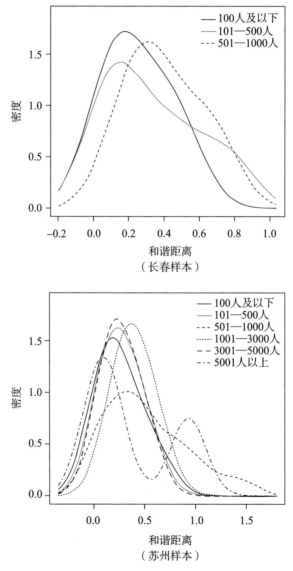

图 4.15　和谐距离分雇佣规模核密度比较（长春、苏州）

问题，更有利于本地区的产业升级和经济发展。

（二）岗位类别对雇员劳动关系满意度的影响分析

岗位类别不仅代表了雇员工作的性质和特点，也在一定程度上意味着雇员在企业整体管理架构中的位置。从长春、苏州的雇员劳动关系满意度分岗位类别核密度比较图看，两地雇员在劳动关系满意度与岗位类别的关系上存在一定差异。两地数据均显示营销人员的劳动关系满意度最高，这可能与营销人员的岗位特性有关，营销人雇作环境相对宽松，薪酬弹性较大，主要与企业外部打交道，相对工作成就感也较大，这可能都是营销人员劳动关系满意度较高的原因；长春样本中，技术人员的劳动关系满意度高于管理人员，而苏州样本则与之相反，管理人员的劳动关系满意度高于技术人员，这可能与长春地区技术人员的稀缺性带来的相对良好待遇有关，也可能与长春地区的企业雇佣规模较小，管理岗位职业阶梯较短，晋升空间受限有关；在操作人员的劳动关系满意度分布上，长春较苏州数据更为集中，而且峰值点更靠右，说明长春样本的满意度也较苏州样本更高，这可能与长春朝阳经济开发区主要围绕一汽集团展开配套，产业类别较为集中，相关岗位薪酬、待遇在一个相对狭小区域内比较透明且差异性不大有关，而苏州样本中产业分布较为广泛，不同产业景气周期不同，作为制造业雇员底层的操作人员，其劳动关系满意度的分布特征也在一定程度上代表了不同细分行业的景气程度。

以上分析也提供了一些有益的启示：一是操作人员的劳动关系满意度一定程度上反映了企业的劳动关系状态，对于区域内企业劳动关系的检测可以通过对底层操作人员的劳动关系满意度快速获取，与之相对，构建和谐劳动关系也应从保障最底层雇员的基本权益做起；二是区域内产业较为集中的地区，龙头企业的经营状态在很大程度上决定了其上游配套企业劳动关系的外部环境，政府部门应在合法合规的前提下，为龙头企业的健康运营创造条件，这在一定意义上也就为整个区域的和谐劳动关系建设提供了良好的外部条件。

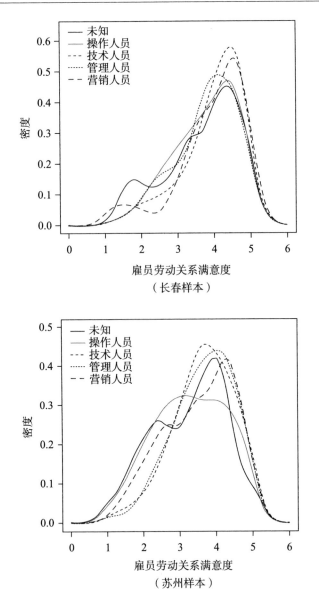

图4.16 雇员劳动关系满意度分岗位类别核密度比较（长春、苏州）

（三）其他企业自然因素对劳动关系状态影响的两开发区核密度比较

1. 产业类别对企业劳动关系状态的影响

产业属性在一定程度上代表了企业生产方式的特性，进而决定了雇佣关系的特性，从两地的和谐距离分产业属性的核密度比较图中看，两地企业在劳动关系状态与产业属性的关系上存在较大差异。长春朝阳经济开发区的数据显示，第三产业分布较为集中，且峰值点较为靠左，即劳动关系状态更趋于和谐；而苏州某开发区的数据，则是第二产业分布更为集中，

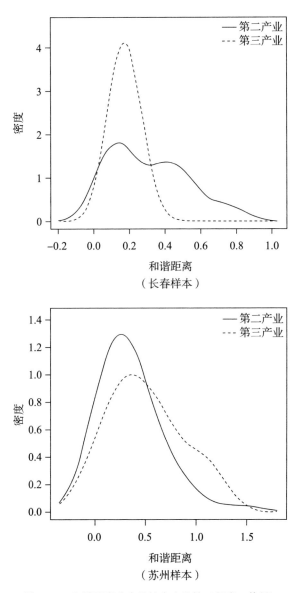

图 4.17　和谐距离分产业核密度比较（长春、苏州）

且劳动关系更趋于和谐；长春朝阳经济开发区的数据中，第二产业企业分布出现两个峰值点，表现出整体产业劳动关系较为分化的状态。

2. 设立年限对企业劳动关系状态的影响

企业的设立时间在很大程度上意味着企业在其生命周期中所处的阶

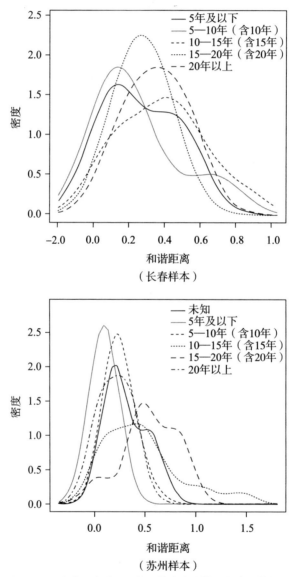

图 4.18　和谐距离分设立年限核密度比较（长春、苏州）

段。从两地的和谐距离分设立年限的核密度比较图中可以看出，长春朝阳经济开发区和苏州某开发区两地样本企业在劳动关系状态与设立时间的关系上存在一定差异。长春数据表明，5 年及以下、5—10 年（含 10 年）两档企业的劳动关系状态最好（峰值和分布最靠左），而苏州数据则是 5 年及以下企业最好。这可能从一个侧面说明在经济发达地区企业发展周期频率的不同；从分布的离散程度而言，长春朝阳经济开发区的数据基本处于 0.6 以内，而苏州某开发区的数据则大体蔓延到 0.8 左右。这从一个侧面说明，苏州某开发区作为一个"老"开发区且体量较大的开发区，其劳动关系状态较为复杂；从长春朝阳经济开发区的数据看，15—20 年（含 20 年）、20 年以上企业在整个区间接近正态分布，而苏州某开发区的数据则是 5 年及以下、5—10 年（含 10 年）、20 年以上均接近正态分布且峰值递增；两地数据在 10—15 年（含 15 年）数据上的分布都是一个类似于半圆形或者没有峰值点的漫散的分布状态。这可能说明，在企业生命周期的一定阶段，即逐步进入成熟期时，企业开始面临转型阶段，其劳动关系也开始出现无序分化性特征。

（四）其他雇员自然因素对劳动关系满意度影响的两开发区核密度比较

1. 性别对雇员劳动关系满意度的影响

从两地雇员劳动关系满意度分性别核密度比较图看，两地雇员在劳动关系满意度与性别的关系上正好相反，长春朝阳经济开发区的数据显示女性劳动关系满意度略高于男性，而苏州某开发区的数据则显示，男性的劳动关系满意度略高于女性，但两地男女雇员的分布曲线形状基本相同。

2. 年龄对雇员劳动关系满意度的影响

从两地雇员劳动关系满意度分年龄核密度比较图看，两地雇员在劳动关系满意度与年龄的关系上差异不大，都是除"50 后"出现分化外，其他年龄段满意度分布基本相同，而长春朝阳经济开发区雇员最高满意度出现在"60 后"，而苏州某开发区出现在"60 后""70 后"（峰值点几乎相同），结合两地雇员年龄结构特征，可能从一个侧面说明，苏州作为经济发达地

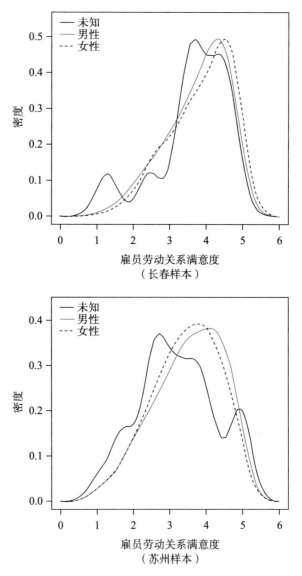

**图 4. 19　雇员劳动关系满意度分性别核密度比较（长春、苏州）**

区，其雇员更新换代的提前。

3. 文化程度对雇员劳动关系满意度的影响

从两地雇员劳动关系满意度分文化程度核密度比较图看，两地雇员在劳动关系满意度与文化程度的关系上差异较大。长春朝阳经济开发区的数

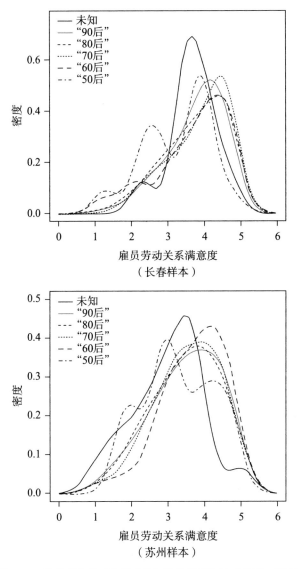

**图 4.20　雇员劳动关系满意度分年龄核密度比较（长春、苏州）**

据显示，不同文化程度在雇员劳动关系满意度上几乎毫无差异，只有研究生以上学历部分出现双峰分化，一部分满意度极低；而苏州某开发区的数据基本符合学历越高满意度越高的特征，只不过在研究生以上组别也出现了分化现象。

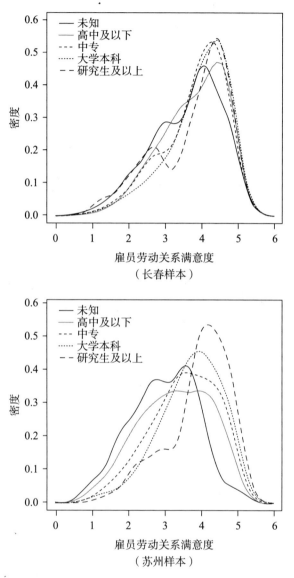

图 4.21　雇员劳动关系满意度分文化程度核密度比较（长春、苏州）

4. 职务级别对雇员劳动关系满意度的影响

从两地雇员劳动关系满意度分职务级别核密度比较图看，两地雇员在劳动关系满意度与职务级别的关系上存在些许差异。基本处于高级职务满意度大于中级大于初级的正常次序，只不过有两点细微差别，一个是长春数据显示的三个级别的满意度更为集中（接近），另一个则是苏州数据显示的初级职务满意度的分布更为分散。

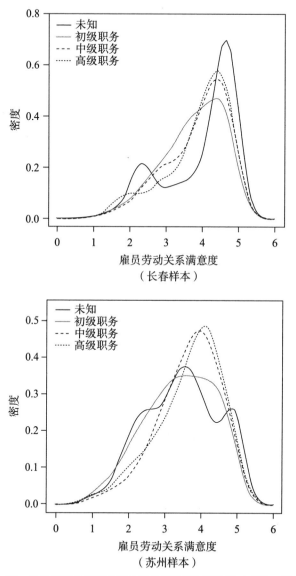

图 4.22　雇员劳动关系满意度分职务级别核密度比较（长春、苏州）

本章从企业微观劳动关系角度出发，选取相对感知形式的指标体系和相对指数合成方法，构建了相对和谐劳动关系指数体系并配套设计了相应的结构特征分析工具，针对全国 129 家企业的调查数据进行了实证研究，并对其中两次集中采集的南北两个经济开发区数据进行了比较分析。

相对和谐劳动关系指数保证了研究结果在各维度上的可比性，能够更直接、更真实地反映企业劳动关系状态。与现有和谐劳动关系指数体系比较，相对和谐劳动关系指数体系具有明显优势：（1）可以更有预见性地发现企业的潜在劳动关系问题；（2）有助于建立可持续性和谐劳动关系理念；（3）有助于政府相关监管部门对企业劳动关系进行分类研究和分类指导；（4）更为全面地揭示了内外部因素对劳动关系的重要影响；（5）相对感知形式指标的选择，解决了企业劳动关系调查中诸多敏感数据收集困难等问题。

辅助分析工具能够在一定程度上揭示劳动关系状态的结构特征，并为不同地区、产业、雇佣规模等企业自然属性以及不同性别、年龄、文化程度、职位级别等雇员自然属性之间劳动关系结构特征的研究提供了实证分析工具，也为政府部门劳动关系监管和企业劳动关系管理提供了数量化分析工具。

同时也应看到，对于劳动关系状态的测量，特别是结构特征研究刚刚起步，工具设计略显粗陋，有待进一步引入更为适切的模型，更为深入地揭示劳动关系状态的结构特征；劳动关系状态结构特征的研究也会促进劳动关系指数等测量研究的改进，以使指数体系构成更具内在逻辑关系，更贴近劳动关系本质；文中的分析囿于笔者的知识结构，可能存在疏漏或不尽合理之处，有待更多学者结合经济学、管理学、社会学、心理学等方面的知识更深入地分析实证结果产生的原因。

# 第五章　结论与建议

## 第一节　研究结论

本书应用扎根理论的质性研究方法，科学界定了适合中国企业的和谐劳动关系概念并构建了企业和谐劳动关系理论模型。课题组于 2013 年 7 月至 2014 年 8 月，先后在长春、北京、武汉、南京、珠海、广州、青岛、昆明等地区的 29 家企业中进行访谈获得文本资料，使用扎根理论研究方法，借助 NVivo10 质性分析软件，经实质性编码和理论性编码两大阶段构建企业和谐劳动关系概念模型。构建出的该模型由"雇员劳动关系满意度""雇主劳动关系满意度""雇主履行责任与雇员权利保障""雇员履行责任与雇主权利保障""企业家能力"和"企业外部环境""公共职业培训"等核心范畴（包括各自的分维度）及其相互关系构成。其中企业家能力、企业外部环境和公共职业培训是企业和谐劳动关系的影响因素，而雇员劳动关系满意度、雇主劳动关系满意度、雇主履行责任与雇员权利保障和雇员履行责任与雇主权利保障则共同构成了企业和谐劳动关系理论模型。结合中国传统文化中"和谐"的内涵，定义了企业和谐劳动关系，阐释了其实质是劳动关系运作中主体双方履行自身责任，保障对方权利的良性循环，是雇员和雇主劳动关系满意度均高，双方权责对等、各得其所的动态平衡状态。

基于企业和谐劳动关系理论模型，提出了雇员劳动关系满意度和相对和谐劳动关系概念，选取雇佣双方对劳动关系的相对感知数据，采用量表和指数形式，设计开发了雇员劳动关系满意度测量工具及企业劳动关系状态测量工具。雇员劳动关系满意度是雇员基于其自身利益获得、劳动争议管理与和谐文化建设的综合性评价，受个体差异、组织内外部环境等多方面因素的影响。它是关于整个劳动关系运作过程的、企业管理制度可加以协调的、员工对企业的情绪认知评价，而该评价水平将直接诱导、助益或有损于组织的员工应对行为。基于上述概念，通过探索性因子分析、信效度分析等实证研究方法，开发、检验了包含"劳动报酬""劳动负荷""员工成长""劳动条件与保障""和谐文化建设"与"劳动争议管理"6 个维度的劳动关系满意度测量工具。相对和谐劳动关系概念是指在企业微观劳动关系层面，雇佣双方对劳动关系现状的评价均处于相对满意状态，且两者的劳动关系满意度较为接近，其最优状态是雇佣双方劳动关系满意度相等。在扎根理论编码筛选基础上，结合奥尔德弗的 ERG 理论，开发设计出了雇主方包含"企业发展""员工绩效"两个维度、雇员方包含"生存需求""关系需求"和"发展需求"3 个维度、采用综合指数编制方法中的相对指标形式，编制出了相对和谐劳动关系指数体系，作为企业劳动关系状态的测量工具，并给出了指数的判别标准与步骤。

基于 63 家企业中 63 份人力资源经理问卷与 782 份员工问卷的数据研究结果表明，战略人力资源管理对雇员劳动关系满意度产生了显著的跨层次正向影响；雇员劳动关系满意度对工作绩效各维度也产生了显著的正向影响；而在战略人力资源管理对工作绩效各维度的影响中，雇员劳动关系满意度均发挥了部分跨层次中介作用。这些发现揭示了企业构建和谐劳动关系的动力机制和路径。

根据指数几何特征的自主设计和引进基础统计模型两条技术路径，在劳动关系状态呈现、雇员劳动关系满意度的结构特征分析以及各种自然属性对企业劳动关系状态和雇员劳动关系满意度影响 3 个方面，本书分别设计了"企业劳动关系状态分布图""雇员劳动关系需求结构特征分析工具"和"劳动关系状态自然属性结构特征分析工具"，作为相对和谐劳动关系指数体系的 3 种辅助分析工具，并结合数据可视化技术，设计了图形化方案。使用课题组在吉林、江苏、山西、河北、重庆、黑龙江、湖北、山东、辽宁、北京、天津、浙江、广东、海南、内蒙古、江西、新疆17个省、自治区、直辖市129家企业中采集的228份雇主（副总及以上职位）有效问卷和9385份雇员有效问卷样本数据进行实证研究，也证明"相对和谐劳动关系指数体系"和配套的三种辅助分析工具，在测量企业劳动关系状态、揭示劳动关系结构性和规律性特征等实践应用方面，都达到很好的测量和分析效果。这些测量和分析工具的设计和应用，将和谐劳动关系指数领域的研究，向前推进了一步，给出了从企业劳动关系状态测量到劳动关系状态结构分析的可操作性解决方案。

## 第二节 研究贡献

### 一、使用扎根理论研究方法构建了企业和谐劳动关系理论模型

在现有研究中多位学者已经提到企业和谐劳动关系是一种良性的、动态的状态，是劳动关系主体双方权利和义务的平衡，并从各个角度研究了企业和谐劳动关系，但其概念内涵仍未形成一个系统成熟的理论，没有构建出"和谐劳动关系理论模型"。而本书从一个更完整且具有可操作性的视角来探讨"企业和谐劳动关系"的概念内涵，采用经典扎根理论研究方法构建出企业和谐劳动关系理论模型。该模型由"雇员劳动关系满意度""雇主劳动关系满意度""雇主履行责任与雇员权利保障""雇员履行责任与雇主权利保障""企业家能力""企业外部环境"和"公共职业培训"这些核心范畴（包括各自的分维度）及其相互关系构成。其中企业家能力和企业外部环境是企业和谐劳动关系的影响因素，而雇员劳动关系满意度、雇主劳动关系满意度、雇主履行责任与雇员权利保障和雇员履行责任与雇主权利保障则共同构成了企业和谐劳动关系概念模型。结合中国传统文化中"和谐"的内涵，定义了企业和谐劳动关系，阐释了其实质是劳动关系运作中主体双方履行责任保障对方权利的良性循环，是雇员和雇主劳动关系

满意度均高，双方权责对等各得其所的动态平衡状态。

和谐劳动关系理论模型的构建，从本书研究的角度看，其价值在于为企业和谐劳动关系指数体系构建打下了坚实的理论基础。后续的雇员劳动关系满意度模型构建、企业劳动关系状态测量及工具开发，都建立在这个理论模型基础上。

从和谐劳动关系学术研究的发展过程看，其价值表现在 5 个方面：（1）该理论模型由 7 个核心范畴（包括各自的分维度）及其相互关系构成，使和谐劳动关系概念的内涵和外延更为清晰，内部逻辑关系更为严谨、具体和详细。（2）该理论模型的构建，采用了更为科学的研究方法与研究过程。本书使用扎根理论这一质性研究方法，借助 NVivo10 质性分析软件，采用了包括实质性编码和理论性编码的二级编码技术，使和谐劳动关系概念的构建更具有科学性和理论根基。（3）理论模型的构建基于中国本土 29 家企业的 76 个深度访谈和焦点访谈数据，使和谐劳动关系理论模型更接近中国企业劳动关系的现实。（4）在雇员方劳动关系满意度概念各维度的关系处理上，使用了"ERG 理论"作为指导，将雇员在劳动关系中的需求，分为"生存、关系和发展"3 个维度，将此前劳动关系指标体系中比较复杂的员工权利问题，转换雇员需求问题，不仅更契合企业实际，也更容易分类测量、指导和改进。（5）使用雇员劳动关系满意度和雇主劳动关系满意度作为描述劳动关系状态的感知性和相对性概念，解决了此前劳动关系评价体系中使用的事实性和绝对性指标而导致的企业间、行业间和区域间劳动关系状态难以比较的问题。

## 二、基于扎根理论构建了雇员劳动关系满意度概念和测量模型

在企业和谐劳动关系理论模型的基础上，本书通过扎根理论这一质性研究方法，选择了 12 家企业的 29 份员工样本资料进行扎根理论分析，明确了雇员劳动关系满意度的具体内涵，并基于扎根理论的三级编码分析，通过探索性因子分析、信效度分析等实证研究方法，开发、检验了包含"劳动报酬""劳动负荷""员工成长""劳动条件与保障""和谐文化建设"

与"劳动争议管理"6个维度的劳动关系满意度概念模型和测量模型，开发了雇员劳动关系满意度量表。

### 三、用实证研究方法验证了企业构建和谐劳动关系的动力机制

本书验证了雇员劳动关系满意度对工作绩效具有正向影响，验证了战略人力资源管理对劳动关系满意度具有正向影响。这表明，企业可以通过战略人力资源管理来促进雇员劳动关系满意度的提升，进而提高员工的绩效。为企业构建和谐劳动关系找到了动力机制和可行路径。

在本书构建的雇员劳动关系满意度模型基础上，通过中国企业情境下的63份人力资源经理问卷数据，以及与其相匹配的782份员工问卷数据，在控制了性别、年龄、文化程度等个体特征因素以及组织规模、成立年限、行业类型等组织特征因素后，检验了劳动关系满意度的跨层次中介作用。研究结果表明：战略人力资源管理对劳动关系满意度产生了显著的跨层次正向影响；劳动关系满意度对工作绩效各维度也产生了显著的正向影响；而在战略人力资源管理对工作绩效各维度的影响中，劳动关系满意度均发挥了部分跨层次中介作用。这些发现，揭示了企业构建和谐劳动关系的动力机制和路径。

### 四、基于相对和谐劳动关系概念开发了相对和谐劳动关系指数体系

本书在文献总结和扎根理论质性研究的基础上，提出了相对和谐劳动关系概念，即在企业微观劳动关系层面，雇佣双方对劳动关系现状的评价均处于相对满意状态，且两者的劳动关系满意度较为接近，其最优状态是雇佣双方劳动关系满意度相等。基于以上概念，本书在扎根理论编码筛选基础上，结合奥尔德弗的 ERG 理论，开发设计了相对和谐劳动关系指数体系。该体系具有以下特色：

（一）指标选取采用相对感知形式

指标选取采用相对感知形式的优势在于：劳动关系和谐程度是对劳动

关系状态的一种描述与刻画，它会随着时间和企业内外部环境变化而变化，其影响因素多样，且没有一个绝对标准来判断哪些因素在什么时候能够从根本上决定劳动关系的和谐程度，而恰恰是劳资双方的相对感知，影响着各自在劳动关系中的现实和未来行为，因而也对判断劳动关系状态和解决相应问题更有意义；企业在地域、行业、阶段、规模、性质等方面都有差异，多数绝对指标缺乏可以比较的基础，采用绝对指标形式就可能错估企业劳动关系状态，而面对同样影响因素的双方，其各自的相对感知，都是依据企业和自身实际情况，并参照内外部的可比较因素后得出的评价，因而错估的可能性大大降低；最后，一些绝对指标，如利润、工资、奖金等，由于雇主和（或）雇员难以向调查者提供真实数据，使得据此测算出的劳动关系状态的真实程度会大大降低，依据此提出的政策建议，其有效性也自然会下降。

（二）指数的合成方法采用综合指数编制方法中的相对指标形式

指数的合成方法采用综合指数编制方法中的相对指标形式的优势在于：体现了相对和谐劳动关系中雇佣双方利益的平衡和预期一致性的理念，同时避免了很多指数体系中采用加权平均编制方法可能造成的某一项指标畸高导致的替代效应。

（三）有助于更有预见性地发现企业潜在劳动关系问题

由于该指数体系采用雇佣双方利益平衡理念，任何一方满意度畸高导致的劳动关系潜在或现实的失衡都会得以表现。在实证分析中，一些企业雇员满意度并不低，但雇主满意度畸高；又或者雇主满意度一般，而雇员的满意度畸高，都属于潜在的劳动关系问题。从公平理论而言，随着时间的发展，这种失衡都会导致劳动关系的变化，而及早发现这种潜在可能，有利于和谐劳动关系的持续性改进。

（四）有助于更为全面地揭示了内外部因素对劳动关系的重要影响

由于该指数体系选取企业内部的微观经济学视角，雇佣双方指标选取更贴近劳动关系中的博弈现实，使得指数计算结果更能直接反映企业的劳动关系真实状况。

（五）解决了企业劳动关系调查中诸多敏感数据收集困难等问题

相对感知形式指标的选择，解决了企业劳动关系调查中诸多敏感数据收集困难等问题。

## 五、引入路径模型与核密度模型开发了劳动关系结构特征分析工具

和谐劳动关系指数的实用性研究目的，一方面为了直观地展示指数及各种分析结果，另一方面为了避免指数沦为简单的排名工具，真正起到促进和谐劳动关系建立和改善的作用。本书利用相对和谐劳动关系指数体系内部结构特征较好的优势，通过根据指数几何特征的自主设计和引进基础统计模型两条技术路径，在劳动关系状态呈现、雇员劳动关系满意度的结构特征分析以及各种自然属性对企业劳动关系状态、雇员劳动关系满意度影响3个方面分别设计了相关的辅助分析工具，并结合数据可视化技术，设计了图形化方案。

劳动关系中的结构性、规律性特征，是政府调整政策、企业调整制度的重要前提。从本书的实证分析可见，上述3个工具在揭示劳动关系结构性、规律性特征方面起到了较好的作用，也可以说，上述工具为和谐劳动关系指数领域的研究，从测量到结构分析的进步做了尝试。

## 六、测量和分析了全国129家企业的劳动关系状态和结构特征

使用企业相对和谐劳动关系指数，基于吉林、黑龙江、辽宁、内蒙古、山东、北京、天津、山西、河北、湖北、江西、江苏、重庆、浙江、广东、海南、新疆17个省、自治区、直辖市129家样本企业9613份有效问卷（其中雇主问卷228份，雇员问卷9385份）、长春41家和苏州50家样本企业3134份有效问卷（其中雇主问卷58份，雇员问卷3076份）的数据，对全国总体样本企业和两个城市样本企业的劳动关系和谐指数进行了计算，根据计算结果对这三组样本企业的劳动关系状态分别进行了排名；对出现异常值和最优值的企业，分别进行了个案分析；使

用劳动关系状态分布图对这三组样本企业的劳动关系总体状态和分布特征，进行了直观展示；使用雇员劳动关系需求结构路径模型，分析了三组样本企业雇员劳动关系满意度的结构性特征；使用劳动关系状态分自然属性核密度比较分析图，探索了雇主和雇员各种自然属性对劳动关系状态的影响。

研究结果表明：从样本总体看，雇主和雇员的劳动关系满意度中值分别为 4.125 和 3.8448，均处于问卷刻度中值以上；相对和谐劳动关系指数中值为 0.9426，对应检验 Z 值为 0.6745，远小于异常值判别标准 3.5。由此判断，样本总体的劳动关系处于和谐状态，但雇主劳动关系满意度明显高于雇员，劳动关系双方的满意度处于不平衡状态。从总体指标分布看，雇主劳动关系满意度最小值为 2.5，已处于问卷刻度中值的临界点，雇员劳动关系满意度最小值为 2.2955，已处于问卷刻度中值以下；相对和谐劳动关系指数最大值为 1.3008，检验 Z 值最大值为 5.9634，已明显超出异常值判别标准 3.5，说明个别企业劳动关系存在问题。其中三家电子企业、一家玻璃制造企业和一家化工化肥制造企业的劳动关系处于异常值状态；一家互联网软件开发企业、一家技术装备制造销售企业和一家汽车配件生产企业的劳动关系处于最优值状态。

雇员劳动关系需求有四个结构性特征：（1）生存需求、关系需求和发展需求的系数分别为 0.3217、0.1477 和 0.2671，表明生存需求处于主导地位。（2）在生存需求的四维度中，工作负荷、安全健康、劳动报酬和工作稳定性的需求系数分别为 0.3889、0.3495、0.3447 和 0.1225，表明降低工作负荷的需求最高，安全健康与劳动报酬的需求几乎相当。（3）在关系需求的两维度中，对组织关怀和人际关系的需求系数分别为 0.4295 和 0.6430，说明对雇员人际关系的需求明显高于对组织关心的需求，但对组织关怀的需求，也比较高。（4）在发展需求的三维度中，个人发展、晋升阶梯和企业发展的需求系数分别为 0.5925、0.3074 和 0.1666，表明个人发展需求占据了一半以上比例。

# 第三节　研究成果的应用领域和前景

本书开发设计的相对和谐劳动关系指数体系、劳动关系状态分布图、雇员劳动关系需求特征分析工具和劳动关系状态自然属性结构特征分析工具，为长春市人力资源与社会保障局构建和谐劳动关系综合实验园区提供了技术支持，也得到了应用和检验。

长春市朝阳经济开发区是长春市人力资源与社会保障局的和谐劳动关系综合实验园区。在本书研究正式启动之前，长春市人力资源与社会保障局就与《我国企业劳动关系和谐指数构建与应用研究》课题组在和谐劳动关系构建领域建立了合作关系；2013年7月到8月，该局劳动关系处的有关领导与课题组一起，在长春市朝阳经济开发区的6家企业进行了调研和访谈；在2013年10月和2014年9月到10月，该局劳动关系处与课题组一起，使用课题组开发的调查问卷，分别随机抽取长春市朝阳经济开发区9家和40家样本企业进行问卷调查，依据所获得的调查数据，课题组对长春市朝阳经济开发区和谐劳动关系综合实验园区的劳动关系状态进行了详细分析，并提出了政策建议；2015年8月25日，课题负责人与核心成员应邀参加了长春市构建和谐劳动关系综合实验园区现场会。长春市人力资源与社会保障局局长张宝琦充分肯定了课题组在该局建立和谐劳动关系的"制度体系""队伍体系""数据体系"与"样板体系"过程中发挥的重要作用；2017年长春市将构建和谐劳动关系国家级综合实验园区准备工作的范围，从朝阳经济开发区扩大到整个朝阳区，课题组参与了主要工作，使用本书开发的指数体系和辅助工具系统，对朝阳区人力资源与社会保障局在全区范围内采集的172家调查问卷质量达到标准的企业，进行了劳动关系状态测量、排名和分析。测量和分析结果与朝阳区的整体劳动关系状况及部分最优值和异常值企业的情况，基本相符，证明课题组开发设计的这套企业劳动关系状态测量和分析工具，是有效的。

## 一、企业和谐劳动关系理论模型的应用领域和前景

本书构建出的企业和谐劳动关系理论模型，有助于更清晰地从企业内部直接路径和外部间接路径相互配合共同构建和谐劳动关系。

在企业和谐劳动关系理论模型中，企业如何构建和谐劳动关系，首先依循的是内部直接路径。这条直接路径由"雇员劳动关系满意度""雇主劳动关系满意度""雇主履行责任与雇员权利保障""雇员履行责任与雇主权利保障"等核心范畴（包括各自的分维度）及其相互关系构成；而政府与社会如何为企业构建和谐劳动关系创造外部条件，可以作为创建企业和谐劳动关系的外部间接路径来理解。本书发现，外部间接路径由"企业家能力""企业外部环境"和"公共职业培训"等核心范畴构成。

鉴于企业和谐劳动关系是雇主和雇员双方均对劳动关系感到满意，所以构建企业和谐劳动关系，直接的路径是着眼于企业内部，双方共同努力提升雇员劳动关系满意和雇主劳动关系满意度；间接的路径是改善企业外部环境和提升雇员综合素质与企业家能力。

在构建企业和谐劳动关系实践中，外部间接路径的作用绝不应该被忽视。政府和社会不能只关注企业，还要关注政府和社会在构建和谐劳动关系中的责任和义务。各级政府、产业与行业组织、各级工会组织、非政府组织等，都会对改善法律政策环境、转变政府职能、改进政商关系、调整税收政策、优化产业结构和产权结构、提升雇主和雇员的综合素质与职业化水平等，发挥各自的重要作用。尤其对于以农民工为主体、流动率高、职业素养相对较低的新产业工人，在企业缺乏足够动力对其进行职业教育和培训的情况下，政府和社会应该承担起必要的教育培训责任。这不仅可以为企业输送更高胜任素质的员工，而且能够提升工人的人力资本含量，提高工人面对雇主的谈判和维权能力。换句话说，企业和谐劳动关系的构建和维护，需要政府、产业与行业、工会组织等与企业和雇员的共同努力。企业和谐劳动关系理论模型揭示了多方共建与合作治理，是构建和谐劳动关系的题中之义。

## 二、雇员劳动关系满意度量表的应用领域和前景

本书开发的雇员劳动关系满意度量表由"劳动报酬""劳动负荷""员工成长""劳动条件与保障""和谐文化建设"与"劳动争议管理"6个维度共21个题项构成。政府监管部门、工会和企业，如果只关注雇员一方对劳动关系的满意程度，都可以直接使用该量表来获取企业员工的劳动关系满意度数据；同时，根据6个维度的分值高低，发现主要的问题领域，并有针对性地采取监管、维护和管理措施。

## 三、劳动关系指数体系和状态图的应用领域和前景

根据指数体系和分析工具的设计原理来看，指数及劳动关系状态图针对的是一定数量的企业样本数据，产生的信息是企业劳动关系状态的测量结果（指数）和排名，以及二维图可视化呈现信息。其主要使用者应该是劳动关系监管部门及相关的工会等群团组织，因为这些结果是对一定区域、行业或符合某些特征的企业群体的总体判断和描述。当然，也可以为其中的企业服务，雇主可以从中看到自己企业劳动状态的排名和状态图中的位置状况。

## 四、雇员劳动关系需求特征分析工具的应用领域和前景

雇员劳动关系需求特征分析工具针对的数据对象是一定数量的雇员样本数据，产生的信息是这一特定数据集合所表征出来的雇员劳动关系需求结构特征，即指数体系指标中雇员一侧的三级结构及其各路径系数，从中可以得出雇员的主体需求及各种需求的优先程度。其使用者可以是劳动关系监管部门和工会等群团组织，他们可以依据信息调整相关劳动关系政策、加强相关领域监管或加强开展相关协调沟通工作；也可以是企业自身，雇主可以根据本企业的雇员劳动关系需求结构特征来调整管理政策，以提高雇员劳动关系需求满意度，进而提高雇员工作绩效，从而改善本企业的劳动关系状态和总体绩效。

## 五、劳动关系状态自然属性结构特征分析工具的应用领域和前景

劳动关系状态自然属性结构特征分析工具可以用于企业不同自然属性的劳动关系状态比较分析，也可以用于雇员不同自然属性的劳动关系满意度比较分析。在企业间组别分析应用方面，针对的数据对象是一定数量的企业样本数据，产生的信息是针对不同自然属性生成的核密度比较分析图，可以说对单体企业价值不大，其主要使用者应该是劳动关系监管部门及相关的工会等群团组织，他们可以根据分析信息选择一定时期内的工作重点。雇员间组别分析应用方面，针对的数据对象是一定数量的雇员样本数据，产生的信息是针对不同自然属性生成的核密度比较分析图，这个分析信息对劳动关系监管部门、相关的工会等群团组织以及雇主都有重要的参考价值，他们可以从各自不同的目标出发，使用这一信息。

## 第四节  基于研究结论的政策建议

### 一、关注雇员的工作负荷与职业安全健康需求

上述研究结果表明，雇员工作负荷与安全健康存在隐患，需要政府像重视劳动报酬问题一样，高度重视工作负荷与安全健康问题。本书研究结果也与近年来我国企业安全事故和职业病频发的现实相吻合。

我国政府为了治理拖欠或拒不支付劳动报酬问题，出台了多个相关法律和政策文件：2013 年最高人民法院发布了《最高人民法院关于审理拒不支付劳动报酬刑事案件适用法律若干问题的解释》；2014 年最高人民法院、最高人民检察院、人力资源社会保障部和公安部联合发布了《关于加强涉嫌拒不支付劳动报酬犯罪案件查处衔接工作的通知》，2015 年第十二届全国人民代表大会常务委员会通过了《刑法修正案（九）》，在第二百七十六条中增加了"拒不支付劳动报酬罪"。国家和地方的综合治理，使拒不

支付劳动报酬问题得到了缓解，2016 年被拖欠工资的农民工比例为 0.84%，比 2015 年下降 0.15 个百分点。

而职业安全与职业病问题，最近几年越来越突出。仅 2006—2014 年，全国就认定（视同）工伤 9136060 人，年均认定（视同）工伤 1015117.78 人。[1] 同时，我国有 7 亿多劳动力人口，受职业病危害人数超过 2 亿（张忠彬等，2014），仅 2009—2014 年，全国就报告了职业病 159032 例，年均 26505.3 例。[2] 但这远远不是职业伤害的全部，因为据目前的报告和监护系统难以将所有工伤、工亡和职业病情况统计进来。

因此，着力解决雇员的劳动负荷与职业安全与健康问题，是落实"十三五"规划建设"平安中国"和"健康中国"的重要内容，也是本书得出的重要研究启示。

## 二、破解企业一线雇员的薪酬结构难题

本书发现，企业广泛使用的计件（绩效）工资制度，已经对一线雇员的工作负荷与安全健康造成了直接或间接的威胁。在基本工资很低的情况下，雇员只能靠加班加点工作来增加计件（绩效）工资，以提高整体收入水平；而加班加点工作导致的劳动强度过大、疲劳过度等，则为雇员的安全健康埋下了隐患。因此，政府需要有序提高最低工资标准，并规定劳动报酬结构中基本工资比例下限，从整体上降低计件（绩效）工资在报酬中的比例，尤其对存在安全和健康隐患的一线体力劳动者，通过增加基本工资比例，提高工资的保障性，降低浮动工资比例，可以在一定程度上达到减轻劳动者工作负荷，降低安全健康风险的政策效果。

## 三、加大政府对新产业工人培训投入

实证研究结果表明，在发展需求的三维度中，个人发展、晋升阶梯和

---

① 根据《中国劳动统计年鉴》公布的数据计算所得。

② 根据卫生部《2009 年职业病防治工作情况通报》《通报 2010 年职业病防治工作情况和 2011 年重点工作》、国家卫计委 2011—2014 年分别发布的《职业病防治工作情况的通报》中公布的数据计算所得。

企业发展的需求系数分别为 0.5925、0.3074 和 0.1666，个人发展需求占据了一半以上比例。这与当前以农民工为主的雇员结构有直接关系。根据国家统计局 2017 年 4 月 28 日公布的数据，2016 年农民工总量达到 28171万人；农民工中，初中及以下文化程度的占 73.6%，高中文化程度占17%，大专及以上仅占 9.4%；接受过农业和非农职业技能培训的农民工占32.9%，比上年下降 0.2 个百分点。其中，接受非农职业技能培训的仅占30.7%。在低技能劳动力市场供大于求、农民工流动率比较高、企业没有动力对农民进行系统培训的前提下，政府加大对这支庞大新产业工人队伍的培训投入，不仅可以更好地满足他们个人发展的需求，更重要的是国家人力资本投资，一支高素质高技能的新产业工人队伍，也是国家产业结构升级和经济转型的前提。

### 四、改善和谐劳动关系建设的宏观环境

企业和谐劳动关系理论模型表明，构建企业和谐劳动关系的直接路径是改善企业内部的雇员和雇主的关系，而间接路径是改进企业外部环境，政商关系、税收政策、行业前景、企业家和劳动力素质等都对企业劳动关系有重要影响。政府和社会为企业创造良好的发展环境，降低企业负担，造就高素质的企业家队伍和新产业工人队伍，是持续改进劳动关系的重要保障。

就理论而言，雇主作为企业劳动关系中的主导方和供给方，企业的良性发展使他有能力和意愿去对企业内部的劳动关系相关项目加大投入；反之，就会意愿不强烈，或者有心无力。本书第二章企业和谐劳动关系理论模型表明，构建企业和谐劳动关系的直接路径主要关注企业内雇员和雇主之间的关系，而间接路径是改进企业外部环境。良好的政商关系、合理的税收政策以及帮助企业家和劳动者提升能力素质，都会间接地促进企业劳动关系的改善；就实践而言，在第五章总体样本分析中，5 个异常值是由于两个企业都处于行业不景气状态造成的：行业的不景气导致雇主对企业未来发展的悲观预期，进而导致雇主的劳动关系满意度下降；而进行劳动

关系状态结构性特征分析时，通过企业劳动关系状态设立年限核密度分析，发现了企业在发展到一定年限时，由于各种原因，劳动关系开始出现分化趋势。

所以，无论从理论到实际数据分析的结果都揭示了企业的健康发展不仅与当地的经济发展相关，也与和谐劳动关系建设密不可分。政府和社会为企业创造良好的发展环境，改善政商关系、降低企业负担，有助于改善劳动关系。

### 五、实行差异化的劳动关系监管政策

本书的实证结果表明，企业成立的年限、雇佣规模、产业类别、雇员文化程度、雇员所在的岗位类别和层级等，都会对劳动关系有不同程度和不同形式的影响。企业所处地域、行业千差万别，高收入地区与低收入地区、高端行业与低端行业、龙头企业与业内其他企业之间，劳动关系的特点与矛盾焦点，都存在差异，进而导致现行劳动关系状态不同，形成原因不同，其未来劳动关系改进路径也必然不同。因此，政府需要采取差别化劳动关系政策，针对不同企业劳动关系状态形成的原因，分类指导和监管。各级、各地政府在未来构建和谐劳动关系工作中，应该深入基层，针对不同企业劳动关系状态形成的原因加以具体分析，帮助企业和雇员双方解决实际问题，才能形成和谐劳动关系持续改进的态势。

## 第五节 研究局限与未来研究方向

### 一、相对和谐劳动关系指数体系的测量精确程度有待提高

这里的精确程度主要指两个方面，即指标构成中雇主维度的构造和数据采集中的准确性问题。相对和谐劳动关系指数采用雇主与雇员的劳动关系满意度相对形式构成，在雇员劳动关系满意度方面，从企业管理角度进行量表开发时，采用了科学的量表开发方法和程序，确保了测量量表的准

确性；从公共管理角度构建相对和谐劳动关系指数时，一级指标采用了"生存""关系"和"发展"3个维度，依据的是管理学中公认的激励理论之一——奥尔德弗的ERG理论，在各个需求之后再设置二级指标，由一级指标、二级指标和测量题项共同构成了一个逻辑严密的体系，保证了测量的准确性，这在路径模型的实证研究检验中也得到了数据支持。在劳动关系双方中雇员是弱势的一方，因此，在已有的研究中，多侧重于雇员一侧的研究。现有指数体系中，也是以雇员一方的指标居多（诸多法律、政策的外部环境因素也可以看作是对雇员基本权益的保护），而对雇主一侧的相关研究较少。但劳动关系之所以存在，企业是其载体，如果企业现状及发展前景不好，雇主是没有能力或意愿对劳动关系方面加以投入的，所以，本书将雇主的劳动关系满意度作为一个重要问题来考虑。但究竟什么是雇主劳动关系满意度？其内涵和外延是什么？如何准确测量雇主的劳动关系满意度等问题，本书并没有给予非常精确的回答。从企业管理角度，本书没有开发出雇主劳动关系满意度测量量表；从公共管理角度，本书从雇主对雇员绩效、劳动贡献度和企业绩效3个维度设置了一级指标，每个维度之后又设置了二级指标，在二级指标下设置了具体的测量题项，对雇主劳动关系满意度进行了测量，但一级指标和二级指标设置的依据是课题组成员依据管理学理论、经济学理论等作出的相关推论；二级指标之下的相关题项，是课题组依据现有文献和实际情况，使用头脑风暴法确定。与雇员劳动关系满意度相比，雇主劳动关系满意度的测量，在过程的科学性和严谨性方面，存在一定缺陷，进而可能影响雇主劳动关系满意度测量的准确性。

在本书设计的相对和谐劳动关系指数体系中，指标选取相对感知形式虽然带来了诸多好处，但数据采集过程可能存在准确性问题。由于数据采集过程采用了代发代收的办法，对于数据采集对象（雇主、雇员）是否亲自填写问卷，问卷数据是否代表其真实意思表达等技术细节，课题组无法监控，在与长春市人力资源与社会保障局及长春朝阳区政府相关部门的沟通中，大家也谈到了这个问题。

针对上述不足，展望未来的研究，一是需要进一步深入企业，对企业中雇主一方的劳动关系需求问题进一步细化研究，完善指数体系，提高测量的科学性和精确程度；二是与政府监管部门加强沟通和探讨，在数据采集程序设计方面，能够制定出一套较为成熟的主观数据采集制度，以保证数据的准确性，进而保证指数测量的准确性。

## 二、和谐劳动关系指数系列化研究有待拓展

诚如相对和谐劳动关系概念定义所言，指数体系所选取的相对感知形式中实际包含了很多劳动关系的背景信息，它们通过数据采集对象（雇主、雇员）的个体判断而间接体现在指数中，但通过指数表达的毕竟只是企业劳动关系本身，即便通过结构特征分析工具而得到的分析结果，也都是指向劳动关系本身，只有在进一步分析数据结果含义的时候，相关背景信息可得以重视，这就对指数实际应用带来了一定的局限。

展望未来的研究，可以针对劳动关系背景信息，以满足劳动关系分析需要为原则，收集相关信息，独立编制或采用已有的相关指数成果，在横向上对和谐劳动关系指数加以系列化拓展，以增强指数的简洁、清晰和实用性，满足实际和谐劳动关系创建工作需要。

另外，目前通过和谐劳动关系指数初步解决了劳动关系状态的测量问题，使政府监管部门有了对劳动关系基本状态的数量化判断工具，分析工具也在开始开发和丰富，但由于研究的复杂性、研究范围和时间所限，本书没有进行跨期的研究，没有进行劳动关系状态转化与监管手段的匹配效果研究，而这些都是和谐劳动关系实际工作中的迫切需求。

展望未来的研究，可能会在分析的基础上，向劳动关系状态监测、预警发展；同时，还可以再进一步结合政策法规和监管措施的作用范围和维度，研究劳动关系状态变化与监管手段的匹配问题。在这些更为深入的方向上进行纵向的拓展研究，还有很大的发展空间。

## 三、劳动关系问题频发地区的企业数据需要重点关注

本书在开发相对和谐劳动关系指数时采集的数据来自长春市的9家企

业，共 691 份有效问卷，其中雇主（副总及以上职位）问卷 29 份，雇员问卷 662 份；劳动关系和谐指数应用时采集的 129 家企业的配对数据，来自吉林、江苏、山西、河北、重庆、黑龙江、湖北、山东、辽宁、北京、天津、浙江、广东、海南、内蒙古、江西、新疆 17 个省、自治区、直辖市，主要集中于我国中东部工业发达地区，有效问卷 9613 份，其中雇主（副总及以上职位）问卷 228 份，雇员问卷 9385 份。虽然样本分布比较广泛，样本量也比较大，但广东的企业只有 3 家，像东莞这种劳动争议频发地区的数据偏少，使本书对东莞这种劳动关系典型区域的企业劳动关系问题，没有进行重点分析。

## 四、研究结果的科学解释尚待深入

劳动关系是基础社会关系之一，影响劳动关系的因素复杂多样。本书虽然在测量和分析工具设计方面做了一些工作；在劳动关系状态、结构特征和自然属性对劳动关系的影响等方面，获得了大量的实证研究结果，但在对这些实证研究结果的具体分析中，可能存在疏漏或不尽合理之处，还有待更多学者结合经济学、管理学、社会学、心理学等方面的知识和理论，更为深入地分析实证结果产生的原因及政策含义。

# 附　录

## 附录一　劳动关系满意度测量指标题项库

工作满意度测量题项：

| 整体满意度： | |
|---|---|
| 1. 总体来说，我对我的工作很满意 | 2. 大体来说，我不喜欢我的工作（R） |
| 3. 大体来说，我喜欢在这儿工作 | 4. 总的来说，你对工作的满意度如何 |
| 5. 总的来说，与大多数组织相比，你对你所在组织的满意度如何 | 6. 我经常对自己的工作感到厌倦（R） |
| 7. 我的工作就像是我的一个爱好 | 8. 我的工作很有意思，不会让我感到无聊 |
| 9. 看上去我的朋友对他们的工作更感兴趣（R） | 10. 我觉得自己的工作特别没意思（R） |
| 11. 我觉得工作时间比闲暇时间更能令我享受 | 12. 你对所从事工作的性质的满意度如何 |
| 13. 我对我现在的工作感到很满意 | 14. 大部分时间我必须强迫自己去工作（R） |
| 15. 我从一开始就对我的工作感到很满意 | 16. 我觉得我现在的工作和其他一些我可以得到的工作一样的没意思（R） |
| 17. 我非常不喜欢我的工作（R） | 18. 我觉得我比共事的其他人工作时更高兴 |
| 19. 大部分时间我都对我的工作充满了热情 | 20. 从事这份工作的人大都在表现出色的时候有一种强烈的自我满足感 |
| 21. 我比一般的员工更喜欢自己的工作 | 22. 我的工作实在是没有意思（R） |

续表

| | |
|---|---|
| 23. 我发现工作能给我真正的享受 | 24. 我对自己从事的工作感到失望（R） |
| 25. 总的来说，我对自己的工作非常满意 | 26. 我对自己从事的工作类型基本上感到满意 |
| 27. 我总是有跳槽的想法（R） | 28. 从事这份工作的人大都对它感到满意 |
| 29. 在这个工作岗位的人一般都想着跳槽（R） | 30. 当我工作得出色时，我对自己的感觉就会变好 |
| 31. 当我工作得出色时，我就会有一种强烈的自我满足感 | 32. 当我工作表现得不好时，我就感到不高兴 |
| 33. 我对自己的感觉与我的工作表现好坏没有什么关系（R） | 34. 每天的工作看上去好像永远做不完似的 |
| 35. 从事这份工作的大多数人会在表现得不好时感到不高兴 | 36. 考虑到每个方面，你对自己现在的工作处境的满意度如何 |
| 37. 总能保持一种忙碌的状态 | 38. 我从工作中获得的成就感 |
| 39. 我有时觉得我的工作一点意义都没有（R） | 40. 我喜欢自己工作中所干的事 |
| 41. 我有一种对自己从事工作的自豪感 | 42. 我的工作能使人感到愉快 |
| 收入满意度： | |
| 43. 考虑到你的技能和你在工作上付出的努力，你对收入的满意度如何 | 44. 我一想起组织付我的薪水就觉得他们对我不够重视（R） |
| 45. 我工作完成的好而得到的奖励 | 46. 我觉得自己做的工作可以得到一个公平的回报 |
| 47. 薪水增加的太少了（R） | 48. 我的报酬和工作量 |
| 49. 我对自己涨薪水的机会感到满意 | 50. 我对我得到的利益并不满意（R） |
| 51. 我们在这个组织中得到的利益和在其他组织中能够得到的利益一样多 | 52. 当我在工作中表现出色时，我会得到我本应得到的奖励 |
| 53. 我们没有得到本应该得到的利益（R） | 54. 利益分配是公平的 |
| 55. 我感觉我做的工作没有得到赏识（R） | 56. 在这工作的人很少会得到奖励（R） |
| 57. 我认为自己的努力没有得到应有的回报（R） | 58. 你对自己报酬的满意度如何 |

| 晋升满意度：| |
|---|---|
| 59. 我工作晋升的机会太少了（R） | 60. 凡是那些在工作中表现出色的人都获得了公平的晋升机会 |
| 61. 在这工作的人可以和在别的地方一样发展迅速 | 62. 我对我的晋升机会感到满意 |
| 63. 成为团体中重要人物的机会 | 64. 晋升的机会 |
| 65. 你对自己目前在组织里发展情况的满意度如何 | 66. 你对将来在组织中晋升机会的满意度如何 |
| 67. 你对这个组织中的晋升机会的满意度如何 | |
| 管理者满意度： | |
| 68. 我的上级很能胜任他（她）的职务 | 69. 我的上级对我不公平（R） |
| 70. 我的上级对下属的想法一点兴趣也没有（R） | 71. 我喜欢我的上级 |
| 72. 我老板控制自己下属的方式 | 73. 我的上级做决策的能力 |
| 74. 总的来说，你对上级的满意度如何 | 75. 你对管理你的人（你的上司）的满意度如何 |
| 人际关系满意度： | |
| 76. 我喜欢和我共事的人 | 77. 我喜欢和同事相处 |
| 78. 工作中经常会发生口角（R） | 79. 这个组织的人际交往看上去很不错 |
| 80. 我对这个组织的目标还很不明确（R） | 81. 我经常感到不知道组织里会发生什么事（R） |
| 82. 工作任务经常得不到全面的解释（R） | 83. 与同事之间相处的方式 |
| 84. 总的来说，你对工作组成员的满意度如何 | 85. 你对组织中与你共事的人（你的同事）的满意度如何 |
| 成长满意度： | |
| 86. 我从这份工作中获得的个人成长和发展 | 87. 我从工作中获得的成就感 |
| 88. 我在工作中可以实践自己的独立想法和付诸行动的机会 | 89. 工作中的挑战性 |
| 90. 独自工作的机会 | 91. 不时能做些不同事情的机会 |

| | |
|---|---|
| 92. 为其他人做事的机会 | 93. 告诉别人该做什么的机会 |
| 94. 能够充分发挥我能力的机会 | 95. 我自己作出决策的自由 |
| 96. 在工作中能尝试我自己方法的机会 | |
| 操作程序满意度： | |
| 97. 我们的很多制度和程序都阻碍了工作的顺利完成（R） | 98. 我的工作很少被制度和程序所打断 |
| 99. 我有太多的工作要做（R） | 100. 我有太多的文书工作要处理（R） |
| 101. 公司政策的实施方式 | |
| 其他： | |
| 102. 工作条件 | 103. 能够做不违背我良心的事 |
| 104. 我的工作带来一种稳定的雇佣关系 | |

　　注：标有 R 的题目为反向计分。第 1、2、3 题选自整体工作满意度量表，出处：Stanley E. Seashore, Edward E. Lawler, Philip H. Mirvir and Cortlandt Cammann, *Assessing Organizational Change：A Guide to Methods, Measures and Practices*, New York John Wiley Press, 1983。第 4、5、43、65、66、74、85 题选自整体工作满意度量表，出处：John D. Cook, *The Experience of Work：A Compendium and Review of 249 Measures and Their Use*, New York Academic Press, 1981。第 6、38、58、67、75、86 题选自工作满意度指数，出处：Anne S. Tsui, Terri D. Egan, and Charles A. O'Reilly III, "Being Different：Relational Demography and Organizational Attachment", *Administrative Science Quarterly*, No. 4, 1992。第 7—24 题选自整体工作满意度量表，出处：John D. Cook, *The Experience of Work：A Compendium and Review of 249 Measures and Their Use*, New York Academic Press, 1981。第 25—35、87—90 题选自工作诊断调查量表，出处：Hackman, J. Richard, and Greg R. Oldham, "The Job Diagnostic Survey：An Instrument for the Diagnosis of Jobs and the Evaluation of Job Redesign Projects", *Yale Univ New Haven Ct Dept of Administrative Sciences*, No. TR-4, 1974。第 36、37、44、45、63、64、72、73、84、91—97、102—104 题选自明尼苏达满意度量表的压缩版，出处：David J. Weiss, Rene V. Dawis, and George W. England, "Manual for the Minnesota Satisfaction Questionnaire", *Minnesota Studies in Vocational Rehabilitation*, No. 22, 1967。第 39—42、46—57、59—62、68—71、76—83、98—101 题选自工作满意度调查量表，出处：Paul E. Spector, *Job Satisfaction：Application, Assessment, Causes, and Consequences*, New York Sage Press, 1997。

劳动关系评价指标:

| | |
|---|---|
| 1. "三方" 机制覆盖率 | 2. GDP 增长率 |
| 3. 人均周工作小时数 | 4. 人均培训费用 |
| 5. 人均获得在职教育和培训小时数 | 6. 人均获得在职教育和培训费用 |
| 7. 万人工伤事故率 | 8. 万人专利率 |
| 9. 下岗比例 | 10. 下岗率 |
| 11. 女工劳动保护 | 12. 女职工、未成年工从事禁忌岗位情况 |
| 13. 女职工 "三期" 保护执行情况 | 14. 女职工及未成年工特殊保护情况 |
| 15. 女职工生育保险缴纳率=缴纳了生育保险的女职工人数/女职工人数 | 16. 工人最高最低收入比 |
| 17. 工会工作满意度 | 18. 工会化程度 |
| 19. 工会代表员工利益的程度 | 20. 工会参与决策的程度 |
| 21. 工会参与率 | 22. 工会和管理方对产业关系氛围的评价 |
| 23. 工会经费投入 | 24. 工会补充医疗保险覆盖率=实际缴纳工会补充疗保险的人数/职工总人数 |
| 25. 工会监督管理层的力度 | 26. 工会监督管理层的力量 |
| 27. 工会组织的设立 | 28. 工会组织的设立(有或者无) |
| 29. 工会组织知晓率=了解企业建立了工会组织的人数/被访工人总数 | 30. 工作反馈 |
| 31. 工作自主性 | 32. 工作条件舒适度 |
| 33. 工作环境满意度 | 34. 工作场所文化 |
| 35. 工作场所的监督方式 | 36. 工作场所特征 |
| 37. 工作场所绩效 | 38. 工作满意度 |
| 39. 工伤死亡情况 | 40. 工伤事故发生率 |
| 41. 工伤事故发生率及其级别 | 42. 工伤事故赔付率 |
| 43. 工伤保险参保率 | 44. 工伤保险覆盖率 |
| 45. 工伤保险覆盖率=实际缴纳工伤保险人数/职工总人数 | 46. 工伤认定情况 |
| 47. 工资 | 48. 工资分配公平性 |
| 49. 工资分配状况 | 50. 工资及其结构 |
| 51. 工资水平(与行业同期平均工资相比) | 52. 工资占总收入的比重 |

| | |
|---|---|
| 53. 工资发放及时性 | 54. 工资发放是否按时 |
| 55. 工资报酬满意度 | 56. 工资按时发放率 |
| 57. 工资集体协议情况 | 58. 工资增长情况 |
| 59. 工资增长率（与上年同期比） | 60. 工龄 |
| 61. 与主管关系是否融洽 | 62. 与同行业相比收入的满意度 |
| 63. 与同事关系是否融洽 | 64. 与同事相比收入的满意度 |
| 65. 与过去相比收入的满意度 | 66. 与原企业相比是否满意 |
| 67. 公司工作环境是否满意 | 68. 公司是否有发展前途 |
| 69. 公益慈善参与次数 | 70. 公积金缴纳率 |
| 71. 分流安置率 | 72. 无固定期限合同签订率 |
| 73. 加班工资兑现率 | 74. 加班工资的合法支付率＝按法定标准领取加班费的人数/按法定标准、按计件标准及按企业自定标准领取加班费的人数合计 |
| 75. 加班工资率与正常上班工资率的比率 | 76. 加班加点率 |
| 77. 加班报酬支付率＝加班有报酬的人数/加班有报酬、有时有报酬及没有报酬的人数合计 | 78. 加薪率＝3 年内加过薪的员工人数/工作 3 年以上的员工人数 |
| 79. 港澳台及外国人办理就业证情况 | 80. 处理结果满意度 |
| 81. 失业保险参保率 | 82. 失业保险覆盖率 |
| 83. 失业保险覆盖率＝实际缴纳失业保险人数/职工总人数 | 84. 对人岗匹配公平性的评价 |
| 85. 对工会的满意度 | 86. 对工作岗位满意度 |
| 87. 对未来生活保障及自身发展的乐观程度 | 88. 对长远发展的信心 |
| 89. 对协会是否信任 | 90. 对合同条款不满意的处理 |
| 91. 对自己工资待遇是否满意 | 92. 对改制方案的满意度 |
| 93. 对所在岗位稳定性的评价 | 94. 对经营效益的满意度 |
| 95. 对表达权的评价 | 96. 对管理方式的满意度 |
| 97. 对管理层的满意度 | 98. 平均工作年限 |
| 99. 平均工资比＝职工工资/平均工资 | 100. 平均工资水平 |
| 101. 平均每件产品的雇佣成本 | 102. 平均管理幅度 |
| 103. 未成年工体检建档并备案情况 | 104. 未授权罢工数 |

| | |
|---|---|
| 105. 未解决投诉数量 | 106. 正是渠道的申诉抱怨比例 |
| 107. 民主参与方式的多少 | 108. 民主参与方式的多寡 |
| 109. 生育保险参保率 | 110. 生育保险覆盖率 |
| 111. 用人单位社会保险登记开户率 | 112. 电话咨询中心投诉举报 |
| 113. 长期雇员比率＝工作 3 年及以上的雇员的人数/在企业工作一年以上的人数 | 114. 争议调解满意度 |
| 115. 企业厂务公开率 | 116. 企业内调解率 |
| 117. 企业文化认同度 | 118. 企业打压虐待侮辱人次数及强度 |
| 119. 企业在决策过程中主动征求员工意见情况 | 120. 企业年金参加率 |
| 121. 企业年金缴纳率＝实际缴纳企业年金的人数/职工总人数 | 122. 企业克扣员工工资人次数 |
| 123. 企业利润率 | 124. 企业利润增长率 |
| 125. 企业注册增长率 | 126. 企业社会捐赠额度 |
| 127. 企业社会责任满意度 | 128. 企业盈利状况 |
| 129. 企业福利投入 | 130. 企业产值增长率 |
| 131. 企业规章制度满意度 | 132. 企业资金利润增长率 |
| 133. 共同治理 | 134. 冲突解决速度 |
| 135. 冲突频率 | 136. 决策权的分散程度 |
| 137. 合同变更或解除的合法性 | 138. 合同解除率 |
| 139. 合同签约率 | 140. 合同签订的自主性 |
| 141. 合同缔结时间和数量 | 142. 合同违约率 |
| 143. 安全卫生事故数量 | 144. 年工资奖金 |
| 145. 收入分配公平性 | 146. 收入水平 |
| 147. 有无拖欠工资 | 148. 网站投诉举报 |
| 149. 考勤制度满意度 | 150. 自主就业率 |
| 151. 住房公积金参加率 | 152. 利润增长率 |
| 153. 劳动力供求比 | 154. 劳动生产率 |
| 155. 劳动争议率 | 156. 劳动争议调解机构建立情况 |
| 157. 劳动仲裁 | 158. 劳动仲裁机构处理劳动争议的满意度 |

| | |
|---|---|
| 159. 劳动合同完全履行率 = 履行的劳动合同数量/签订的劳动合同总数量 | 160. 劳动合同期限 |
| 161. 劳动合同覆盖率 | 162. 劳动合同满意度 |
| 163. 劳动合同签约的规范性 | 164. 劳动合同签订率 |
| 165. 劳动安全措施享有率 = 享受企业提供的劳防用品（措施）的雇员人数/被访的雇员总人数 | 166. 劳动安全卫生投入 |
| 167. 劳动成本占总成本比例 | 168. 劳动法律满意度 |
| 169. 劳动环境 | 170. 劳动保护措施及劳动环境满意度 |
| 171. 劳动监察 | 172. 劳动监察覆盖率 |
| 173. 劳动监察维权 | 174. 劳动纠纷发生率 |
| 175. 劳动纠纷处理率 | 176. 劳动纠纷投诉率 |
| 177. 劳资冲突的解决 | 178. 医疗保险参保率 |
| 179. 医疗保险覆盖率 = 实际缴纳医疗保险人数/职工总人数 | 180. 岗位稳定性 |
| 181. 技能发展 | 182. 投诉的正式及非正式的解决 |
| 183. 投诉率 | 184. 投诉数量 |
| 185. 其他商业保险或补充保险参保率 | 186. 其他福利满意度 |
| 187. 具有相同劳动生产率的不同身份（户籍政治社会背景）劳动者获取同一稀缺职位的机会差别 | 188. 单位欠缴比例 |
| 189. 周工作时间 | 190. 延长工作时间协商情况 |
| 191. 延长工作时间情况 | 192. 抱怨率 |
| 193. 拖欠、克扣工资（包括加班工资）情况 | 194. 招用工录用备案情况 |
| 195. 法定工作时间覆盖率 | 196. 法院处理劳动争议的满意度 |
| 197. 社会发展乐观度 | 198. 社会保险费缴纳率 |
| 199. 社会保障的缴纳状况 | 200. 表达权的大小 |
| 201. 非工会会员比例 | 202. 非全日制用工备案情况 |
| 203. 非管理者参与管理决策的程度 | 204. 信访情况 |
| 205. 城镇登记失业率 | 206. 城乡收入差距 |

| | |
|---|---|
| 207. 建立劳动保障规章制度情况 | 208. 待岗比率 |
| 209. 持股比例 | 210. 持股数量 |
| 211. 持职业资格证书情况 | 212. 政府惩罚次数 |
| 213. 政府奖励次数 | 214. 是否了解本企业文化 |
| 215. 是否执行最低工资标准 | 216. 是否设置 HR 部门 |
| 217. 是否设置工会 | 218. 是否建立互助救济金 |
| 219. 是否建立劳动争议处理制度 | 220. 是否建立劳动保护制度 |
| 221. 是否建立集体协商制度 | 222. 是否建立薪酬制度 |
| 223. 是否建立职位晋升制度 | 224. 是否得到领导同事认同 |
| 225. 是否愿意与企业共渡难关 | 226. 流失率 |
| 227. 相互关心帮助以及一致性行为状况 | 228. 相对生产率 |
| 229. 重大伤亡事故发生情况 | 230. 弱势劳工保护覆盖率 |
| 231. 疾病保险覆盖率 | 232. 缺勤率 |
| 233. 商业医疗保险缴纳率＝实际缴纳商业医疗保险的人数/职工总人数 | 234. 商业养老保险缴纳率＝实际缴纳商业养老保险的人数/职工总人数 |
| 235. 培训费占销售收入比重情况 | 236. 基尼系数 |
| 237. 离职率 | 238. 媒体正面报道次数 |
| 239. 就业歧视系数 | 240. 提出建议有回应的比例 |
| 241. 提出建议被采纳的比例 | 242. 最低工资执行情况 |
| 243. 最低工资指标＝职工工资/最低工资 | 244. 最低工资覆盖率 |
| 245. 童工使用与否 | 246. 超合同雇佣期比率＝工作时间超过合同期限的雇员人数/企业雇佣人员总数 |
| 247. 超时工作率＝平均周工作时间（小时）/40 | 248. 集体协商代表保护率 |
| 249. 集体协商覆盖率 | 250. 集体合同的变更率 |
| 251. 集体合同覆盖率 | 252. 集体合同签订情况 |
| 253. 集体合同签订率 | 254. 雇主协会覆盖率 |
| 255. 群体事件数 | 256. 遇到困难是否愿意向企业反映 |
| 257. 福利项目与水平 | 258. 管理和雇佣实践 |

| | |
|---|---|
| 259. 管理者和工会领导类型的变化 | 260. 管理层对员工的关心 |
| 261. 管理层的胜任度 | 262. 产业关系事件 |
| 263. 产业关系氛围 | 264. 产业关系的结构、过程和结果 |
| 265. 产品结构 | 266. 养老保险参保率 |
| 267. 养老保险覆盖率 | 268. 养老保险覆盖率＝实际缴纳养老保险人数/职工总人数 |
| 269. 员工人均主动加班小时数 | 270. 员工人均提出合理化建议条数 |
| 271. 员工人均违反劳动纪律次数及强度 | 272. 员工工作自主性 |
| 273. 员工工资总额占利润比 | 274. 员工对工会的信任度 |
| 275. 员工投诉的解决状况 | 276. 员工参与企业管理状况 |
| 277. 员工参与状况 | 278. 员工受处分比例 |
| 279. 员工的工资水平 | 280. 员工的收入差距 |
| 281. 员工流失率 | 282. 员工缺勤状况 |
| 283. 员工培训率＝接受过培训的员工数/员工总人数 | 284. 员工损害组织利益行为（如与外部合谋损害组织物质利益出卖组织技术情报损害组织形象等）次数及强度 |
| 285. 员工满意度 | 286. 带薪休假享有率＝享有带薪休假的职工人数/职工总人数 |
| 287. 带薪休假制度执行情况 | 288. 权利争议率 |
| 289. 权益争议劳方胜诉率 | 290. 权益实现 |
| 291. 满意度 | 292. 监督者和工人的数量比 |
| 293. 维修和技术工人所占比例 | 294. 职工人际关系感受度 |
| 295. 职工工资收入随企业利润的增长情况 | 296. 职工工资增长率 |
| 297. 职工内部流动率 | 298. 职工对企业文化的认同率 |
| 299. 职工民主参与率 | 300. 职工民主满意度 |
| 301. 职工合理建议采纳率 | 302. 职工忠诚率 |
| 303. 职工社会保险参保率 | 304. 职工健康检查实现率＝接受过健康体检的职工人数/企业总职工数 |
| 305. 职工福利满意度 | 306. 职业技能培训率 |
| 307. 职业病发生率 | 308. 职业病防护 |
| 309. 职业培训投入 | 310. 职位等级 |

| 311. 谈判冲突 | 312. 负面报道次数（不重复） |
| --- | --- |
| 313. 违反工作时间和休息休假情况 | 314. 违法收取财物情况 |
| 315. 违法终止、解除劳动合同情况 | 316. 领导对员工参与的重视程度 |

# 附录二　生存、关系和发展需求对企业劳动关系的影响程度排序表

尊敬的专家：

您好！

我们是《我国企业劳动关系和谐指数构建与应用研究》（12AJY001）课题组。我们正在进行企业劳动关系和谐指数的编制工作，急需您的大力支持！您是业内权威，对企业劳动关系有着深刻的理解，您的意见对我们完成课题非常重要！如果您能够向我们提供帮助，我们将万分感激！

根据文献研究和课题组对长春、北京、武汉、广州和珠海等地 15 家企业雇主和雇员的访谈结果，并借鉴克雷顿·奥尔德弗（Clayton Alderfer）的 ERG 理论，我们将雇员在企业劳动关系中的需求分为 3 种类型：即生存（Existence）需求、关系（Relatedness）需求和成长发展（Growth）需求。以下是我们对这 3 种需求的举例：

## 一、生存需求

1. 工作场所有安全防护设备和措施

2. 工作场所不会造成职业病

3. 不会被随便解雇

4. 有满意的工资、奖金和福利

## 二、关系需求

5. 工作或生活上遇到困难，企业会尽力帮助我

6. 上级领导对我的工作很支持

7. 工作中与同事合作愉快

8. 工作外与同事关系融洽

## 三、成长需求

9. 有机会提高自己的能力和素质

10. 职务（职称或头衔）有很好的前景

11. 公司有很好的发展前景

12. 不满或抱怨容易反映到有关部门或负责人

在清楚了雇员的生存、关系和成长需求分别指代什么以后，现在请您：从这三种需求对企业劳动关系产生影响的角度，对三种需求的重要性进行排序。最重要的，请排在第 1 位；次重要的，排在第 2 位；再次之，排在第 3 位。请在下表中分别用"1""2""3"来表示。

附表 1　雇员的生存、关系和发展需求对企业劳动关系的影响程度排序表（总体，不分行业）

| 需求种类 | 您的排序 |
| --- | --- |
| 生存需求 | |
| 关系需求 | |
| 成长需求 | |

如果将行业差异考虑进来，那您认为，这三种需求在不同行业对企业的劳动关系，影响程度会有差异吗？请您根据自己的判断，在表 2 每个行业对应的需求种类下，用"1""2""3"给出您的排序。

附表 2　雇员的生存、关系和发展需求对企业劳动关系的
影响程度排序表（分行业）

| 行业 | 需求种类与您的排序 | | | |
| --- | --- | --- | --- | --- |
| 采矿业 | 需求种类 | 生存需求 | 关系需求 | 成长需求 |
| | 您的排序 | | | |

续表

| 行业 | 需求种类与您的排序 | | | |
|---|---|---|---|---|
| 制造业 | 需求种类 | 生存需求 | 关系需求 | 成长需求 |
| | 您的排序 | | | |
| 建筑业 | 需求种类 | 生存需求 | 关系需求 | 成长需求 |
| | 您的排序 | | | |
| 房地产业 | 需求种类 | 生存需求 | 关系需求 | 成长需求 |
| | 您的排序 | | | |
| 电力、热力、燃气及水生产和供应业 | 需求种类 | 生存需求 | 关系需求 | 成长需求 |
| | 您的排序 | | | |
| 交通运输、仓储和邮政业 | 需求种类 | 生存需求 | 关系需求 | 成长需求 |
| | 您的排序 | | | |
| 批发和零售业 | 需求种类 | 生存需求 | 关系需求 | 成长需求 |
| | 您的排序 | | | |
| 住宿和餐饮业 | 需求种类 | 生存需求 | 关系需求 | 成长需求 |
| | 您的排序 | | | |
| 居民服务、修理和其他服务业 | 需求种类 | 生存需求 | 关系需求 | 成长需求 |
| | 您的排序 | | | |
| 租赁和商务服务业 | 需求种类 | 生存需求 | 关系需求 | 成长需求 |
| | 您的排序 | | | |
| 文化、体育和娱乐业 | 需求种类 | 生存需求 | 关系需求 | 成长需求 |
| | 您的排序 | | | |
| 信息传输、软件和信息技术服务业 | 需求种类 | 生存需求 | 关系需求 | 成长需求 |
| | 您的排序 | | | |
| 金融业 | 需求种类 | 生存需求 | 关系需求 | 成长需求 |
| | 您的排序 | | | |
| 科学研究和技术服务业 | 需求种类 | 生存需求 | 关系需求 | 成长需求 |
| | 您的排序 | | | |
| 教　育 | 需求种类 | 生存需求 | 关系需求 | 成长需求 |
| | 您的排序 | | | |

| 行业 | 需求种类与您的排序 | | | |
|---|---|---|---|---|
| 卫生和社会工作 | 需求种类 | 生存需求 | 关系需求 | 成长需求 |
| | 您的排序 | | | |

# 附录三　企业和谐劳动关系访谈提纲

## 导语

您好！请您来接受访谈，给您添麻烦了！谢谢您！

我们是国家社会科学基金重点项目"中国企业劳动关系和谐指数构建与应用研究"（12AJY001）课题组，正在进行企业和谐劳动关系方面的调查。想听听您在这方面的看法。

咱们谈的内容，纯粹用于学术研究。我们会在不同地区选择一些代表性的企业，找企业领导、人力资源负责人、工会负责人和员工来谈这些方面的内容，希望从中寻找一些大家共同的看法和规律。所以，咱们谈的内容，也不会单独使用，对您和您的企业，不会造成不好的影响。

现在，我们开始吧。

1. 一般来说，员工只要到企业来工作，就与企业建立了"劳动关系"。如果员工与企业之间的这种关系比较好，就叫"和谐劳动关系"。那您认为，员工与企业之间的关系，达到什么程度，才算"和谐"？

2. 具体来说，企业员工，一般会从哪些方面或者维度，去评价劳动关系？企业领导，一般会从哪些方面或者维度，去评价劳动关系？

3. 一般来说，有很多因素会影响到一个企业的劳动关系和不和谐。在您看来，哪些因素比较重要？如果要从中选择一个最重要的，那您认为哪个最重要？

4. 从我们国家总体情况来看，您觉得企业劳动关系还存在哪些主要问题？

5. 从我们国家总体情况看，要建立企业和谐劳动关系，政府、企业、员工，还需要作出哪些努力？

## 结束语

非常感谢您的支持和配合！

# 附录四 雇员调查问卷

尊敬的女士/先生：

您好！感谢您在百忙之中阅读和填写本问卷！

我们是国家社会科学基金重点项目"中国企业劳动关系和谐指数构建与应用研究"（12AJY001）课题组，目前正在进行和谐劳动关系相关调研。

本问卷匿名填写，调查结果仅用于学术研究，且本问卷只作为所有问卷中的一部分进行整体的统计分析，每份问卷不会单独使用。答案没有对错之分，请您按照实际情况放心填写。

请阅读以下每一条陈述，并对照您的真实感受；然后，在后面符合程度对应的数字栏中，选择您感觉恰当的程度，并在程度对应的数字下面打"√"，或者把您选择的数字涂黑。

再次感谢您的帮助！恭祝您工作顺利！幸福健康！

如果您在填写问卷时有任何疑问，请联系：×××，电话：×××。

| 题　项 | 不符合 | 比较不符合 | 不确定 | 比较符合 | 符合 |
|---|---|---|---|---|---|
| 1. 我工作的地方很少发生工伤事故 | 1 | 2 | 3 | 4 | 5 |
| 2. 我工作的地方拥有完善的安全防护设备和安全防护措施 | 1 | 2 | 3 | 4 | 5 |
| 3. 我从事的工作不会给我造成职业病，例如尘肺病，职业放射性疾病，职业中毒，职业性皮肤病，职业性眼病，职业性肿瘤等 | 1 | 2 | 3 | 4 | 5 |
| 4. 我的工作环境中很少污染、粉尘、噪音、辐射等有毒有害物质 | 1 | 2 | 3 | 4 | 5 |
| 5. 我现在的工作很稳定 | 1 | 2 | 3 | 4 | 5 |
| 6. 我的工资能够维持我和家人的基本生活 | 1 | 2 | 3 | 4 | 5 |
| 7. 我对公司给我的奖金感到满意 | 1 | 2 | 3 | 4 | 5 |
| 8. 我对公司给我的福利感到满意 | 1 | 2 | 3 | 4 | 5 |
| 9. 我对我现在的加班状况感到满意 | 1 | 2 | 3 | 4 | 5 |
| 10. 我对我的工作班次安排感到满意 | 1 | 2 | 3 | 4 | 5 |
| 11. 我对我目前的工作节奏和速度感到满意 | 1 | 2 | 3 | 4 | 5 |
| 12. 我对我目前工作量的大小感到满意 | 1 | 2 | 3 | 4 | 5 |
| 13. 我对公司给员工提供的文化娱乐设施感到满意 | 1 | 2 | 3 | 4 | 5 |
| 14. 我对公司给员工日常生活提供的方便条件感到满意 | 1 | 2 | 3 | 4 | 5 |
| 15. 总体来说，我对我工作的公司很满意 | 1 | 2 | 3 | 4 | 5 |
| 16. 我为自己是整个公司的一员而感到自豪 | 1 | 2 | 3 | 4 | 5 |
| 17. 如果我在工作或生活上遇到什么问题，公司会尽力帮助我 | 1 | 2 | 3 | 4 | 5 |
| 18. 我为自己是整个部门（团队、班组）的一员而感到自豪 | 1 | 2 | 3 | 4 | 5 |
| 19. 如果我在工作或生活上遇到什么问题，部门（团队、班组）会尽力帮助我 | 1 | 2 | 3 | 4 | 5 |

| 题　项 | 不符合 | 比较<br>不符合 | 不确定 | 比较<br>符合 | 符合 |
|---|---|---|---|---|---|
| 20. 我的上司很有水平 | 1 | 2 | 3 | 4 | 5 |
| 21. 我喜欢我上司的领导方式 | 1 | 2 | 3 | 4 | 5 |
| 22. 总体来说，我的上司给了我足够的支持和帮助 | 1 | 2 | 3 | 4 | 5 |
| 23. 总体来说，我的同事能力强，素质高 | 1 | 2 | 3 | 4 | 5 |
| 24. 我在工作中与同事合作愉快 | 1 | 2 | 3 | 4 | 5 |
| 25. 在工作之外，我和同事关系融洽 | 1 | 2 | 3 | 4 | 5 |
| 26. 我所在的公司，发展前景很好 | 1 | 2 | 3 | 4 | 5 |
| 27. 总体来说，我所在的公司风气很正 | 1 | 2 | 3 | 4 | 5 |
| 28. 我所在公司的规章制度有助于员工成长 | 1 | 2 | 3 | 4 | 5 |
| 29. 我所在公司为我提供了成长机会 | 1 | 2 | 3 | 4 | 5 |
| 30. 我从事的工作很有意义 | 1 | 2 | 3 | 4 | 5 |
| 31. 现在这份工作如果继续做下去，我的职务（职称或头衔），会有很好的前景 | 1 | 2 | 3 | 4 | 5 |
| 32. 现在这份工作能够提升我的能力和素质 | 1 | 2 | 3 | 4 | 5 |
| 33. 我所在公司经常为我提供培训和学习机会（包括师傅带徒弟） | 1 | 2 | 3 | 4 | 5 |
| 34. 公司提供的培训学习（包括师傅带徒弟）确实提升了我的能力和素质 | 1 | 2 | 3 | 4 | 5 |
| 35. 我对目前已经拥有的职务（职位、职称或头衔）感到满意 | 1 | 2 | 3 | 4 | 5 |
| 36. 我对自己的总体收入感到满意 | 1 | 2 | 3 | 4 | 5 |
| 37. 如果我有不满或抱怨，很容易反映到有关部门或有关负责人 | 1 | 2 | 3 | 4 | 5 |
| 38. 提出不满或抱怨的过程中，我不用担心这样会对自己造成不利影响 | 1 | 2 | 3 | 4 | 5 |
| 39. 在工作中，我提出的合理化建议或想法经常被领导、同事听取或采纳 | 1 | 2 | 3 | 4 | 5 |

| 题　项 | 不符合 | 比较<br>不符合 | 不确定 | 比较<br>符合 | 符合 |
|---|---|---|---|---|---|
| 40. 在生活中，我的合理化建议或想法，经常被同事听取或采纳 | 1 | 2 | 3 | 4 | 5 |
| 41. 公司能对员工申诉与劳动争议作出很好的处理 | 1 | 2 | 3 | 4 | 5 |
| 42. 公司员工大多竭尽心力，设法协助公司获得成功 | 1 | 2 | 3 | 4 | 5 |
| 43. 公司会适度公开战略、制度、财务等相关信息 | 1 | 2 | 3 | 4 | 5 |
| 44. 为了公司的前途，多加点儿班也没关系 | 1 | 2 | 3 | 4 | 5 |
| 45. 管理层和员工共同努力，共同把公司建设成一个理想的工作场所 | 1 | 2 | 3 | 4 | 5 |
| 46. 公司管理层和员工大多能彼此信赖 | 1 | 2 | 3 | 4 | 5 |
| 47. 大多数时间，我觉得公司的整体气氛相当和谐 | 1 | 2 | 3 | 4 | 5 |
| 48. 公司员工间相处地十分融洽，没有很大的竞争压力 | 1 | 2 | 3 | 4 | 5 |
| 49. 公司员工可通过提案制度等活动来参与公司的管理 | 1 | 2 | 3 | 4 | 5 |
| 50. 公司有不同的委员会或工会可以向管理层传达员工的意见 | 1 | 2 | 3 | 4 | 5 |
| 51. 公司有畅通的劳动争议防范与处理渠道 | 1 | 2 | 3 | 4 | 5 |
| 52. 公司员工经常积极地、主动地向管理层表达自己的想法和建议 | 1 | 2 | 3 | 4 | 5 |
| 53. 我会积极参加可提升组织形象的各项活动 | 1 | 2 | 3 | 4 | 5 |
| 54. 我会保持与组织的共同发展 | 1 | 2 | 3 | 4 | 5 |
| 55. 当其他员工对组织表示不满时，我会为组织辩护 | 1 | 2 | 3 | 4 | 5 |

| 题　项 | 不符合 | 比较不符合 | 不确定 | 比较符合 | 符合 |
|---|---|---|---|---|---|
| 56. 在公开场合下，作为组织的代表我会表现得非常自豪 | 1 | 2 | 3 | 4 | 5 |
| 57. 我对组织非常忠诚 | 1 | 2 | 3 | 4 | 5 |
| 58. 我会经常提出有助于组织发展的合理化的建议 | 1 | 2 | 3 | 4 | 5 |
| 59. 我会即时采取行动以帮助组织度过潜在危机 | 1 | 2 | 3 | 4 | 5 |
| 60. 我拥有与核心工作任务相关的工作知识 | 1 | 2 | 3 | 4 | 5 |
| 61. 在工作中，我一般都能达到考核标准 | 1 | 2 | 3 | 4 | 5 |
| 62. 我总会认真做好绩效考核范围内的那些工作 | 1 | 2 | 3 | 4 | 5 |
| 63. 我总会顺利完成公司分配的任务 | 1 | 2 | 3 | 4 | 5 |
| 64. 我通常都能保质保量地完成该做的工作 | 1 | 2 | 3 | 4 | 5 |
| 65. 我履行了岗位职责 | 1 | 2 | 3 | 4 | 5 |

基本信息

1. 您的性别：

（1）男　（2）女

2. 您的文化程度：

（1）高中或高中以下　（2）专科毕业　（3）本科毕业　（4）研究生毕业及以上

3. 您的年龄段：

（1）"90后"　（2）"80后"　（3）"70后"　（4）"60后"　（5）"50后"

4. 您的岗位类别：

（1）操作工人　（2）专业技术人员　（3）管理人员　（4）营销人员

5. 您的职务（职称或头衔）级别：

（1）初级　（2）中级　（3）高级

6. 您的劳动合同类型为：

（1） 没有劳动合同

（2） 三个月以上一年以下的劳动合同

（3） 一年以上（含一年）三年以下的劳动合同

（4） 三年或三年以上的劳动合同

（5） 无固定期限

7. 您的养老保险情况：（1） 有 （2） 没有

　　您的医疗保险情况：（1） 有 （2） 没有

　　您的失业保险情况：（1） 有 （2） 没有

　　您的工伤保险情况：（1） 有 （2） 没有

　　您的生育保险情况：（1） 有 （2） 没有

　　您的住房公积金情况：（1） 有 （2） 没有

8. 您的户口为：（1） 农业户口 　（2） 非农业户口

9. 您的家乡是：_____省（市）

# 附录五　雇主调查问卷

尊敬的女士/先生：

　　您好！感谢您在百忙之中阅读和填写本问卷！

　　我们是国家社会科学基金重点项目"中国企业劳动关系和谐指数构建与应用研究"（12AJY001）课题组。我们正在进行雇主满意度调查。

　　本问卷匿名填写，调查结果仅用于学术研究，且本问卷只作为所有问卷中的一部分，放在所有问卷中进行整体统计分析，每份问卷不会单独使用。答案没有对错之分，请您按照实际情况放心填写。

　　请阅读以下每一条陈述，并对照您的真实感受；然后，在符合程度下面对应的数字栏中，选择您感觉恰当的程度，并将该程度对应的数字下面，打"√"，或者将该数字涂黑。

　　再次感谢您的帮助！恭祝您工作顺利！幸福健康！

如果您在填写问卷时有任何疑问，请联系：×××，电话：×××。

| 题　项 | 非常<br>不符合 | 比较<br>不符合 | 不确定 | 比较<br>符合 | 非常<br>符合 |
|---|---|---|---|---|---|
| 1. 与同行业类似企业相比，我们公司的整体效益很好 | 1 | 2 | 3 | 4 | 5 |
| 2. 与过去几年相比，我们公司现在的整体效益很好 | 1 | 2 | 3 | 4 | 5 |
| 3. 与资本、技术等要素相比，劳动（人的）要素对我们公司整体效益的贡献度很高 | 1 | 2 | 3 | 4 | 5 |
| 4. 整体看，我们公司拥有一支高素质的人力资源队伍（包括高管班子、中层管理人员、专业技术和营销人员、操作工人） | 1 | 2 | 3 | 4 | 5 |
| 5. 整体看，我们公司拥有一支高素质的操作工人队伍 | 1 | 2 | 3 | 4 | 5 |
| 6. 整体看，我们公司拥有一支高素质的高管班子 | 1 | 2 | 3 | 4 | 5 |
| 7. 整体看，我们公司拥有一支高素质的中层管理人员队伍 | 1 | 2 | 3 | 4 | 5 |
| 8. 整体看，我们公司拥有一支高素质的专业技术人员队伍 | 1 | 2 | 3 | 4 | 5 |
| 9. 整体看，我们公司拥有一支高素质的营销队伍 | 1 | 2 | 3 | 4 | 5 |
| 10. 整体看，我们公司的各类人员（包括高管班子、中层管理人员、专业技术和营销人员、操作工人）对待企业和工作是尽心尽力的 | 1 | 2 | 3 | 4 | 5 |
| 11. 整体看，我们公司的工人对待企业和工作是尽心尽力的 | 1 | 2 | 3 | 4 | 5 |
| 12. 整体看，我们公司的高管班子对待企业和工作是尽心尽力的 | 1 | 2 | 3 | 4 | 5 |

| 题　项 | 非常<br>不符合 | 比较<br>不符合 | 不确定 | 比较<br>符合 | 非常<br>符合 |
|---|---|---|---|---|---|
| 13. 整体看，我们公司的中层管理人员对待企业和工作是尽心尽力的 | 1 | 2 | 3 | 4 | 5 |
| 14. 整体看，我们公司的专业技术人员对待企业和工作是尽心尽力的 | 1 | 2 | 3 | 4 | 5 |
| 15. 整体看，我们公司的营销人员对待企业和工作是尽心尽力的 | 1 | 2 | 3 | 4 | 5 |
| 16. 整体看，我们公司的各类人员（包括高管班子、中层管理人员、专业技术和营销人员、操作工人）对企业整体效益的贡献很大 | 1 | 2 | 3 | 4 | 5 |
| 17. 整体看，我们公司的工人对企业整体效益的贡献很大 | 1 | 2 | 3 | 4 | 5 |
| 18. 整体看，我们公司的高管班子对企业整体效益的贡献很大 | 1 | 2 | 3 | 4 | 5 |
| 19. 整体看，我们公司的中层管理人员对企业整体效益的贡献很大 | 1 | 2 | 3 | 4 | 5 |
| 20. 整体看，我们公司的专业技术人员对企业整体效益的贡献很大 | 1 | 2 | 3 | 4 | 5 |
| 21. 整体看，我们公司的营销人员对企业整体效益的贡献很大 | 1 | 2 | 3 | 4 | 5 |

基本信息

您所在企业和您的基本信息（请在符合您情况的答案前面打"√"）

1. 我们公司的名称（自愿填写）：

2. 我们公司所在行业：

3. 我们公司所在省、直辖市（自治区）：

4. 我们公司的资产规模：

5. 我们公司成立的年限：（1）5 年及以下；（2）5—10 年（含 10 年）；

（3）10—15 年（含 15 年）；（4）15—20 年（含 20 年）；（5）20 年以上

6. 我们公司的员工总数为_____人，其中高管班子约占____%；中层管理人员约占____%；专业技术人员约占____%；营销人员约占____%，操作工人约占____%。

7. 我们公司的工会建立情况：（1）有　　（2）没有

8. 我们公司的职工代表大会制度：（1）有　　（2）没有

9. 我们公司的集体协商制度：（1）有　　（2）没有

10. 我们公司的厂务公开制度：（1）有　　（2）没有

11. 我们公司的劳动争议案件情况：（1）没发生过；（2）偶尔发生过；（3）很少发生；（4）时有发生；（5）经常发生

12. 我们公司的劳动监察案件情况：（1）没发生过；（2）偶尔发生过；（3）很少发生；（4）时有发生；（5）经常发生

13. 我们公司的工伤工亡事故情况：（1）没发生过；（2）偶尔发生过；（3）很少发生；（4）时有发生；（5）经常发生

14. 我的职务：（1）董事长；（2）总经理；（3）董事会成员；（4）副总或其他高管；（5）中层管理者

15. 我的性别：（1）男　　（2）女

16. 我的年龄段：（1）"80 后"；（2）"70 后"；（3）"60 后"；（4）"50 后"；（5）"40 后"

17. 我的学历：（1）本科以下；（2）本科；（3）硕士；（4）博士及以上

# 附录六　人力资源经理调查问卷

尊敬的人力资源经理：

您好！感谢您在百忙之中阅读和填写本问卷！

我们是国家社会科学基金重点项目"中国企业劳动关系和谐指数构建与应用研究"（12AJY001）课题组，正在进行企业人力资源管理实践调查。

本问卷匿名填写，调查结果仅用于学术研究，且本问卷只作为所有问卷中的一部分进行整体的统计分析，每份问卷不会单独使用。答案没有对错之分，请您按照实际情况放心填写。

问卷分为两个部分。在基本问题中，根据您对企业管理措施的真实感受，在后面符合程度对应的数字栏中画"√"；在个人信息中，也请您在符合您情况的答案下打"√"。

再次感谢您的帮助！恭祝您工作顺利！幸福健康！

如果您在填写问卷时有任何疑问，请联系：×××，电话：×××。

## 一、基本问题

| 题　项 | 不符合 | 比较不符合 | 不确定 | 比较符合 | 符合 |
|---|---|---|---|---|---|
| 1. 整体上看，公司为员工提供了全面的培训 | 1 | 2 | 3 | 4 | 5 |
| 2. 公司每隔一段时间，就会为员工安排一次培训 | 1 | 2 | 3 | 4 | 5 |
| 3. 公司会有正式的培训项目教会新员工从事工作所需的技能 | 1 | 2 | 3 | 4 | 5 |
| 4. 为了提升员工的晋升能力，公司会为他们提供正式的培训项目 | 1 | 2 | 3 | 4 | 5 |
| 5. 员工在公司中有清晰的职业发展路径 | 1 | 2 | 3 | 4 | 5 |
| 6. 员工在这个公司工作没有什么发展前途 | 1 | 2 | 3 | 4 | 5 |
| 7. 公司领导了解员工在企业中的职业发展期望 | 1 | 2 | 3 | 4 | 5 |
| 8. 员工在晋升中，公司可以有不止一个适合的职位来安排 | 1 | 2 | 3 | 4 | 5 |
| 9. 在公司中，业绩通常是用客观的、量化的结果来衡量的 | 1 | 2 | 3 | 4 | 5 |
| 10. 员工的绩效考核以客观的、量化的结果为基础 | 1 | 2 | 3 | 4 | 5 |

| 题　项 | 不符合 | 比较不符合 | 不确定 | 比较符合 | 符合 |
|---|---|---|---|---|---|
| 11. 员工可以向公司提出改进工作方式的合理化建议 | 1 | 2 | 3 | 4 | 5 |
| 12. 经理人员会与员工经常进行坦诚的沟通 | 1 | 2 | 3 | 4 | 5 |
| 13. 在公司中，经理人员在决策过程中经常参考员工的意见 | 1 | 2 | 3 | 4 | 5 |
| 14. 公司员工在许多情况下都可以决定自己的工作方式 | 1 | 2 | 3 | 4 | 5 |
| 15. 公司对员工的工作职责有清晰的描述 | 1 | 2 | 3 | 4 | 5 |
| 16. 很多时候，员工也需要负责工作职责之外的事情 | 1 | 2 | 3 | 4 | 5 |
| 17. 员工的岗位职责说明书包括了需要员工承担的所有职责 | 1 | 2 | 3 | 4 | 5 |
| 18. 必要时公司会及时修订员工的岗位职责说明书 | 1 | 2 | 3 | 4 | 5 |
| 19. 公司会根据盈利状况为员工分配奖金 | 1 | 2 | 3 | 4 | 5 |
| 20. 公司会为员工提供安全、舒适的工作环境 | 1 | 2 | 3 | 4 | 5 |
| 21. 公司会为所有的正式员工缴纳"五险一金" | 1 | 2 | 3 | 4 | 5 |
| 22. 公司能够保证员工有一份稳定的工作 | 1 | 2 | 3 | 4 | 5 |
| 23. 如果公司遇到经济困难，裁员将是最后一个使用的办法 | 1 | 2 | 3 | 4 | 5 |

## 二、个人信息

1. 您的性别：（1）男　（2）女

2. 您的文化程度：（1）高中或高中以下　（2）专科毕业　（3）本科毕业　（4）研究生毕业及以上

3. 您的年龄段：（1）"90 后"　（2）"80 后"　（3）"70 后"（4）"60 后"（5）"50 后"

# 附录七　工会主席调查问卷

尊敬的工会主席：

您好！感谢您在百忙之中阅读和填写本问卷！

我们是国家社会科学基金重点项目"中国企业劳动关系和谐指数构建与应用研究"（12AJY001）课题组，正在进行企业和谐劳动关系调查。

本问卷匿名填写，调查结果仅用于学术研究，且本问卷只作为所有问卷中的一部分进行整体的统计分析，每份问卷不会单独使用。答案没有对错之分，请您按照实际情况放心填写。

问卷分为两个部分，在个人信息中，请在符合您情况的答案下打"√"；同时，问卷最后有四个开放式问题，也请您给予回答。

再次感谢您的帮助！恭祝您工作顺利！幸福健康！

如果您在填写问卷时有任何疑问，请联系：×××，电话：×××。

## 一、个人信息

1. 您的性别：

（1）男　（2）女

2. 您的文化程度：

（1）高中或高中以下　（2）专科毕业　（3）本科毕业　（4）研究生毕业及以上

3. 您的年龄段：

（1）"90 后"　（2）"80 后"　（3）"70 后"　（4）"60 后"　（5）"50 后"

4. 您从事工会工作的时间：

（1）1—5 年（含 5 年）　（2）5—10 年（含 10 年）　（3）10 年以上

## 二、开放式问题

1. 在工作中经常会接触到"和谐劳动关系",或者"劳动关系和谐"这些描述企业劳动关系质量的词汇。那么您认为,员工与企业之间的关系,怎样才算"和谐"呢?

2. 一个企业的劳动关系是否和谐? 和谐到什么程度? 如果想要测量的话,您认为应该从哪些方面进行测量?

3. 从企业方面看,如果想要建立和谐劳动关系,需要在哪些方面作出努力?

4. 从员工方面看,如果想要建立和谐劳动关系,需要在哪些方面作出努力?

# 参 考 文 献

［1］安志宏：《伏羲文明是和谐文化的源头》，《天水师范学院学报》2014 年第 1 期。

［2］白春雨、胡晓东：《我国企业劳动关系和谐指数评价指标之研究》，《中国劳动关系学院学报》2012 年第 3 期。

［3］曹永平、顾龙芳、郭忠良：《劳动关系和谐指数构建》，《中国劳动》2011 年第 10 期。

［4］常凯：《劳动关系学》，中国劳动社会出版社 2005 年版。

［5］常凯、乔健：《中国劳动关系报告：当代中国劳动关系的特点和趋向》，中国劳动社会保障出版社 2009 年版。

［6］陈江涛：《决策后悔的特征与形成机制研究》，浙江大学管理学院，博士学位论文，2008 年。

［7］陈万思、丁珏、余彦儒：《参与式管理对和谐劳资关系氛围的影响：组织公平感的中介作用与代际调节效应》，《南开管理评论》2013 年第 6 期。

［8］陈向明：《扎根理论的思路和方法》，《教育研究与实验》1999 年第 4 期。

［9］陈晓强：《构建和谐的劳动关系》，《群众》2007 年第 9 期。

［10］陈云云、方芳、张一弛：《高绩效 HRM 与员工绩效的关系：人力资本投资意愿的作用》，《经济科学》2009 年第 5 期。

［11］陈志霞、陈传红：《组织支持感及支持性人力资源管理对员工工作绩效的影响》，《数理统计与管理》2010 年第 4 期。

［12］崔勋、张义明、王庆娟：《关于企业雇佣质量的思考》，《中国人力资源开发》2011 年第 11 期。

［13］费小冬：《扎根理论研究方法论：要素，研究程序和评判标准》，《公共行政评论》2008 年第 3 期。

［14］郭庆松：《多管齐下稳定劳动关系》，《党政论坛》2009 年第 7 期。

［15］郭庆松：《三方博弈中的中国劳动关系——改革开放以来中国劳动关系的进展及问题研究》，《学术月刊》2009 年第 9 期。

［16］何琼峰：《基于扎根理论的文化遗产景区游客满意度影响因素研究——以大众点评网北京 5A 景区的游客评论为例》，《经济地理》2014 年第 1 期。

［17］何圣、王菊芬：《和谐劳动关系评价指标体系的构建及对上海的分析》，《市场与人口分析》2007 年第 5 期。

［18］何圣：《上海劳动关系综合评价指标体系构建及应用研究》，复旦大学社会发展与公共政策学院，博士学位论文，2007 年。

［19］贺秋硕：《企业劳动关系和谐度评价指标体系构建》，《中国人力资源开发》2005 年第 8 期。

［20］胡发贵：《"和为贵"的文化传统与和谐社会建设》，《南京林业大学学报（人文社会科学版）》2006 年第 1 期。

［21］黄任民：《民工及相关问题对建立和谐劳动关系的双重影响》，《中国劳动关系学院学报》2005 年第 6 期。

［22］黄维德、陈欣：《基于无差异曲线的企业和谐劳动关系影响机制研究》，《社会科学》2008 年第 6 期。

［23］黄攸立、吴功德：《从理论和实证的视角构建企业劳动关系评价指标体系》，《中国人力资源开发》2006 年第 8 期。

［24］贾旭东、谭新辉：《经典扎根理论及其精神对中国管理研究的现实价值》，《管理学报》2010 年第 5 期。

［25］姜颖、王向前、张冬梅：《构建和谐劳动关系指标体系初探》，

《中国劳动》2006 年第 9 期。

　　[26] 李成文:《企业员工满意度测评方法及实证研究》,《四川大学学报 (哲学社会科学版) 》2005 年第 5 期。

　　[27] 李贵卿、陈维政:《合作型劳动关系对企业绩效影响的实证研究》,《当代财经》2010 年第 1 期。

　　[28] 李季山、孙丽君:《现代化进程中企业和谐劳动关系影响因素实证研究》,《广州大学学报 (社会科学版) 》2008 年第 7 期。

　　[29] 李培志:《试论和谐劳动关系的构建》,《中国劳动关系学院学报》2005 年第 6 期。

　　[30] 刘军胜:《劳动关系八大热点》,《企业管理》2009 年第 2 期。

　　[31] 刘善仕、彭娟、段丽娜:《人力资源实践、组织吸引力与工作绩效的关系研究》,《科学学与科学技术管理》2012 年第 6 期。

　　[32] 刘铁明、罗友花:《中国和谐劳动关系研究综述》,《马克思主义与现实》2007 年第 6 期。

　　[33] 刘云、石金涛、张文勤:《创新气氛的概念界定与量表验证》,《科学学研究》2009 年第 2 期。

　　[34] 卢福财:《构建基于和谐劳动关系的我国人力资源管理新体系》,《经济管理》2006 年第 20 期。

　　[35] 卢纹岱:《SPSS for Windows 统计分析》(第 3 版),电子工业出版社 2006 年版。

　　[36] 莫生红:《企业劳动关系和谐度评价指标体系及评价模型的构建》,《统计与决策》2008 年第 14 期。

　　[37] 米高·奎因·巴顿 (Michael Quinn Patton):《质的评鉴与研究》,吴芝仪、李奉儒译,台北桂冠图书公司 1990 年版。

　　[38] 潘伟梁、张春玉:《劳动关系和谐指数评价体系构建研究——浙江劳动关系和谐指数评价体系的实践与成效》,《中国劳动》2013 年第 9 期。

　　[39] 钱逊:《“和”——万物各得其所》,《清华大学学报 (哲学社会

科学版)》2001 年第 5 期。

　　[40] 乔健:《在国家、企业和劳工之间:工会在市场经济转型中的多重角色——对 1811 名企业工会主席的问卷调查》,《当代世界与社会主义》2008 年第 2 期。

　　[41] 秦建国:《和谐劳动关系评价体系研究》,《山东社会科学》2008 年第 4 期。

　　[42] 卿涛、杨丽君:《人力资源管理实践影响企业劳动关系的理论模型研究》,《第六届 (2011) 中国管理学年会——组织行为与人力资源管理分会场论文集》, 2011 年。

　　[43] 卿涛、杨丽君:《战略人力资源管理与组织绩效关系的新框架》,《经济社会体制比较》2009 年第 4 期。

　　[44] 渠彣、于桂兰:《劳动关系和谐指数研究评述》,《中国人力资源开发》2014 年第 15 期。

　　[45] 石若坤:《心理契约视野下的和谐劳动关系构建》,《学术交流》2007 年第 7 期。

　　[46] 宋典、袁勇志、张伟炜:《创业导向对员工创新行为影响的跨层次实证研究——以创新氛围和心理授权为中介变量》,《科学学研究》2011 年第 8 期。

　　[47] 苏中兴:《转型期中国企业的高绩效人力资源管理系统:一个本土化的实证研究》,《南开管理评论》2010 年第 4 期。

　　[48] 孙波:《企业劳动关系评价指标体系构建思路》,《中国人力资源开发》2014 年第 1 期。

　　[49] 孙丽君、李季山、蓝海林:《劳动关系和谐性与企业绩效关系实证分析》,《商业时代》2008 年第 21 期。

　　[50] 孙瑜、渠彣:《员工视角的劳动关系满意度评价指标体系构建》,《社会科学战线》2014 年第 9 期。

　　[51] 唐鑛:《转型与创新:从人力资源管理到战略劳动关系管理》,《学海》2013 年第 5 期。

［52］汪泓、邱羚：《企业劳动关系定量评估模型》，《上海企业》2001年第 7 期。

［53］王林、杨东涛、秦伟平：《高绩效人力资源管理系统对新产品成功影响机制研究》，《南开管理评论》2011 年第 4 期。

［54］王璐、高鹏：《扎根理论及其在管理学研究中的应用问题探讨》，《外国经济与管理》2010 年第 12 期。

［55］王宁：《代表性还是典型性？——个案的属性与个案研究方法的逻辑基础》，《社会学研究》2002 年第 5 期。

［56］王贤森：《当前和谐劳动关系构建中的新视角——〈工会法〉实施中若干问题的反思》，《中国劳动关系学院学报》2005 年第 5 期。

［57］王震、孙健敏：《人力资源管理实践、组织支持感与员工承诺和认同——一项跨层次研究》，《经济管理》2011 年第 4 期。

［58］吴功德、黄攸立：《劳动关系管理和组织绩效的关系及其作用机理探析》，《中国人力资源开发》2005 年第 6 期。

［59］吴宏洛：《论我国私营企业和谐劳资关系的构建——基于马克思资本与雇佣劳动关系的论述》，《马克思主义研究》2008 年第 10 期。

［60］吴怀祺：《太极学说与和谐思维》，首届国学国医岳麓论坛暨第九届全国易学与科学学会研讨会，《第十届全国中医药文化学会研讨会论文集》，2007 年。

［61］谢永珍、赵京玲：《企业员工满意度指标体系的建立与评价模型》，《技术经济与管理研究》2001 年第 5 期。

［62］谢玉华、张群艳、王瑞：《企业劳动关系和谐度与员工工作绩效的实证研究》，《湖南大学学报（社会科学版）》2012 年第 1 期。

［63］辛本禄、高和荣：《企业和谐劳动关系指标体系的构建》，《南京师范大学学报（社会科学版）》2013 年第 4 期。

［64］杨静、王重鸣：《女性创业型领导：多维度结构与多水平影响效应》，《管理世界》2013 年第 9 期。

［65］杨文斌：《人力资本与组织资本转换模式研究》，上海外国语大

学国际工商管理学院，硕士学位论文，2007 年。

　　［66］杨文霞：《构建和谐劳动关系：工会参与社会管理创新的路径和维度》，《中国劳动关系学院学报》2012 年第 4 期。

　　［67］姚先国、郭东杰：《改制企业劳动关系的实证分析》，《管理世界》2004 年第 5 期。

　　［68］叶迎春、夏厚勋：《企业工会在构建和谐劳动关系中的地位和作用》，《中国劳动关系学院学报》2005 年第 6 期。

　　［69］于桂兰、孙瑜：《中国情境下企业员工网络建构行为量表开发》，《吉林大学社会科学学报》2015 年第 2 期。

　　［70］于建原、李清政：《应用"扎根理论"对营销假说的验证》，《财贸经济》2007 年第 11 期。

　　［71］虞华君、刁宇凡：《企业和谐劳动关系调查与评价体系研究》，《中国劳动关系学院学报》2011 年第 3 期。

　　［72］袁凌、李健、许丹：《企业劳动关系研究新进展》，《经济学动态》2012 年第 2 期。

　　［73］袁凌、魏佳琪：《中国民营企业劳动关系评价指标体系构建》，《统计与决策》2011 年第 4 期。

　　［74］詹婧：《模糊综合评价法在企业劳动关系计量中的应用》，《首都经济贸易大学学报》2006 年第 4 期。

　　［75］张军：《构建劳动关系预警机制》，《企业管理》2010 年第 7 期。

　　［76］张丽华、孙彦玲：《对国内外劳动关系评价的评论和思考》，《中国人力资源开发》2011 年第 11 期。

　　［77］张衔、谭光柱：《我国企业劳动关系和谐度的评价与建议——基于问卷调查的实证分析》，《当代经济研究》2012 年第 1 期。

　　［78］张燕、王辉、樊景立：《组织支持对人力资源措施和员工绩效的影响》，《管理科学学报》2008 年第 2 期。

　　［79］张一弛、李书玲：《高绩效人力资源管理与企业绩效：战略实施能力的中介作用》，《管理世界》2008 年第 4 期。

［80］张义明:《企业雇佣关系协调实践对雇佣质量影响研究》，南开大学商学院，博士学位论文，2012 年。

［81］赵海霞:《企业劳动关系和谐度评价指标体系设计》，《中国人力资源开发》2007 年第 7 期。

［82］仲理峰:《高绩效人力资源实践对员工工作绩效的影响》，《管理学报》2013 年第 7 期。

［83］周春梅:《构建和谐劳动关系的困境与对策》，《南京社会科学》2011 年第 6 期。

［84］周莉:《企业劳动关系预警机制研究》，《管理世界》2014 年第5 期。

［85］朱智文、张博文:《中国和谐劳动关系评价指标体系构建及实证分析》，《甘肃社会科学》2010 年第 1 期。

［86］Alderfer P. Clayton, "An Empirical Test of a New Theory of Human Needs", *Organizational Behavior and Human Performance*, No. 4, 1969.

［87］Ali Dastmalchian, Paul Blyton and Mohamed Reza Abdolahyan, "Industrial Relations Climate and Company Effectiveness", *Personnel Review*, No. 1, 1982.

［88］Ali Dastmalchian, Paul Blyton and Raymond Adamson, "Industrial Relations Climate: Testing a Construct", *Journal of Occupational Psychology*, No. 1, 2011.

［89］Andrew E. Clark, "Your Money or Your Life: Changing Job Quality in OECD Countries", *British Journal of Industrial Relations*, No. 3, 2010.

［90］Angel Millan and Agueda Esteban, "Development of a Multiple-Item Scale for Measuring Customer Satisfaction in Travel Agencies Services", *Tourism Management*, No. 5, 2004.

［91］Anni Weiler, *Quality in Industrial Relations: Comparative Indicators* (*Report*), Luxembourg: Office for Official Publications of the European Communities, 2004.

[92] Anselm Strauss and Juliet M. Corbin, *Basics of Qualitative Research Second Edition: Techniques and Procedures for Developing Grounded Theory*, Sage Publications, 1998.

[93] Appelbaum Eileen, *Manufacturing Advantage: Why High - Performance Work Systems Pay off*, Cornell University Press, 2000.

[94] Barney G. Glaser, *The Discovery of Grounded Theory*, Aldine Transaction, 1967.

[95] Barney G. Glaser and Anselm L. Strauss, *The Discovery of Grounded Theory: Strategies for Qualitative Research*, Aldine de Gruyter, 1967.

[96] Barney G. Glaser and Judith Holton, "Remodeling Grounded Theory", *Historical Social Research*, No. 19, 2007.

[97] Barry Gerhart, Patrick M. Wright, Gary C. Mc Mahan and Scott A. Snell, "Measurement Error in Research on Human Resources and Firm Performance: How much Error is there and how does It Influence Effect Size Estimates?", *Personnel Psychology*, No. 4, 2000.

[98] Chris Brester, Olga Tregaskis, Ariane Hegewisch and Lesley Mayne, "Comparative Research in Human Resource Management: A Review and an Example", *The International Journal of Human Resource Management*, No. 3, 2000.

[99] Christiansen E. Tatum, "Strategy, Structure, and Labor Relations Performance", *Human Resource Management*, No. 1-2, 1983.

[100] Clayton P. Alderfer, "An Empirical Test of a New Theory of Human Needs", *Organizational Behavior and Human Performance*, No. 2, 1969.

[101] Darren C. Treadway, Jacob W. Breland, Garry L. Adams, Allison B. Duke and Laura A. Williams, "The Interactive Effects of Political Skill and Future Time Perspective on Career and Community Networking Behavior", *Social Networks*, No. 2, 2010.

[102] David E. Guest and Riccardo Peccei, "Partnership at Work: Mutu-

ality and the Balance of Advantage", *British Journal of Industrial Relations*, No. 2, 2001.

[103] David E. Guest, "Human Resource Management and Performance: A Review and Research Agenda", *International Journal of Human Resource Management*, No. 3, 1997.

[104] David Grant and John Shields, "In Search of the Subject: Researching Employee Reactions to Human Resource Management", *Journal of Industrial Relations*, No. 3, 2002.

[105] Davide Antonioli, Massimiliano Mazzanti and Paolo Pini, "Innovation, Industrial Relations and Employee Outcomes: Evidence from Italy", *Journal of Economic Studies*, No. 1, 2011.

[106] Denna L. Wheeler, Matt Vassar and William D. Hale, "A Gender-Based Measurement Invariance Study of the Sociocultural Attitudes toward Appearance Questionnaire", *Body Image*, No. 2, 2011.

[107] Earl Babbie, *The Basics of Social Research*, Stamford Cengage Learning, 2013.

[108] Edward J. Lawler and Shane R. Thye, "Bringing Emotions into Social Exchange Theory", *Annual Review of Sociology*, No. 1, 1999.

[109] Edward P. Lazear, "Performance Pay and Productivity", *The American Economic Review*, No. 5, 1996.

[110] George C. Homans, "Social Behavior as Exchange", *American Journal of Sociology*, No. 6, 1958.

[111] Gerald R. Ferris, Michelle M. Arthur, Howard M. Berkson and David M. KaplanGloria Harrell-CookDwight D. Frink, "Toward a Social Context Theory of the Human Resource Management-Organization Effectiveness Relationship", *Human Resource Management Review*, No. 3, 1998.

[112] Gilbert A. Churchill, Neil M. Ford and Orville C. Walker, "Measuring the Job Satisfaction of Industrial Salesmen", *Journal of Marketing*

*Research*, No. 3, 1974.

[113] Graham S. Lowe and Grant Schellenberg, "What's a Good Job? The Importance of Employment Relationships. CPRN Study. Changing Employment Relationships Series", *Adjustment*, No. 6, 2001.

[114] H. Keith Hunt, *Conceptualization and Measurement of Consumer Satisfaction and Dissatisfaction*, Marketing Science Institute, 1977.

[115] Claes Fornell, "A National Customer Satisfaction Barometer: The Swedish Experience", *The Journal of Marketing*, No. 1, 1992.

[116] Harry C. Katz, Thomas A. Kochan and Kenneth R. Gobeill, "Industrial Relations Performance, Economic Performance, and QWL Programs: An Interplant Analysis", *Industrial and Labor Relations Review*, No. 1, 1983.

[117] Harry C. Katz, Thomas A. Kochan and Mark R. Weber, "Assessing the Effects of Industrial Relations Systems and Efforts to Improve the Quality of Working Life on Organizational Effectiveness", *Academy of Management Journal*, No. 3, 1985.

[118] Hawken Angela and Gerardo L. Munck, "Cross – National Indices with Gender – Differentiated Data: What do They Measure? How Valid are They?", *Social Indicators Research*, No. 3, 2013.

[119] Hu, Li-tze and Peter M. Bentler, "Fit Indices in Covariance Structure Modeling: Sensitivity to Underparameterized Model Misspecification", *Psychological Methods*, No. 4, 1998.

[120] *Living and Working Conditions*, *Quality of Work and Employment in Europe: Issues and Challenges*, Luxembourg: Office for Offcial Publications of the European Communities, 2002.

[121] International Labour Organization, *Decent Work: Report of the Director-General*, International Labour Office, 1999.

[122] International Labour Organization, *Measurement of Decent Work*, Discussion Paper for the Tripartite Meeting of Experts on the Measurement of De-

cent Work, International Labour Office, 2008.

[123] J. Enrique Bigné, Luisa Andreu and Juergen Gnoth, "The Theme Park Experience: An Analysis of Pleasure, Arousal and Satisfaction", *Tourism Management*, No. 6, 2005.

[124] James Combs, Liu Yongmei, Angela Hall and David Ketchen, "How much do High-Performance Work Practices Matter? A Meta-Analysis of Their Effects on Organizational Performance", *Personnel Psychology*, No. 3, 2006.

[125] Jeffrey B. Arthur, "The Link between Business Strategy and Industrial Relations Systems in American Steel Minimills", *Industrial and Labor Relations Review*, No. 3, 1992.

[126] Jiing-Lih Farh, Chen-Bo Zhong and Dennis W. Organ, "Organizational Citizenship Behavior in the People's Republic of China", *Organization Science*, No. 2, 2004.

[127] Jody Hoffer Gittell, Andrew Von Nordenflycht and Thomas A. Kochan, "Mutual Gains or Zero Sum? Labor Relations and Firm Performance in the Airline Industry", *Industrial and Labor Relations Review*, No. 2, 2004.

[128] Joel Cutcher-Gershenfeld, "The Impact on Economic Performance of a Transformation in Workplace Relations", *Industrial and Labor Relations Review*, No. 2, 1991.

[129] John E. Delery and D. Harold Doty, "Modes of Theorizing in Strategic Human Resource Management: Tests of Universalistic, Contingency, and Configurational Performance Predictions", *Academy of Management Journal*, No. 4, 1996.

[130] John E. Kelly and Nigel Nicholson, "The Causation of Strikes: A Review of Theoretical Approaches and the Potential Contribution of Social Psychology", *Human Relations*, No. 12, 1980.

[131] John T. Addison and Clive R. Belfield, "Updating the Determinants

of Firm Performance: Estimation Using the 1998 UK Workplace Employee Relations Survey", *British Journal of Industrial Relations*, No. 3, 2001.

［132］ John W. Budd, *Employment with a Human Face: Balancing Efficiency, Equity, and Voice*, Cornell University Press, 2004.

［133］ Joseph A. Ritter and Richard Anker, "Good Jobs, Bad Jobs: Workers' Evaluations in Five Countries", *International Labour Review*, No. 7, 2010.

［134］ Joseph Wallace, Siobhan Tiernan and Lorraine White, "Industrial Relations Conflict and Collaboration: Adapting to a Low Fares Business Model in Aer Lingus", *European Management Journal*, No. 5, 2006.

［135］ Juliet M. Corbin and Anselm Strauss, "Grounded Theory Research: Procedures, Canons, and Evaluative Criteria", *Qualitative Sociology*, No. 1, 1990.

［136］ Jum C. Nunnally, *Psychometric Theory* ( $2^{nd}$ *Edit.* ), McGraw－Hill Humanities, 1978.

［137］ Kafadar Karen, "Applied Smoothing Techniques for Data Analysis: The Kernel Approach with S－Plus Illustrations", *Journal of the American Statistical Association*, No. 447, 1997.

［138］ Karlene H. Roberts, Gordon A. Walter and Raymond E. Miles, "A Factor Analytic Study of Job Satisfaction Items Designed to Measure Maslow Need Categories", *Personnel Psychology*, No. 2, 1971.

［139］ Kathy Charmaz, "Constructing Grounded Theory: A Practical Guide through Qualitative Analysis", *International Journal of Qualitative Studies on Health and Well－Being*, No. 3, 2014.

［140］ Keith Roberts, "The Proof of HR is in the Profits", *People Management*, No. 3, 1995.

［141］ Kibeom Lee and Natalie J. Allen, "Organizational Citizenship Behavior and Workplace Deviance: The Role of Affect and Cognitions", *Journal of*

*Applied Psychology*, No. 1, 2002.

[142] Kiker D. Scott and Stephan J. Motowidlo, "Main and Interaction Effects of Task and Contextual Performance on Supervisory Reward Decisions", *Journal of Applied Psychology*, No. 4, 1999.

[143] Larry J. Williams and Stella E. Anderson, "Job Satisfaction and Organizational Commitment as Predictors of Organizational Citizenship and In-Role Behaviors", *Journal of Management*, No. 3, 1991.

[144] Li-Yun Sun, Samuel Aryee and Kenneth S. Law, "High-Performance Human Resource Practices, Citizenship Behavior, and Organizational Performance: A Relational Perspective", *Academy of Management Journal*, No. 3, 2007.

[145] Macky Keith and Peter Boxall, "The Relationship between 'High-Performance Work Practices' and Employee Attitudes: An Investigation of Additive and Interaction Effects", *The International Journal of Human Resource Management*, No. 4, 2007.

[146] Mark A. Huselid and Brian E. Becker, "Comment on 'Measurement Error in Research on Human Resources and Firm Performance: How much Error is there and how does It Influence Effectsize Estimates?' By Gerhart, Wright, Mc Mahan, and Snell", *Personnel Psychology*, No. 4, 2000.

[147] Mark A. Huselid, "The Impact of Human Resource Management Practices on Turnover, Productivity, and Corporate Financial Performance", *Academy of Management Journal*, No. 3, 1995.

[148] Mark Smith, Brendan Burchell, Colette Fagan and Catherine O' Brien, "Job Quality in Europe", *Industrial Relations Journal*, No. 6, 2008.

[149] Michael Lyons and Meg Smith, "Gender Pay Equity, Wage Fixation and Industrial Relations Reform in Australia: One Step forward and Two Steps backwards?", *Employee Relations*, No. 1, 2008.

[150] Mineko Yamashita, "Job Satisfaction in Japanese Nurses", *Journal*

*of Advanced Nursing*, No. 1, 1995.

[151] Morris M. Kleiner, Jonathan S. Leonard and Adam M. Pilarski, "How Industrial Relations Affects Plant Performance: The Case of Commercial Aircraft Manufacturing", *Industrial and Labor Relations Review*, No. 2, 2002.

[152] Oliver E. Williamson, "The Theory of the Firm as Governance Structure: From Choice to Contract", *The Journal of Economic Perspectives*, No. 3, 2002.

[153] Patrick M. Wright and Gary C. McMahan, "Theoretical Perspectives for Strategic Human Resource Management", *Journal of Management*, No. 2, 1992.

[154] Peter M. Blau, "Social Mobility and Interpersonal Relations", *American Sociological Review*, No. 3, 1956.

[155] Peter W. Hom, Anne S. Tsui, Thomas W. Lee, Ping Fu Ping, Joshua B. Wu, Ann Yan Zhang and Li Lan, "Explaining Employment Relationships with Social Exchange and Job Embeddedness", *Journal of Applied Psychology*, No. 2, 2009.

[156] Pfeffer Jeffrey, *The Human Equation: Building Profits by Putting People First*, Harvard Business School Press, 1998.

[157] Randall S. Schuler and Susan E. Jackson, "Determinants of Human Resource Management Priorities and Implications for Industrial Relations", *Journal of Management*, No. 1, 1989.

[158] Rannia Leontaridi and Peter Sloane, "Measuring the Quality of Jobs: Promotion Prospects, Low Pay and Job Satisfaction", *Amsterdam: Lower Working Paper*, No. 7, 2001.

[159] Philip Kotler, "Administração de Marketing: Análise, Planejamento, Implementação e Controle", *Propaganda*, No. 3, 1994.

[160] Richard E. Walton, "From Control to Commitment in the Workplace", *Harvard Business Review*, No. 2, 1985.

[161] Richard L. Oliver, *Satisfaction: A Behavioral Perspective on the Consumer*, New York McGraw-Hill Companies, 2014.

[162] Riki Takeuchi, Gilad Chen and David P. Lepak, "Through the Looking Glass of a Social System: Cross-Level Effects of High-Performance Work Systems on Employees' Attitudes", *Personnel Psychology*, No. 1, 2009.

[163] Robert A. Westbrook, "Product/Consumption-Based Affective Responses and Postpurchase Processes", *Journal of Marketing Research*, No. 3, 1987.

[164] Robert A. Westbrook and Michael D. Reilly, "Value-Percept Disparity: An Alternative to the Disconfirmation of Expectations Theory of Consumer Satisfaction", *NA-Advances in Consumer Research*, No. 1, 1983.

[165] Robert C. MacCallum, Michael W. Browne and Hazuki M. Sugawara, "Power Analysis and Determination of Sample Size for Covariance Structure Modeling", *Psychological Methods*, No. 2, 1996.

[166] Robert D. Mohr and Cindy Zoghi, "High-Involvement Work Design and Job Satisfaction", *Industrial and Labor Relations Review*, No. 3, 2008.

[167] Stephan J. Motowidlo and James R. Van Scotter, "Evidence that Task Performance should be Distinguished from Contextual Performance", *Journal of Applied Psychology*, No. 4, 1994.

[168] Tabiu Abubakar and Abubakar Allumi Nura, "Assessing the Effects of Human Resource Management (HRM) Practices on Employee Job Performance: A Study of Usmanu Danfodiyo University Sokoto", *Journal of Business Studies Quarterly*, No. 2, 2013.

[169] Tenenhaus Michel, Vinzi Vincenzo Esposito, Chatelin, Yves-Marie and Lauro Carlo, "PLS Path Modeling", *Computational Statistics & Data Analysis*, No. 1, 2005.

[170] Tim Hannagan, *Management: Concepts and Practices*, Allyn and Bacon, 2008.

[171] Walter C. Borman and S. M. Motowidlo, *Expanding the Criterion Domain to Include Elements of Contextual Performance*, *Personnel Selection in Organizations*, San Francisco Jossey-Bass, 1993.

[172] Yaping Gong, Song Chang and Siu-Yin Cheung, "High Performance Work System and Collective OCB: A Collective Social Exchange Perspective", *Human Resource Management Journal*, No. 2, 2010.

[173] Zacharatos Anthea, Julian Barling and Roderick D. Iverson, "High-Performance Work Systems and Occupational Safety", *Journal of Applied Psychology*, No. 1, 2005.

[174] Zhang Zhe, Difang Wan and Ming Jia, "Do High-Performance Human Resource Practices Help Corporate Entrepreneurship? The Mediating Role of Organizational Citizenship Behavior", *The Journal of High Technology Management Research*, No. 2, 2008.

# 后　记

本书是国家社会科学基金重点项目"我国企业劳动关系和谐指数构建与应用研究"（12AJY001）的最终成果，也包括了国家社会科学青年基金项目"企业员工劳动关系满意度的量表开发、影响机制与提升策略研究"（18CGL020）的部分阶段性成果。

2015 年 3 月《中共中央国务院关于构建和谐劳动关系的意见》中指出"我国正处于经济社会转型时期，劳动关系的主体及其利益诉求越来越多元化，劳动关系矛盾已进入凸显期和多发期，劳动争议案件居高不下，有的地方拖欠农民工工资等损害职工利益的现象仍较突出，集体停工和群体性事件时有发生，构建和谐劳动关系的任务艰巨繁重"，构建和谐劳动关系的经济、政治、社会意义十分重大而深远。我国企业劳动关系连接了世界上最庞大的雇员和雇主群体。2.8 亿多农民工和由主人变为雇佣劳动者的国企改制工人成为影响劳动关系最重要的工人群体。以他们为代表的雇员与各种类型雇主的劳动关系质量如何，不仅影响着每个员工和每个企业的切身利益，也影响着区域、行业和国家的经济发展、社会稳定以及中国的国际形象。因此，企业劳动关系质量的科学监测、评估、预测和预警，是企业、行业、区域和国家劳动关系管理与治理的基础工作。劳动关系和谐程度是劳动关系质量的一种具体表达，企业劳动关系质量是国家劳动关系质量最重要的基础指标。构建有效反映企业劳动关系质量的测评指标体系也就成为这个基础的基础。最基本的企业劳动关系是一个双边关系。这种双边关系的质量是由雇员方和雇主方的行为直接影响的，而双方的行为又受到双方心理的影响。因此，雇员对劳动关系的满意度和雇主对劳动关系的满意度，就成为测量企业劳动关系质量的最关键指标。本书就是沿着企业和谐劳动关系理论模型、雇员劳动关系满意度、雇主劳动关系满意度、企业相对和谐劳动关系指数构建与分析工具设计、企业相对和谐劳动关系和谐指数和分析工具应用这样的逻辑思路，完成了课题的有关研究工作。

本书是一项真正意义上的团队研究成果。

申请课题的决定始于孙乃纪教授、张秋惠教授、于桂兰教授和渠邕博士的一次系里聚会后的闲谈。吉林大学商学院的人力资源管理系，是一个典型的分享型和学习型组织。孙乃纪教授担任系主任后的第一次会议，就带着大家讨论如何集体备课，此后讨论班的传统一直保留了下来。在这样的氛围下，茶余饭后、有意无意之间，涉及教学和研究是很自然的。课题申请书由于桂兰和渠邕完成。在课题申请书提交截止之前大约一周时间里，作息时间的差异恰好成就了天然的分工，也加快了速度，白天大部分时间于桂兰撰写和修改申请书，之后用邮件发给渠邕，渠邕大半个甚至一个晚上修改和补充后，于桂兰第二天早晨打开邮箱，下载文件，继续修改完善。

课题立项后，记忆最深刻的团队研究过程，是劳动关系满意度测量指标的原始题项库、雇员满意度调查问卷和雇主满意度调查问卷的形成过程。因为这是保障劳动关系质量测量指标体系科学性和有效性的最关键、最基础的工作，于桂兰和渠邕、王广慧带着博士和硕士研究生，于2013年3月初到7月11日，从文献检索开始，每周一次讨论班集中讨论了文献搜索范围、指标筛选原则、题项库结构、劳动关系和谐指数使用单方指标还是双方指标、使用主观指标还是客观指标、指标体系一至三级维度的分类依据、在三级维度从初始题项库中筛选题项的原则和标准、问卷编制以及基本信息搜集目的和范围等问题上，用集体智慧保证了调查问卷本身在内容、结构和编排等方面的质量，为数据采集奠定了坚实的基础，也为课题组成员增强了信心。记得全程参与的博士研究生和硕士研究生有刘燕、李洪英、孙瑜、任欢。

在数据采集和录入阶段，为了开发企业和谐劳动关系理论模型、雇员劳动关系满意度理论模型，于桂兰、渠邕、孙瑜在 2013 年 7 月至 2014 年 8 月间，先后在长春、北京、武汉、昆明、青岛、南京、广州、珠海等地区的 29 家企业进行了深度访谈。调查问卷的发放和回收过程，几乎整个研究团队都参与进来了。从 2013 年 10 月 14 日至 2014 年 6 月 3 日的大半年时间里，先后在吉林、江苏、山西、河北、重庆、黑龙江、湖北、山东、辽宁、北京、天津、浙江、广东、海南、内蒙古、江西、新疆共 17 个省、自治区、直辖市，发放和回收了四批调查问卷。别除无效企业样本和调查问卷后，作为研究数据使用的样本企业共计 138 家，有效问卷总计 10304 份，其中雇主（副总及以上职位）问卷 257 份，雇员问卷 10047 份。在这个过程中，于桂兰和渠邕负责联系企业和能够帮助我们联系到企业的政府部门、同行、朋友、同事、同学和校友；孙瑜带着博士和硕士研究生完成了问卷的打印、装订、分装、密封、打包、联络、登记、邮寄、回收、拆封、分类整理等非常细致而繁重的工作。记得参与问卷调查全过程的博士研究生和硕士研究生有孙瑜、杨术、付博、王惊、张蓝戈、孟莹。数据录入工作是在渠邕指导下，由孙瑜带着博士研究生和硕士研究生分工完成的。记得参加数据录入工作的有孙瑜、杨术、付博、王惊、张蓝戈、孟莹、梁潇杰。

在研究成果完成阶段，绪论和第五章结论与建议，由于桂兰和渠邕完成；第一章劳动关系和谐指数研究评述由渠邕和于桂兰完成；第二章企业和谐劳动关系理论模型构建由梁潇杰和于桂兰完成；第三章雇员劳动关系满意度模型构建与应用由孙瑜完成、于桂兰指导；第四章相对和谐劳动关系指数构建与分析工具设计及应用由渠邕完成。参考文献的最后呈现，由孙瑜、梁潇杰、陈丽芳完成；附录一劳动关系满意度测量指标题项库部分，由梁潇杰在团队讨论和任欢初稿基础上整理和补充完成；附录二、三、四、五、六、七由于桂兰、渠邕、孙瑜在团队讨论的基础上共同完成。在项目研究及报告结构讨论过程中，王弘钰教授给出了建设性意见；出版前的统稿工作由于桂兰完成，细节修改等工作由渠邕、孙瑜、梁潇杰完成。校对工作由2017级MBA全日制班的于海媛、赵建豪、李奇悦、刘佳和林立萍完成。

本书能够完成并出版，得益于太多值得感谢的各界人士！

衷心感谢国家社会科学基金委员会的匿名项目评审专家和成果鉴定专家，他们的认可是立项和结项的前提！感谢中国民主促进会长春市委员会的林宇组委，李峰处长和周小石同志，在帮助我们进行最低工资和劳动关系问题调研时，不仅给予了数据采集方面的支持，而且让我们结识了长春市人力资源与社会保障局劳动关系处的领导和同志们，为我们后来在长春市朝阳经济开发区和朝阳区和谐劳动关系试验园区建设中的合作奠定了基础；感谢长春市人力资源与社会保障局劳动关系处的前任处长赵景周、吴琼和张天华，长春市朝阳区人力资源与社会保障局于洋局长、陈燕枫副局长、魏成江科长以及长春市朝阳经济开发区管理委员会的邵立彦同志！他们在课题组调查问卷发放、回收和访谈过程中给予了大力的支持和帮助！感谢苏州某开发区人力资源与社会保障局在问卷调查过程中给予课题组的大力支持和协助！感谢同行朋友和亲人们在访谈过程中给予的大力支持和无私帮助：广东财经大学的董福荣教授、中南财经政法大学王长城教授和熊卫教授、云南财经大学的易守宽教授、北京师范大学珠海分校的何建华教授和她的学生左璐、江苏省总工会的张海涛副主席、青岛市经济技术开发区（黄岛区）财政局的崔增斌和王春娥夫妇，都帮我们在不同地区联系到访谈企业和访谈对象，给我们的访谈工作提供了各种保障！感谢吉林大学商学院的前副书记范庆文在我们发放和回收调查问卷过程中给予的全力支持！感谢吉林大学文学院的郝书媛书记、哲学社会学院的孟秋丽书记、电子科学学院的张彤副院长、管理学院的巩顺龙教授、应用技术学院的孙继平书记，他们请自己的企业家朋友或学生，帮助我们发放和回收了多家企业的调查问卷！感谢于桂兰的同学王新安、勾彧璇、代云、曾冬梅、黎杰、刘华光、高秀光等，他们的无私帮助使课题组发放和回收调查问卷的区域范围得到了拓展！感谢梁潇杰和武鹏夫妇，他们的父母也帮助课题组发放和回收了多套企业调查问卷！还要感谢孙晓萍、刘维纬、关勇、张春春、曹旭、庄勇、杨忠策、韩小刚、郭婕妤、姚军宇等校友，他们在访谈和调查问卷发放和回收过程中也给予我们非常重要的帮助！

还要特别感谢本书的责任编辑吴炽东先生！是他对劳动关系问题的深刻认知和对本课题所研究问题及成果的高度认同，让我们最终决定在人民出版社出版本书，并请他作责任编辑。从项目成果到书稿的转化和出版过程，他付出了大量时间和心血！

最后，当然要感谢我们的家人！在课题完成的过程中，无论是文献研究、外出调研，还是埋头写作期间，常常会忽略家人的需求，有时也会把疲惫状态和不良情绪带回家。然而，他们都给予了充分的理解和包容！

当然，本书一定会存在各种各样的不足和问题。这些不足和问题由作者本人负责，并欢迎同行朋友和亲爱的读者随时批评指正！

于桂兰　渠鲣　孙瑜　梁潇杰

2018 年 8 月 6 日于吉林大学商学院

责任编辑:吴焌东
封面设计:石笑梦

**图书在版编目(CIP)数据**

我国企业劳动关系和谐指数构建与应用研究/于桂兰等 著. —北京:
人民出版社,2018.8
ISBN 978-7-01-019038-9

Ⅰ.①我… Ⅱ.①于… Ⅲ.①企业-劳动关系-研究-中国 Ⅳ.①F279.23

中国版本图书馆 CIP 数据核字(2018)第045278号

## 我国企业劳动关系和谐指数构建与应用研究
WOGUO QIYE LAODONG GUANXI HEXIE ZHISHU GOUJIAN YU YINGYONG YANJIU

于桂兰 渠 邕 孙 瑜 梁潇杰 著

**人民出版社** 出版发行
(100706 北京市东城区隆福寺街99号)

北京中科印刷有限公司印刷 新华书店经销

2018年8月第1版 2018年8月北京第1次印刷
开本:710毫米×1000毫米 1/16 印张:18.25
字数:260千字

ISBN 978-7-01-019038-9 定价:75.00元

邮购地址 100706 北京市东城区隆福寺街99号
人民东方图书销售中心 电话 (010)65250042 65289539